CAPITAL:
ESSÊNCIA E APARÊNCIA

VOLUME II

Reinaldo A. Carcanholo

CAPITAL: ESSÊNCIA E APARÊNCIA

VOLUME II

1ª edição
Expressão Popular
São Paulo – 2013

Copyright © Editora Expressão Popular Ltda.

Revisão Maria Elaine Andreoti e Miguel Makoto Cavalcanti Yoshida
Capa, projeto gráfico e diagramação Krits Estúdio

Impressão Cromosete

Dados Internacionais de Catalogação-na-Publicação (CIP)

C244	Capital: essência e aparência: volume 2 / Reinaldo A. Carcanholo --1.ed.—São Paulo : Expressão Popular, 2013 200 p. Indexado em GeoDados - http://www.geodados.uem.br. ISBN 978-85-7743-214-1 1. Economia. 2. Capitalismo. 3. Valor (Economia). I.Carcanholo, Reinaldo A. II. Título. CDD 335.4

Catalogação na Publicação: Eliane M. S. Jovanovich CRB 9/1250

1ª edição: junho de 2013
1ª reimpressão: maio de 2017

Todos os direitos reservados. Nenhuma parte deste livro
pode ser utilizada ou reproduzida sem a autorização da editora.

Editora Expressão Popular Ltda.
Rua Abolição, 201 | Bela Vista | 01319-010 | São Paulo – SP
Tel: (11) 3522-7516 / 3105-9500
livraria@expressaopopular.com.br | www.facebook.com/ed.expressaopopular | www.expressaopopular.com.br

SUMÁRIO

7   À guisa de prefácio, um breve adeus ao *Professor José Paulo Netto*

11   Apresentação

17   Capítulo 1 – Trabalhadores, empresários e economistas: prisioneiros da aparência. Sobre a ilusória origem da mais-valia

33   Capítulo 2 – Valor e preço de produção (a transformação dos valores em preços de produção)

63   Capítulo 3 – O paradoxo das desigualdades dos iguais (incompreensões ricardianas sobre os preços de produção)

81   Capítulo 4 – A lei da tendência decrescente da taxa de lucro

103   Capítulo 5 – A mais-valia extra

119   Capítulo 6 – Oferta e demanda e o valor em Marx

137   Capítulo 7 – Riqueza fictícia e a grande depressão do século XXI (sobre as categorias teóricas de capital fictício e lucros fictícios)

159   Capítulo 8 – Sobre a teoria da renda da terra

177   Capítulo 9 – Do abstrato ao concreto: a transferência de valor e o desenvolvimento do capitalismo em um país

193   Referências bibliográficas

À GUISA DE PREFÁCIO, UM BREVE ADEUS AO *PROFESSOR*

José Paulo Netto

Quando nos encontramos pela última vez, no princípio do mês de março, Reinaldo Carcanholo – já fisicamente abatido pelo câncer que acabou por ceifar-lhe a vida a 30 de maio, antes de completar, no próximo 29 de agosto, 68 anos – e eu combinamos que me caberia prefaciar este livro, que ele não chegou a ver publicado (embora tenha examinado as suas últimas provas). Muitos de seus amigos, colegas e colaboradores – e penso especialmente nos pesquisadores que com ele trabalharam por cerca de duas décadas na Universidade Federal do Espírito Santo (Ufes) – poderiam desincumbir-se bem melhor desta tarefa; entretanto, aceitei-a porque há anos acalentava a ideia de prestar publicamente uma homenagem a Reinaldo.

Conhecemo-nos em Tegucigalpa, no segundo semestre de 1980, quando ele era professor da Universidad Nacional Autónoma de Honduras (Unah) e eu participava da equipe docente da Maestría Latinoamericana de Trabajo Social, que o patrocínio do Centro Latinoamericano de Trabajo Social (Celats) e do Consejo Superior de las Universidades Centroamericanas (Csuca) mantinha na Unah. Encontramo-nos algumas vezes, discutimos algo de teoria marxista e de política latino-americana. Não nos tornamos, porém, nem próximos nem amigos – aqueles contatos seriam lembrados, em nossas conversas de 30 anos depois, como cautelosos diálogos entre brasileiros que, obrigados a viver no exterior pela ditadura e ainda na sua vigência, não sabiam exatamente com quem falavam e, portanto, eram bastante prudentes.

De qualquer modo, ainda em Honduras, tratei de obter alguma informação sobre o intelectual que acabava de conhecer. Soube pouco, mas o suficiente para ter uma noção do personagem: querido pelos estudantes, respeitado pelos pares, o economista tinha um mestrado pela Universidad de Chile (UC) e um doutorado pela Universidad Nacional Autónoma de México (Unam), sob a orientação de Ruy Mauro Marini. Soube, ainda, que não se comportava como um "estrangeiro": exilado desde 1970, inicialmente no Chile, em razão de sua resistência ao regime imposto ao país em abril de 1964, vinculava-se às lutas populares que então ferviam no istmo e tinha produção acadêmica significativa, envolvendo a problemática dos países centro-americanos.

Isto bastou-me para tratar de seguir o rastro intelectual de Reinaldo, seguimento tanto mais acessível a partir de 1982, quando, retornando ao Brasil, ele alocou-se à Universidade Federal da Paraíba (Campina Grande) – e mais fácil ainda tornou-se o acompanhamento da sua atividade a partir do início (1991) do seu magistério na Ufes, onde fez escola. Ainda assim, só nos aproximamos verdadeira e pessoalmente na primeira década deste século – em especial quando nos vimos juntos em atividades formativas promovidas pelo Movimento dos Trabalhadores Rurais Sem Terra (MST), mormente na Escola Nacional Florestan Fernandes (ENFF), de cujo quadro docente passamos a fazer parte. E em infindáveis conversas e discussões sob o frio noturno de Guararema, debatendo as nossas discrepâncias adjetivas e aprofundando as nossas convergências substantivas, descobri nele uma figura singular e extraordinária: um *professor*.

A partir da constatação de que Reinaldo era um *professor* – voltarei a esta palavra, que parece ter hoje perdido tanto do seu peso que jogadores de futebol referem-se a seus técnicos como "professores" –, constatação reforçada pelo conhecimento que travei com seus estudantes (quer de graduação, quer de pós-graduação), a partir dela dispus-me a escrever algo sobre Reinaldo. Meu interesse não incidiria na consideração minuciosa da sua larga e criativa produção intelectual e acadêmica – dezenas de ensaios instigantes, alguns livros de leitura obrigatória para todos os que se interessam pela crítica marxista da Economia Política, sua ativa intervenção em colóquios e seminários universitários; não buscaria ponderar o seu papel como orientador (no mais rigoroso sentido da palavra) de um expressivo elenco de dissertações e teses; também não me prenderia ao seu protagonismo como fundador/organizador de importantes instituições (iniciado no Brasil em 1985, com a criação da Associação Nacional dos Cursos de Graduação em Economia/Ange e avançado depois, em 1996, no surgimento da Sociedade Brasileira de Economia Política/SEP, e mais alargado ainda, em 2005, com a Sociedad Latinoamericana de Economía Política y Pensamiento Crítico/Sepla). Todos esses níveis da atividade de Reinaldo merecem cuidadosa atenção e seguramente serão objeto de pesquisa, de problematização e de avaliação nos próximos anos, uma vez que sua contribuição teórico-acadêmica é impossível de ser ladeada e, basicamente, constitui um precioso legado para o pensamento marxista em nosso país (e, mais amplamente, na América Latina).

Contudo, não eram somente a qualidade e a intensidade da produção teórica de Reinaldo (sem concessões ao produtivismo fordista próprio ao academicismo contemporâneo) que me atraíam, nem, tampouco, a sua capacidade agregadora – traços que, afinal, ele compartilhava com outros sujeitos da vida universitária. Aquilo que me fascinou em Reinaldo foi o que me parece peculiarizar a sua trajetória: *o fato de ele assumir-se essencialmente como professor*.

Reinaldo, no seu magistério, restituiu a plenitude originária e radical à palavra *professor*: muito além de ser aquele que "dá a conhecer", que "transmite algum ensinamento", foi, antes, aquele que *professa*, que *declara* e que *comunica* a ciência rigorosa e a consciência da verdade e, unindo-as e socializando-as, torna-as *sabedoria para a emancipação*. Nunca divorciou ciência e consciência: seus alunos, conduzia-os – desde a graduação, que sempre valorizou – à objetividade da crítica da Economia Política, seu domínio profissional por excelência, com a exploração da (mais que o recurso à) cultura humanista, nutrido por seu conhecimento de arte e literatura. Para exercitar a educação, Reinaldo exercitou, ao longo da vida, a *autoeducação*: o que os velhos alemães conceituavam como *Bildung* foi, nele, um vetor constitutivo da sua personalidade. Esta, a meu juízo, a sua singularidade: Reinaldo, na universidade, foi o cada vez mais raro exemplo do grande professor que é, necessariamente, um homem *culto*.

Precisamente por ser professor na acepção radical da palavra, Reinaldo, inserido na universidade, jamais teve nos seus muros acadêmicos o limite da sua intervenção: não foi um militante político em sentido estrito, mas sempre conectou o seu magistério com a ação político-pedagógica – daí a sua privilegiada relação com os movimentos das classes e camadas exploradas e subalternas. A elas, prestou serviços de monta e de valia, ademais da sua condição de produtor de conhecimentos teóricos, como docente em cursos de formação de trabalhadores e suas lideranças.

Não cumpri o compromisso assumido com Reinaldo Carcanholo em nosso último encontro de março passado, o de prefaciar este livro. A sua morte, com seu impacto brutal (pelo tanto que ele ainda nos tinha a dizer, pelo tanto que ele ainda queria viver), só me permite, com a mais travada das emoções, redigir, à guisa do prefácio prometido, este breve adeus a quem, como poucos, foi um professor.

Junho de 2013

APRESENTAÇÃO

Este é o segundo volume do livro *Capital: essência e aparência*. Inicialmente, lembremos de algo dito na apresentação do primeiro: este não é um livro para ser lido; é para ser estudado. Pretende auxiliar o leitor na compreensão da obra fundamental de Marx que é *O capital*, cuja leitura é imprescindível para quem pretende compreender a análise desse autor sobre a sociedade capitalista.

Mas há diferenças fundamentais entre o primeiro e o segundo volumes. No primeiro, além da decisão de apresentar um texto eminentemente didático, tratava-se de introduzir o leitor no estudo de aspectos fundamentais da teoria marxista do valor, incluindo as categorias de capital e mais-valia, para incentivá-lo a enfrentar a leitura direta dos originais de Marx.

Neste segundo volume, apesar de se manter a pretensão de um texto com características didáticas, a temática discutida não é tão introdutória como a apresentada no primeiro. A leitura de algumas de suas partes pressupõe algum conhecimento prévio da teoria econômica de Marx,[1] facilitada pelos capítulos do primeiro volume deste livro.

Para aqueles leitores que pretendem realizar somente um estudo introdutório da temática, é possível alcançar, mesmo sobre este volume, uma leitura satisfatória e sem maiores dificuldades. Para isso, basta seguir a orientação que aparece ao final desta apresentação.

Nos diversos capítulos aqui apresentados, discutiremos temas tratados por Marx no livro III d'*O capital*,[2] particularmente a problemática do progressivo processo de mistificação da essência que se apresenta à sociedade capitalista. No primeiro capítulo desse terceiro livro, logo no primeiro parágrafo, aparece uma passagem de enorme importância e de grande profundidade. Está entre as principais de toda a obra, e só o gênio de Marx e sua profunda coerência metodológica era capaz de elaborá-la. Ela permite entender claramente a diferença e a relação entre os diferentes livros d'*O capital*. O autor diz o seguinte:

---

[1] Nossa proposta de estudo inicial d'*O capital* de Marx inclui os seguintes capítulos do livro I: 1, 4, 5, 10, 14, 21, 22 (somente o item 1) e 23 (itens 1 a 4). A leitura do início do capítulo 1 do livro III também é fundamental.

[2] No volume I, os temas tratados se referiam basicamente ao primeiro livro (com seus dois volumes nas edições brasileiras) d'*O capital*.

> O que nos cabe neste livro terceiro não é desenvolver considerações gerais sobre essa unidade (entre produção e circulação), mas descobrir e descrever as formas concretas oriundas do processo de movimento do capital...[3]

Trata-se de estudar as formas concretas com as quais nos enfrentamos no dia a dia do mercado, na superfície da sociedade. O que interessa aqui é a aparência, mas não como resultado de uma descrição pura e simples, não como produto de uma análise superficial. Trata-se de chegar a ela por meio das categorias da essência do sistema que foram estudadas especialmente no primeiro livro d'*O capital*.

No livro terceiro, não se encontrarão considerações gerais sobre as categorias abstratas de capital, mais-valia, valor. Ao contrário, elas aparecem utilizadas criativamente para entender o concreto real que enfrentamos diariamente, para entender a economia e a sociedade capitalista tal como elas aparecem imediatamente aos nossos olhos. Interessa a categoria de lucro, e não a de mais-valia; e não a de lucro em abstrato, e sim entender o lucro comercial, o lucro do comerciante da esquina do meu bairro, os juros cobrados pelos bancos. Qual é a natureza e a fonte originária dessas categorias? Necessitamos compreender a relação entre o valor e o preço de mercado, as diversas frações em que se divide o capital, para chegar a entender, por exemplo, o conflito que se manifesta entre as frações de classe que essa divisão determina.

O livro terceiro d'*O capital* busca explicar a aparência do sistema a partir das categorias essenciais desenvolvidas anteriormente. É verdade que o ponto de partida da análise de Marx sobre o valor – no capítulo sobre a mercadoria do livro primeiro – foi o valor de troca, isto é, a relação de troca que ocorre no dia a dia entre as mercadorias. Antes do valor, apareceu na análise o valor de troca. Mas só apareceu como simples resultado da observação. O valor de troca é uma categoria da aparência e só apresentou-se ali, naquele capítulo, como mera constatação. Agora, no livro terceiro, é necessário voltar a ele, mas armado com os instrumentos teóricos já desenvolvidos, para explicá-lo em todas as suas determinações, inclusive a quantitativa.

A aparência, âmbito no qual existem o valor de troca e o preço de mercado, o lucro, os juros etc., *parece* negar a essência; na verdade a nega dialeticamente. Não no sentido de afirmar sua inexistência ou sua irrealidade. O valor de troca, ou valor relativo e o preço de mercado, que é um valor de troca especial (com o dinheiro), *parece* afirmar que o valor das coisas não provém do trabalho socialmente necessário; afirma, de fato, que vem do livre jogo da oferta e da demanda, de um poder mágico que só o mercado possui. O livro terceiro vai mostrar que esse valor de troca, sendo o que é e apesar de tudo, explica-se de todas maneiras pelo valor que é produto do trabalho abstrato.

O lucro empresarial *parece* provir da tecnologia empregada e/ou da sagacidade do empresário. De fato e em certo sentido, isso é correto. Isso significa que

---

[3] Marx, 1980-1981, p. 29.

sua origem não seja a mais-valia fruto da exploração do trabalho? De maneira nenhuma. O lucro, em qualquer de suas formas (inclusive os juros), resulta efetivamente da exploração do trabalho. Ou melhor, resulta e não resulta, pois em certo sentido a sagacidade empresarial está na sua base. Em termos precisos, poderíamos dizer que o lucro é e não é fruto da exploração, é e não é fruto da sagacidade do empresário. E isso é explicado satisfatoriamente por Marx.

A essência precisa explicar-se a si mesma e precisa explicar a aparência também, sendo elas as duas caras verdadeiras do real. Precisa explicar por que, sendo a essência o que é, a aparência é diferente e muitas vezes justamente contrária, apesar de ser explicada totalmente por aquela. Um positivista não é capaz de aceitar que isso seja possível, mas um esforço de cada um de nós, com boa vontade e boa perspectiva ideológica, permite que superemos as limitações do nosso positivismo e logremos alcançar pelo menos alguns aspectos da dialética; permite que cheguemos a compreender pelo menos esse aparente contrassenso.

Assim, o que Marx pretende no livro terceiro é explicar a aparência do sistema e sua realidade concreta, a partir da essência, e é o que logra fazer. Claro que não o faz de maneira completa e exaustiva, nem mesmo para sua época e muito menos para outros momentos históricos do sistema. A aparência e o concreto são suficientemente complexos para que sua explicação exaustiva não seja possível, e, por isso, devemos nos contentar com aproximações, com adequadas aproximações. Mas, além de tudo, esse autor nos mostra o caminho, o método a seguir para que nos aproximemos cada vez mais dos aspectos da aparência que nos interessem, por mais concretos que sejam.

Nesse sentido, Marx continua sua afirmação anterior, de maneira magistral, referindo-se ao terceiro livro:

> Assim, as configurações do capital desenvolvidas neste livro abeiram-se gradualmente da forma em que aparecem na superfície da sociedade, na interação dos diversos capitais, na concorrência e ainda na consciência normal dos próprios agentes da produção.[4]

Dessa forma, encontraremos nesse livro a discussão sobre o lucro do comerciante da esquina do meu bairro ou por que o banco exige juros diferentes entre diversas aplicações? Obviamente que não. As categorias que Marx desenvolve em tal livro aproximam-se gradualmente da maneira como aparecem na superfície da sociedade, na aparência. E, nessa aproximação, nos ensina o caminho para estudos mais concretos.

É importante destacar aqui que a discussão básica em todo o desenvolvimento desse livro se refere à problemática da dissimulação das relações sociais no capitalismo, em particular a dissimulação sobre a origem essencial da maisvalia: a exploração do trabalho. É assim, por exemplo, na parte segunda do livro

---

[4] *Ibid.*, p. 30

terceiro, em que Marx discute a transformação do valor em preço de produção. Aliás, o nome dessa parte não faz referência ao preço de produção, mas ao lucro médio: "A conversão do lucro em lucro médio".

Nessa parte, ao contrário da compreensão da maioria dos economistas que a leram e também dos que não leram, o que Marx busca fundamentalmente não é aproximar-se de uma teoria da determinação quantitativa dos preços de mercado, mas descobrir e descrever um novo determinante da dissimulação da origem da mais-valia.[5] Na medida em que o lucro médio (medido em horas de trabalho) difere quantitativamente da magnitude da mais-valia, para cada empresa e para cada setor ou ramo de produção,[6] contribui para esconder a essência da exploração do trabalho e da existência da mais-valia. Marx não busca construir uma teoria da determinação quantitativa dos preços de mercado, preços de equilíbrio ou preços de reprodução, preocupação básica dos economistas burgueses e pequeno-burgueses. Busca explicar a dissimulação, o alheamento. No entanto, ao fazer isso na relação entre valor e preço, aproxima-se do que seria uma teoria sobre isso.

Os capítulos deste volume

É justamente porque a preocupação de Marx no livro terceiro é fundamentalmente o problema da dissimulação que apresentamos como primeiro capítulo deste volume o que denominamos "Trabalhadores, empresários e economistas: prisioneiros da aparência. Sobre a ilusória origem da mais-valia".

Em seguida, no capítulo 2, tratamos do tema da conversão do lucro em lucro médio e do valor em preço de produção. Nesse texto, reaparece de maneira introdutória a discussão sobre algumas categorias fundamentais da teoria econômica marxista que já haviam sido discutidas anteriormente no volume I. A forma didática que apresenta permite que ele possa ser útil como revisão e como reforço sobre as questões mais fundamentais dessas categorias. Por isso, pode funcionar isoladamente como uma introdução à discussão sobre valor, capital, mais-valia, lucro. Por outro lado, uma primeira aproximação ao tema da transformação dispensaria, para um leitor mais apressado, a leitura dos itens 5 a 9, mas não o 10. O capítulo 3 aprofunda o estudo sobre o preço de produção e sua relação com o valor e é destinado àqueles leitores que eventualmente ainda têm dúvidas sobre a crítica neorricardiana a Marx. Talvez seus dois últimos itens (5 e 6) tenham interesse mais geral.

O capítulo 4 está dedicado à problemática da lei da tendência decrescente da taxa de lucro, fundamental para a economia capitalista. Como se sabe, esse é

---

[5] Já havia apresentado outros determinantes nos capítulos 1 e 2 desse mesmo livro.
[6] Difere também no total da economia, conforme discutimos e explicamos nos capítulos 2 e 3 deste volume.

um dos temas mais criticados em Marx pelos economistas. Algumas das críticas feitas contra esse autor são discutidas e descartadas, ao mesmo tempo em que se analisa a relação entre essa lei e a pretendida derrocada econômica automática do capitalismo. As três caixas de texto que aparecem nesse capítulo são meras formalizações algébricas de demonstração de nossas teses, que figuram como exemplos e não são fundamentais para a compreensão do conjunto do texto, ao contrário dos quadros das simulações que ali são apresentados.

A caixa de texto no capítulo seguinte (5) segue a mesma lógica. Nesse capítulo 5, discute-se uma implicação da teoria dialética do valor tal como a concebemos, que é a da explicação da mais-valia extra se por transferência de valor ou por trabalho potenciado. Demonstramos que a explicação correta é a primeira: a mais-valia extra se explica por transferência de valor das empresas não inovadoras para as inovadoras. Apesar de não ser um texto dos mais fáceis, apresenta um atrativo adicional que é o de discutir o aspecto interessante derivado do método utilizado por Marx n'O *capital*.

O capítulo sobre oferta e demanda e seu efeito sobre a magnitude do valor (6) é um pouco mais difícil que os demais, especialmente em seu item 4, que pode ser deixado de lado sem se perder o essencial dos demais e da teoria marxista do valor, sabendo que variações da oferta e da demanda alteram os preços de mercado, mas não alteram o valor das mercadorias, isto é, a magnitude da riqueza social que cada uma delas representa para a sociedade capitalista. No entanto, não deveriam deixar de lado as conclusões do texto que aparecem no item 5.

Em seguida, no capítulo 7, apresenta-se um texto inédito e redigido especialmente para este livro, cujo conteúdo é de extrema relevância para o entendimento da economia capitalista atual: as crises derivadas da expansão da especulação. Explicita-se ali o que significa e que implicações há em pretender que a análise sobre a realidade econômica atual esteja baseada rigorosamente sobre a perspectiva marxista, sobre a teoria dialética do valor. De maneira bastante didática, são apresentadas as categorias de capital fictício e de lucros fictícios, e isso é feito de forma inovadora, por meio de uma nova categoria muito mais geral: a de riqueza capitalista fictícia. É justamente isso que permite que a exposição apresente características mais didáticas. Acreditamos que este texto pode até isoladamente ser utilizado por leitores não iniciados.

O texto sobre a renda da terra (8), também como alguns anteriores, apresenta dificuldades formais; dada sua especificidade, optamos por incluir no início do texto suas principais conclusões. Nesse capítulo pretende-se concretizar a categoria de renda diferencial, de maneira que possa ser útil para a investigação concreta. Justamente como complemento disso apresenta-se o texto 9, que se refere ao estudo de um caso concreto: o do desenvolvimento do capitalismo na Costa Rica no período de 1950 a 1975, utilizando-se como categoria fundamental a de renda da terra e tendo como base teórica explícita a teoria dialética do valor. Nele, essa teoria aparece como instrumento fundamental da pesquisa.

Este volume, na verdade, está composto por textos escritos em diferentes épocas. Em cada um deles se identifica, em nota de rodapé, quando e como foi divulgada sua versão original ou preliminar. Somente dois deles foram pensados especialmente para esta oportunidade. Por terem sido elaborados em épocas tão distintas e por serem apresentados aqui com pequenas alterações, em geral somente de forma, algumas poucas repetições de temática e de argumento serão encontradas. Esperamos que isso não prejudique o interesse pelos temas tratados.

A seguir, como prometido, apresentamos a orientação de leitura.

ORIENTAÇÃO PARA UMA LEITURA PRELIMINAR DESTE VOLUME:

1. Começar pela leitura total do capítulo 1.
2. Do capítulo 2, fazer a leitura exclusivamente dos itens 1 a 6. Este capítulo se inicia com uma boa revisão das categorias de valor, capital e mais-valia.
3. A seguir, passar à leitura do capítulo 4, evitando-se o que aparece no interior das três caixas de texto, que apresentam demonstrações algébricas de algumas conclusões. Os quadros de simulação são relevantes.
4. Saltar para a leitura do capítulo 7, no qual se discutem as categorias de riqueza fictícia, capital e lucro fictícios. Leia-se, também, o apêndice.
5. O capítulo sobre a renda da terra apresenta algumas dificuldades formais, com pequenas demonstrações algébricas que podem ser obviadas. Para evitar maiores dificuldades, no início do capítulo se expõem as conclusões gerais a que se chega. Um leitura preliminar pode limitar-se aos seus dois itens iniciais.
6. Finalmente, a leitura do capítulo final pode ser feita. Nele se apresenta a problemática da relação entre as categorias abstratas e a realidade concreta, buscando resolvê-la por meio da descrição de um estudo particular.

CAPÍTULO 1

TRABALHADORES, EMPRESÁRIOS E ECONOMISTAS: PRISIONEIROS DA APARÊNCIA. SOBRE A ILUSÓRIA ORIGEM DA MAIS-VALIA[1]

> "O capitalista individual, ou o conjunto dos capitalistas em cada ramo particular, com horizonte limitado, tem razão em acreditar que seu lucro não deriva do trabalho empregado por ele ou em todo o ramo. Isto é absolutamente exato com referência a seu lucro médio. Até que ponto esse lucro se deve à exploração global do trabalho por todo o capital, isto é, por todos os confrades capitalistas, é uma conexão para ele submergida em total mistério, tanto mais quanto os teóricos da burguesia, os economistas políticos, até hoje não a desvendaram."
>
> Karl Marx

1. Introdução

A teoria do valor-trabalho de Marx tem sido submetida a uma intensa e sistemática crítica desde praticamente o seu surgimento, há mais de um século. Todo o esforço dirigido a mostrar seus supostos equívocos ou inconsistências, sem dúvida nenhuma, tem uma elevada motivação ideológica. E não é para menos. Como é óbvio, o que está por trás de toda a discussão e de toda fúria que sustenta tal esforço não é uma preocupação técnica sobre como se determinam os preços de mercado das mercadorias, mas a explicação da origem do lucro numa sociedade capitalista.

De fato, ao contrário das teorias de Smith e Ricardo, a teoria marxista do valor tem como consequência necessária a conclusão de que o excedente econômico capitalista e, em particular, o lucro são frutos da exploração do trabalho não pago. Não é possível aceitar integralmente a perspectiva de Marx sobre a riqueza e sobre o valor sem se concluir que a própria natureza íntima do capital implica uma contradição antagônica entre classes e significa uma violência contra a natureza humana. Nessa perspectiva, o capital é a própria negação do Homem, e a teoria de Marx é, por si mesma, radicalmente anticapitalista e revolucionária.

Não é fácil aceitar essas implicações, sobretudo, com muito mais razão, por aqueles setores da sociedade atual que, de certa forma, beneficiam-se atra-

---

[1] Uma versão original deste texto foi publicada na revista *Crítica Marxista*. Cf. Carcanholo, 2003b.

vés dos privilégios que desfrutam. Mas não é só isso. A própria realidade capitalista, diretamente observada, mostra, de maneira indiscutível, que a origem do lucro empresarial não está no trabalho e muito menos na sua exploração. Nossos olhos não podem negar que ele tem origem diversa da mencionada; sua origem está na capacidade empresarial, na tecnologia, nos grandes volumes de capital comprometidos, entre outros. Talvez fosse aceitável pensar que sua explicação está no conjunto desses fatores e de outros adicionais. Melhor ainda, nos dias de hoje, com o predomínio do capital especulativo, talvez fosse correto pensar que o lucro tem como origem alguma propriedade imanente e mágica do próprio capital. O fato de que este último conceito, o de capital, não seja muito compreensível não importa. Assim fica até mais fácil pensar que possui propriedades mágicas.

Mesmo que o anterior tenha alguma dose de exagero, uma coisa é certa: a observação da realidade permite concluir que, muitas vezes, o empresário não é um explorador.

Como é possível aceitar a teoria do valor de Marx com essas conclusões retiradas diretamente da realidade? Afinal, a relação capitalista implica ou não a exploração? O lucro é ou não fruto do trabalho não pago? Lamentavelmente a resposta não é trivial. O capital consiste, de fato, em uma relação social que, *ao mesmo tempo*, é e não é exploradora, e isso na própria teoria de Marx. Na aparência, a relação salarial é, por sua natureza e em si, uma relação entre iguais ou, no mínimo, uma relação entre dois indivíduos autônomos e capazes de estabelecer entre si, livremente, um contrato comercial legítimo. Por outro lado, mas ao mesmo tempo, a relação salarial, na essência, implica exploração; ausência de liberdade de uma das duas partes; apropriação pela outra de trabalho não pago. E isso é dialética e não é fácil entendê-la, mesmo quando existe boa vontade.

Duas características importantes devem ser consideradas, aqui, sobre a aparência na sociedade capitalista. A primeira é que ela não é resultado de um erro ou um engano do observador. Trata-se de uma das duas dimensões da realidade, tão real quanto a sua oposta, a essência. O erro não está na aparência e nem mesmo na interpretação que ela sugere, mas na crença de que a realidade tem uma só dimensão. O equívoco sobre o capitalismo consiste em pensar que a realidade é unidimensional, ou melhor, não saber de sua bidimensionalidade.

Na verdade, existem, nesse aspecto, dois erros teóricos opostos: o empirismo daquele que somente vê a aparência e, por outro lado, o seu contrário, o fundamentalismo, que acredita que só a essência é verdadeira. Este talvez seja tão nocivo quanto o primeiro. No entanto, poderíamos destacar que, apesar de tudo, a essência deve ser vista como tendo uma superioridade sobre a aparência, e talvez por duas razões básicas. Em primeiro lugar, porque só ela é capaz de permitir a lógica e estruturada compreensão sobre os nexos mais íntimos da realidade, possibilitando prever as potencialidades do seu desenvolvimento, dos seus destinos possíveis. Em segundo, porque, a partir dela, com os instrumentos que fornece, é possível entender todas as características da aparência, além de explicar a razão pela qual a aparência deve ser necessariamente como é. Em certo sentido, a essência contém dentro de si a própria aparência.

A segunda característica da aparência capitalista que convém destacar aqui é o fato de que ela resulta diretamente da observação da realidade, mas desde um ponto de vista particular, específico: do ponto de vista do ato individual e isolado.[2] Enquanto a essência só é compreensível a partir da perspectiva da totalidade social, a aparência deriva direta e imediatamente de uma visão parcial ou isolada da relação social; em caso extremo, da observação de uma específica relação entre um determinado empresário e um trabalhador. Essa relação específica não tem necessariamente de ser de exploração e muitas vezes não o é, de fato, na aparência. E, como a ação dos indivíduos na sociedade capitalista só os obriga (ou até os limita) à observação do ato individual e isolado, tendem a ser prisioneiros da aparência e da unidimensionalidade do real. Eles, na sociedade capitalista, não são facilmente capazes de observar a realidade de um ponto de vista global. Se somarmos a isso que a aparência é real e não falsa, teremos os elementos necessários para compreender a força da perspectiva empirista e, também, do pensamento neoliberal.

O fato é que Marx, depois de expor os resultados da sua descoberta sobre a origem da mais-valia, isto é, a exploração do trabalho, enfrenta a tarefa de utilizar-se dos instrumentos teóricos derivados da essência para "reconstruir", no pensamento, a maneira como ela se apresenta na aparência. Procura explicar como e por que a mais-valia se apresenta como lucro, ou melhor, como se processa a dissimulação da origem da mais-valia. E o faz de maneira magistral, embora não de forma completa e totalmente desenvolvida, no livro III d'*O capital*. Nos dois primeiros capítulos desse livro, Marx expõe o que seriam alguns dos diversos mecanismos, fatores, momentos, aspectos, determinantes, ou dimensões da dissimulação da origem da mais-valia. E segue com essa tarefa em capítulos posteriores. O melhor termo para expressar esses *momentos* da dissimulação é algo a ser mais bem pensado. Por comodidade e sem maior compromisso com seu real significado, usaremos o termo *dimensão*. Isso, pelo menos, evitará que se pense que eles são paralelos ou progressivos.

Nosso propósito aqui é expor as diferentes dimensões dessa mistificação ou dissimulação; aquelas que foram apresentadas n'*O capital* e duas outras não tratadas ali, mas muito importantes. Uma delas, por certo a que chamamos *paradoxo da desigualdade dos iguais*, embora não tratada por Marx, encontra em seu texto o caminho para sua descoberta; a outra não aparece em sua obra talvez por só ter alcançado relevância na realidade social nos dias de hoje.

Comecemos, pois, pela dimensão mais elementar da dissimulação: o conceito de *preço de custo*.

---

[2] Para uma melhor compreensão do assunto, ver cap. 21 (reprodução simples) de Marx, 1980-1981, l. I, v. I, 1980.

2. Preço de custo e salário como pagamento do trabalho

A primeira dimensão da mistificação ou dissimulação consiste no próprio conceito de *preço de custo*. O *custo* ou *preço de custo* de uma mercadoria nada mais é do que aquela parte do seu valor depois de deduzida a mais-valia. Assim, nessas condições, o preço de custo é o que necessita o empresário para ressarcir-se dos gastos com matérias-primas, matérias auxiliares, depreciação do equipamento e instalações e com os salários.

Marx preocupa-se em destacar com muita precisão a diferença entre o preço de custo e a magnitude do valor, mostrando que aquele é o custo da mercadoria para o empresário, mas não o verdadeiro custo social: "São duas magnitudes bem diversas o que a mercadoria custa ao capitalista e o que custa produzi-la. Da mercadoria, a parte constituída pela mais-valia nada custa ao capitalista, justamente por custar ao trabalhador trabalho que não é pago".[3]

Em que sentido o *preço de custo*, como uma ideia, arbitrária ou não, é capaz de constituir-se em dimensão (na primeira dimensão) da mistificação da origem da mais-valia?

Na verdade, a simples adição, no preço de custo, de duas partes que cumprem funções distintas no que se refere à produção e à valorização é o que leva à dissimulação. Essas duas partes diferentes, que se encontram somadas no preço de custo, são o capital constante consumido (c) e o capital variável (v).

Enquanto o valor do capital constante consumido entra por inteiro na produção do valor da nova mercadoria e, portanto, transfere-se para esta, o valor do capital variável desaparece com o consumo da força de trabalho. Assim, ao mesmo tempo em que na produção, durante uma jornada de trabalho, destrói-se o valor de uso diário da força de trabalho ao consumir-se a capacidade de trabalhar do indivíduo, destrói-se também seu valor. É verdade que essa destruição ocorre justamente para que surja um valor novo, o valor produzido durante a jornada, mas trata-se de um novo valor, diferente daquele que existia na força de trabalho. Esse é um assunto tratado de maneira suficiente, por Marx, nos capítulos 5 e 6 do livro I d'*O capital*: "Mas esse valor-capital [o capital variável] adiantado não entra absolutamente na produção do valor novo. A força de trabalho é valor com referência ao adiantamento de capital, mas, no processo de produção, tem a função de criar valor".[4]

A força de trabalho, no capital, aparece como valor; na produção, como valor de uso. O consumo desse valor de uso, que é o trabalho, aparece como a ação capaz de criar novo valor.

Assim, o que o preço de custo faz ao somar os dois diferentes componentes do valor da mercadoria é torná-los iguais (não é possível somar coisas diferen-

---

[3] Ibid., l. III, v. IV, cap. 1, p. 30.
[4] Ibid., p. 32.

tes); o preço de custo produz uma indiferenciação entre o capital constante e o capital variável.[5]

> Nessa fórmula, a parte do capital adiantada em trabalho só se distingue da adiantada em meio de produção... por servir para pagar elemento materialmente diverso da produção, não entrando em conta a função diversa que desempenha no processo de produção do valor da mercadoria... Extinguiu-se a diferença entre capital constante e variável.[6]

Para o empresário, aumentar o gasto com materiais e, na mesma magnitude, reduzir os salários, ou o contrário, é, para o que nos interessa aqui, absolutamente indiferente.

Dessa maneira, se o excendente-valor capitalista (a mais-valia) é fruto da exploração do trabalho, diferença entre o valor produzido pelo trabalho e o valor da força de trabalho, como o é na teoria econômica de Marx, o preço de custo "desmente" essa conclusão. A simples ideia de preço de custo (que surge naturalmente na consciência do empresário), ao produzir a indiferenciação das duas formas de capital, faz com que o lucro apareça como resultado não do capital variável, mas da soma das duas formas. O preço de custo, como ideia derivada diretamente da aparência, é capaz de produzir uma ilusão sobre a origem da mais-valia. Abstraída a diferença entre o capital variável e o capital constante, a mais-valia aparece como acréscimo não do primeiro, mas da soma dos dois, isto é, do preço de custo: "... o capital variável, despendido em força de trabalho, classificado como capital circulante, é, no tocante à formação do valor, expressamente identificado com o capital constante, e assim mistifica-se completamente o processo de valorização do capital".[7]

Ao mesmo tempo em que o capital constante e o capital variável, através da ideia aparencial de preço de custo, tornam-se iguais (indiferenciam-se), o salário, de pagamento da força de trabalho, aparece como pagamento do trabalho. "... o valor – o preço – da força de trabalho se apresenta como valor – preço – do próprio trabalho, o salário".[8]

E não importa se a ideia é de que o salário chega ou não a ser suficiente para pagar todo o trabalho. Se se entende que paga o trabalho e não a força de trabalho, pode até haver exploração, caso ele seja insuficiente para pagá-lo completamente. Mas, dessa maneira, a exploração não é norma, é caso especial que pode até ser mais frequente ou generalizado, mas não é a natureza mesma do sistema. A exploração, de natureza íntima do capital como se apresenta na teoria de Marx, passa a

---

[5] "A diferença que separa esses dois componentes do valor-mercadoria... salta aos olhos quando ocorre uma variação alternada na magnitude do valor do capital constante e do capital variável adiantados" (*ibid.*, p. 32).
[6] *Ibid.*, p. 34-35.
[7] *Ibid.*, p. 36.
[8] *Ibid.*, p. 33.

ser mera circunstância particular que pode ser combatida. Teríamos, assim, os elementos necessários para diferenciar o que seria o lucro "legítimo" e o "ilegítimo" e não seríamos obrigados, eticamente, a exercer nossa oposição ao capitalismo, mas ao selvagem do capitalismo. A diferença, como sabemos, não é pequena.

Enfim, com o preço de custo, modifica-se a própria natureza do valor da mercadoria: se em algum momento o entendíamos como

$$V = c + (v + m),$$

com o preço de custo torna-se

$$V = (c + v) + m$$

e a mais-valia, que tem como origem o capital variável, torna-se lucro, cuja origem é o capital por inteiro (c + v). Desapareceu a exploração.

3. O CAPITAL FIXO

Como vimos no item anterior, com o preço de custo extingue-se a diferença entre capital constante e variável; com isso, o lucro parece provir de todo o capital consumido. Observe-se, no entanto, que o capital constante consumido, somado ao necessário aos salários, não é todo o capital necessário à produção da mercadoria. Nele só incluímos a depreciação dos instrumentos, das máquinas, das instalações; em outras palavras, a depreciação do capital fixo.

Para que a mercadoria seja produzida, é necessário todo o capital constante (C) e não simplesmente o consumido (c). Para produzir a mais-valia, necessita-se não só do capital correspondente ao preço de custo, mas de todo o capital. Logo, o lucro provém não só do preço de custo, mas de todo o capital (C+v):

> Desse modo, a mais-valia provirá tanto da parte do capital adiantado, absorvida no preço de custo, quanto da parte que não entra nesse preço; numa palavra: igualmente, dos componentes fixos e circulantes do capital utilizado. O capital todo – os meios de trabalho, as matérias de produção e o trabalho – serve materialmente para formar o produto. O capital todo entra materialmente no processo efetivo de trabalho, embora apenas parte dele entre no processo de valorização. Seria precisamente esta a razão por que só parcialmente contribui para formar o preço de custo e totalmente para formar a mais-valia. Seja como for, sobressai o resultado: a mais-valia brota simultaneamente de todas as partes do capital aplicado.[9]

---

[9] *Ibid.*, p. 38-39. Quando Marx se refere ao *processo efetivo de trabalho e ao processo de valorização*, está se utilizando do que estudou no capítulo 5 do livro 1 d'*O capital*. Tais conceitos são os dois polos contraditórios da unidade denominada *processo de produção capitalista*, e a cada um deles é dedicada uma das duas partes do mencionado capítulo.

Para o capitalista, fica então patente que esse acréscimo de valor provém dos processos produtivos, empreendidos com o capital, derivando portanto do próprio capital; pois existe depois do processo de produção e não existia antes.[10]

É necessário destacar que *capital adiantado ou desembolsado*, rigorosamente, é um conceito mais concreto que os de capital total, capital constante consumido e capital constante. Para chegar-se a ele, é necessária toda a ampla análise sobre a circulação e, especialmente, a rotação do capital que Marx realiza no livro II d'*O capital*. Do ponto de vista que nos interessa aqui, isto é, a origem da mais-valia, é ao capital adiantado que se atribui a origem da mais-valia.

4. Divergência mais-valia/lucro em cada empresa e mesmo em cada setor

A crença de que a origem do lucro empresarial é a exploração do trabalho tropeça numa dificuldade adicional. Se essa ideia fosse verdadeira, as empresas com proporcionalmente pouco capital constante e muito variável, isto é, com baixa composição orgânica, deveriam ter maior taxa de lucro que as demais. E é justamente o contrário do que, na maior parte das vezes, um observador qualquer poderia esperar: grandes empresas, com elevado capital em operação, mesmo com um número relativamente reduzido de trabalhadores, tem elevado lucro, tanto em termos absolutos (massa de lucro) quanto em termos relativos (taxa de lucro).

Se altos lucros podem ocorrer em empresas com relativamente poucos trabalhadores, como é possível pensar que a origem do lucro esteja justamente no trabalho? A observação direta da aparência permite a hipótese exatamente contrária: a origem está no capital e/ou no poder econômico que ele confere, não no trabalho.

Para esclarecer essa divergência entre a aparência e a essência, características da sociedade capitalista, são necessários diversos passos que se iniciam pelo estudo da transformação dos valores em preços de produção, continuam com o que poderíamos chamar de preços de monopólio e, no final, chegariam aos preços de mercado, tal como os observamos na superfície da realidade. É indispensável entender, preliminarmente, dois conceitos opostos existentes na teoria econômica marxista: produção e apropriação. Enquanto a produção da mais-valia fica determinada totalmente no nível do valor, de maneira que divergências de magnitude entre preço e valor em nada alteram a sua grandeza, a apropriação só fica determinada no nível mais concreto dos preços de mercado.

Não é mister explicar novamente que, ao vender-se uma mercadoria acima ou abaixo do valor, a mais-valia apenas se reparte de maneira diferente, e essa modificação,

---

[10] *Ibid.*, p. 38.

essa nova proporção em que diversas pessoas repartem entre si a mais-valia, em nada altera a natureza e a magnitude dela.[11]

Assim, explicar teoricamente as divergências entre a produção e a apropriação da mais-valia significa esclarecer um dos aspectos decisivos da mistificação da origem da mais-valia. E Marx começa esse trabalho pela transformação dos valores em preços de produção.

De maneira simplificada e numa primeira aproximação, podemos dizer que preço de produção de uma mercadoria é o valor apropriável na sua venda, que garante ao seu produtor a obtenção do lucro médio, isto é, que garante a uniformidade da taxa de lucro.[12]

É um erro acreditar que, com a transformação do valor em preço de produção, Marx pretendia exclusiva ou prioritariamente explicar a determinação dos preços de mercado. Não era esse seu propósito, ou, pelo menos, não era seu propósito fundamental. O que ele queria, na verdade, era esclarecer um aspecto mais do complexo da dissimulação da origem da mais-valia: a divergência quantitativa entre lucro e mais-valia em cada setor da economia. Exatamente sobre isso, vejamos os três últimos e importantíssimos parágrafos do capítulo 2 do livro III d'*O capital*, em que Marx anuncia o que pretende realizar na seção (ou parte[13]) seguinte desse livro (segunda seção), justamente onde analisa a questão da transformação:

> Na mais-valia se põe a nu a relação entre capital e trabalho; na relação entre capital e lucro, isto é, entre capital e mais-valia – em que esta aparece como excedente sobre o preço de custo da mercadoria... – apresenta-se o capital como relação consigo mesmo... Sabe-se que produz esse valor novo ao movimentar-se através dos processos de produção e de circulação. Mas fica dissimulada a maneira como isso ocorre, parecendo que o valor excedente provém de propriedades ocultas, inerentes ao próprio capital.
> E, quanto mais seguimos o processo de valorização do capital, mais dissimulada fica a relação-capital e menos se percebe o segredo de sua estrutura interna.
> Nesta parte do livro, a taxa de lucro difere quantitativamente da taxa de mais-valia; lucro e mais-valia, entretanto, são considerados grandezas iguais, divergindo apenas quanto à forma. Na parte seguinte veremos como prossegue o alheamento (*Veräusserlichung*), passando o lucro a desviar-se da mais-valia também quantitativamente.[14]

No primeiro dos três parágrafos, o autor está se referindo ao que efetivamente realizou naquele capítulo (2 do livro III), isto é, mostrar a mistificação

---

[11] *Ibid.*, cap. 2, p. 47.
[12] Sobre o preço de produção, vejam-se os capítulos 2 e 3 deste livro.
[13] Na tradução da Difel/Civilização, os três diferentes livros d'*O capital* aparecem divididos em "partes".
[14] Marx, 1980-1981, l. III, v. IV, cap. 2, p. 51-52.

existente, quando analisou algumas das suas dimensões. No segundo parágrafo, afirma que a dissimulação, de fato, é muito maior do que a esclarecida até então, e que a continuidade do estudo permitirá entender novas dimensões dela que a fazem ainda mais profunda. Finalmente, no terceiro parágrafo, anuncia seu propósito para a parte seguinte do seu trabalho (a seção correspondente à transformação), que é o de mostrar como prossegue ou se aprofunda o "alheamento", a dissimulação.

Observe-se, também, que seu propósito fica claramente expresso nos próprios títulos das duas primeiras seções do livro mencionado: a) "a transformação da mais-valia em lucro" e b) "conversão do lucro em lucro médio". Não chama a segunda seção de *transformação de valores em preços de produção*, mas destaca, no próprio nome, sua preocupação em analisar as divergências quantitativas. Essas divergências quantitativas, como é óbvio, são decisivas na dissimulação da origem da mais-valia.

E não é só isso. Na própria segunda seção, quase ao final do capítulo 9, já depois de haver explicado a transformação dos valores em preço de produção, afirma:

> Vimos na primeira parte: mais-valia e lucro eram idênticos, quanto à massa. Todavia, a taxa de lucro desde logo se distinguiu da taxa de mais-valia, parecendo ser inicialmente apenas outra forma de calcular; mas isto desde logo obscurece e dissimula a verdadeira origem da mais-valia, pois a taxa de lucro pode subir ou descer sem que se altere a taxa de mais-valia ou vice-versa...
> (...)
> Até aí, a diferença entre lucro e mais-valia referia-se apenas à mudança qualitativa de forma, só existindo diferença quantitativa, nessa primeira ordem de transformação, entre taxa de lucro e taxa de mais-valia, e não de lucro e mais-valia.
> A coisa muda quando se estabelece taxa geral de lucro e, por meio dela, lucro médio, correspondente à magnitude dada do capital aplicado nos diferentes ramos de produção.
> Agora sabemos que só por casualidade a mais-valia realmente produzida num ramo particular de produção, ou seja, o lucro, coincide com o lucro contido no preço de venda da mercadoria.[15]

Assim, a análise que o mencionado autor realiza constata a existência de divergência quantitativa entre a mais-valia produzida e a apropriada (ou lucro) em cada ramo de produção. Ele passa, então, a apresentar as consequências desse fato sobre a aparência da origem do lucro:

> A diferença quantitativa real entre lucro e mais-valia... nos ramos particulares de produção oculta então inteiramente a verdadeira natureza e a origem do lucro, não apenas para o capitalista, que tem aí especial interesse em enganar-se, mas também para

---

[15] *Ibid.*, cap. 9, p. 189-190.

o trabalhador. Com a transformação dos valores em preço de produção, encobre-se a própria base da determinação do valor.[16]

Agora, não é só o empresário, com o seu interesse objetivo em negar que a origem da mais-valia é a exploração, mas também o próprio trabalhador – cujo interesse seria justamente o contrário (o esclarecimento da natureza íntima da relação salarial) – se veem prisioneiros da visão que deriva necessariamente da aparência capitalista.

> E essa imagem plenamente se confirma, consolida e ossifica, quando, na realidade, o lucro acrescentado ao preço de custo, em cada ramo particular de produção, não é determinado pelos limites da formação do valor aí ocorrida, mas por fatores inteiramente externos.[17]

> O capitalista individual, ou o conjunto dos capitalistas em cada ramo particular, com horizonte limitado, tem razão em acreditar que seu lucro não deriva do trabalho empregado por ele ou em todo o ramo. Isto é absolutamente exato com referência a seu lucro médio. Até que ponto esse lucro se deve à exploração global do trabalho por todo o capital, isto é, por todos os confrades capitalistas, é uma conexão para ele submergida em total mistério, tanto mais quanto os teóricos da burguesia, os economistas políticos, até hoje não a desvendaram.[18]

Assim, o empresário, o próprio trabalhador e até os economistas têm razão em acreditar que o lucro não tem origem na exploração. Eles, pensando assim, não são vítimas de um erro de interpretação; a aparência os obriga a pensar dessa maneira; ela é uma das dimensões da realidade e tão real quanto a essência, só que capaz de impedir, como dissemos, uma interpretação adequada da conexão íntima do real. Eles não são capazes, facilmente, de observar a realidade de um ponto de vista global, que é o único que permite a visão da essência; eles estão prisioneiros, em grande medida, do ponto de vista do ato individual e isolado (ou pelo menos de visão parcial); eles são prisioneiros da aparência; ou melhor, da unidimensionalidade do real.

5. O PARADOXO DA DESIGUALDADE DOS IGUAIS

A divergência quantitativa, em cada ramo e em cada empresa, entre a mais-valia produzida e o lucro – entre outras dimensões da dissimulação – faz do empresário, do trabalhador e de grande parte dos economistas prisioneiros da aparência. No entanto, como o próprio Marx afirma, *a dissimulação prossegue*; outras dimensões somam-se às apresentadas até agora.

---

[16] *Ibid.*, p. 191.
[17] *Ibid.*, p. 191.
[18] *Ibid.*, p. 193.

Como é bem sabido, a transformação dos valores em preços de produção, da forma como pensada por Marx, tem como pressuposto duas exigências simultâneas: 1) a igualdade quantitativa entre a soma dos valores e dos preços de produção do conjunto das mercadorias produzidas em todos os ramos econômicos (valor total e preço de produção total); e 2) igualdade quantitativa entre a mais-valia total produzida e o lucro total apropriado.

Enquanto a segunda igualdade é, *de forma direta*, fundamental para que se possa afirmar que o lucro é simplesmente a mais-valia distribuída de maneira diversa de sua produção e, assim, para mostrar que a origem dele é a exploração, a primeira igualdade também o é, só que de maneira indireta. Se o preço de produção total não fosse necessariamente igual ao valor total, sempre haveria uma magnitude daquele que permitiria fazer do lucro um múltiplo qualquer da mais-valia, inclusive para que os fizesse iguais; só que isso seria uma arbitrariedade e, por isso, inaceitável teoricamente.

A dificuldade está em que, na transformação completa (incluindo a dos insumos[19]), a igualdade quantitativa entre lucro e mais-valia totais não ocorre, salvo em condições muito especiais (por exemplo, em reprodução simples, a composição orgânica e a rotação do setor que produz bens de consumo suntuários iguais à média). Para mais detalhes, vejam-se os textos sobre preços de produção constantes nos capítulos 3 e 4.

Como explicar este paradoxo: o lucro total normalmente difere da mais-valia total? Trata-se do que chamamos *paradoxo da desigualdade dos iguais*. Seria muito simples dizer que, tratando-se de relação dialética entre a essência e a aparência, não se necessitaria uma explicação baseada na lógica formal. Estaríamos assim frente a um paradoxo dialético inexplicável pela lógica formal. No entanto, essa não é nossa compreensão sobre o assunto. Para nós, embora a lógica dialética supere a formal, não a pode violar. É por isso que as explicações dialéticas podem ser entendidas através de uma exposição que pressupõe exclusivamente a lógica formal; *O capital* de Marx é a prova disso.

O que acontece é que, com a transformação, ao mesmo tempo em que se transforma mais-valia em lucro médio, altera-se a dimensão mensurada da riqueza capitalista; de um lado, ela é medida pelo seu valor, de outro, pelo seu preço de produção. Quando procuramos saber se o lucro total é ou não igual à mais-valia total, observamos o valor da mais-valia e o preço de produção do lucro. Obviamente eles devem ser diferentes (salvo nas condições especiais já anunciadas).[20]

Assim, justamente por serem a mesma coisa, do ponto de vista da substância, justamente por ser o lucro nada mais que a mais-valia repartida de outra ma-

---

[19] Cf. Ladislaus von Bortkiewicz. "Contribución a una rectificación de los fundamentos de la construcción teórica de Marx en el volumen III de El Capital", *in*: Hilferding, 1974.

[20] Insistimos que, para se compreender melhor esse assunto, é indispensável a leitura e o estudo mesmo dos textos correspondentes deste livro.

neira, o lucro total medido em preço de produção deverá ser diferente da mais-valia total medida em valor. *Justamente por serem iguais, são diferentes*: é o paradoxo da desigualdade dos iguais.

Dessa forma, se antes já podíamos afirmar com toda propriedade que empresários, trabalhadores e grande parte dos economistas se veem prisioneiros da aparência, agora, com esse paradoxo, podemos entender que até mesmo aqueles (ou a maior parte deles, pelos menos) que desejariam ser marxistas, esforçam-se para sê-lo e se sentem como tais, sucumbem, de alguma maneira, frente a tão profunda dissimulação.

É verdade que Marx, por não chegar a se preocupar em realizar a transformação do lucro em lucro médio, incluindo a transformação em preço de produção dos insumos, não podia perceber o fato de que a mais-valia total apareceria como diferente do lucro total. Muito menos poderia chegar a explicar o paradoxo, como o fizemos. No entanto, se voltarmos a uma passagem já citada neste texto, localizada no final da seção 1 do livro III d'*O capital*, podemos observar algo interessante:

> Nesta parte do livro, a taxa de lucro difere quantitativamente da taxa de mais-valia; lucro e mais-valia, entretanto, são considerados grandezas iguais, divergindo apenas quanto à forma. Na parte seguinte, veremos como prossegue o alheamento (*Veräusserlichung*), passando o lucro a desviar-se da mais-valia também quantitativamente.[21]

Dessa maneira, anunciando o que faria na segunda seção do livro, afirmava que veríamos como o lucro passa *a desviar-se da mais-valia também quantitativamente*. Não se referiu, nesse momento, ao lugar em que isso ocorre; não afirmou que seria em cada ramo particular. Na verdade, não chegou a afirmar que o desvio também aparece no total da economia; mas também jamais chegou a dizer o contrário! No entanto, talvez seja um exagero pensar que ele tenha chegado a suspeitar da existência do paradoxo.

6. A CIRCULAÇÃO

Existe ainda, no capítulo 2 do livro III d'*O capital*, antes mesmo da seção sobre a transformação, um momento em que Marx se refere, de passagem, à circulação como outra dimensão existente na dissimulação da origem da mais-valia. Trata-se da seguinte:

> No processo de circulação aparece, ao lado do tempo de trabalho, o tempo de circulação, que limita a quantidade de mais-valia realizável em determinado prazo. Outros fatores, oriundos da circulação, intervêm de maneira decisiva no processo imediato

---
[21] Marx, 1980-1981, l. III, v. IV, cap. 2, p. 51-52.

de produção... entrecruzam-se os caminhos do tempo de circulação e do tempo de trabalho, e ambos igualmente parecem determinar a mais-valia...[22]

Sem dúvida, está aqui pensando no fato de que o tempo de circulação e a rotação do capital interferem na determinação da taxa de lucro, particularmente no que se refere à *taxa anual de lucro* de um determinado capital. Dessa maneira, ao lado da produção, a circulação e a rotação parecem *entrecruzar-se* para a determinação da magnitude do lucro. Surge aqui uma nova dimensão da dissimulação. Lembremos que o problema da transformação, para o autor, aparece não só pela existência de diferentes composições orgânicas do capital, mas, também, pela ocorrência de diferentes tempos de rotação do capital. E, como sabemos, este aspecto é também levado em consideração, por Marx, nas análises referentes à transformação do lucro em lucro médio ou do valor em preço de produção.

7. A SAGACIDADE DO EMPRESÁRIO

Marx indica, no capítulo 2 do livro III, ainda uma outra dimensão da dissimulação da origem da mais-valia; esta, referida diretamente à instância dos fenômenos, tal qual podem ser diretamente observados na realidade.

Constata o autor que o lucro pode existir mesmo que o preço de mercado não seja capaz de alcançar o correspondente ao valor, e, agregamos por nossa conta, ou ao preço de produção. Basta que o preço de venda seja superior àquele que corresponderia ao preço de custo para que exista lucro:

> O excedente do valor da mercadoria sobre o preço de custo, embora se origine diretamente do processo de produção, só se realiza no processo de circulação, e a aparência de provir do processo de circulação se robustece porque, efetivamente, em meio à concorrência, no mercado real, depende das condições deste a possibilidade de realizar-se e o grau em que se realiza em dinheiro esse excedente. Não é mister explicar novamente que, ao vender-se uma mercadoria acima ou abaixo do valor, a mais-valia apenas se reparte de maneira diferente, e essa modificação, essa nova proporção em que diversas pessoas repartem entre si a mais-valia, em nada altera a

---

[22] *Ibid.*, p. 47. Há, também, uma outra passagem interessante sobre a questão: "Sem dúvida, durante o processo imediato de produção, o capitalista tem consciência da natureza da mais-valia, conforme demonstra sua avidez por trabalho alheio etc., observada ao estudarmos a mais-valia. Contudo: 1) o processo imediato de produção é transitório, fluindo para o processo de circulação e vice-versa; assim, a ideia que se revela mais ou menos clara no processo de produção, a respeito da fonte do ganho nele obtido, isto é, a respeito da natureza da mais-valia, parece, no máximo, equiparar-se à concepção segundo a qual o excedente realizado provém do movimento oriundo da circulação, desligado do processo de produção, próprio do capital, independentemente de suas relações com o trabalho. 2) Na conta de custos... a extensão de trabalho não pago toma o aspecto de economia no pagamento de um dos artigos que entram nos custos, de pagamento menor por determinada quantidade de trabalho, como se fosse poupança que se faz comprando matéria-prima mais barata ou reduzindo o desgaste da maquinaria". *Ibid.*, p. 47-48.

natureza e a magnitude dela. No processo efetivo de circulação... a mais-valia que os capitalistas, individualmente, realizam depende do logro recíproco como da exploração direta do trabalho.[23]

Isso significa, obviamente, que, quanto maior o preço de mercado obtido pelo empresário, maior será o seu lucro e sua taxa de lucro. Assim, o lucro parece *provir do processo de circulação,*[24] como afirma Marx, e, muito mais que isso, parece depender diretamente da competência e/ou da sagacidade do empresário. E essa conclusão não consiste em um erro de interpretação de qualquer observador; isso é real, totalmente correto, pelo menos do ponto de vista das ações individuais, do ponto de vista do ato individual e isolado, que é o ponto de vista da aparência.

Ninguém será capaz de mostrar, a qualquer observador, que essa não é a conclusão correta; o lucro tem como origem a capacidade empresarial, a competência ou a sagacidade do empresário. Como é forte a dissimulação da origem da mais-valia!

8. O lucro fictício

Finalmente chegamos à ultima dimensão que desejávamos apresentar. Trata-se de uma que não foi sugerida e nem mesmo intuída por Marx. Pelo menos é o que acreditamos. E isso é explicável por ela não haver apresentado, em seu tempo, uma relevância maior, embora, nos dias de hoje, seja absolutamente fundamental para entendermos a lógica do capitalismo e decisiva para a dissimulação da verdadeira origem do lucro.

Marx, em muitos momentos, já advertia que a divisão da mais-valia nas diversas formas de lucro e de outros rendimentos e/ou gastos (juros, salários e gastos improdutivos, impostos etc.) funcionava como mecanismo da dissimulação.[25] Destacou, também, que o capital a juros é a forma mais *irracional* do capi-

---

[23] *Ibid.*, cap. 2, p. 46-47.
[24] Robustencendo-se, dessa maneira, o efeito da dimensão apresentada no item anterior.
[25] Com certeza devemos incluir esse aspecto como outra diferente dimensão na dissimulação. Marx, falando sobre as diversas formas de lucro, afirma no livro III, cap. 50: "Mas a coisa assume aspecto totalmente diverso na mente dos industriais, comerciantes e banqueiros e também na do economista vulgar. Para eles, o valor da mercadoria, depois de deduzido o valor dos meios de produção nela consumidos, não é um elemento dado = 100, depois repartido por x, y, z. Ao contrário, o preço da mercadoria se compõe simplesmente do valor do salário, do lucro e da renda fundiária, determinados cada um de maneira independente e sem subordinação ao valor da mercadoria" (Marx, 1980-1981, l. III, v. VI, cap. 50, p. 993-994). "Esse produtos da decomposição do valor-mercadoria sempre aparecem como se fossem as condições prévias da própria formação do valor, e o segredo dessa ilusão é simples: o modo capitalista de produção, como qualquer outro, não só reproduz sem cessar o produto material, mas também as relações econômicas e sociais e as formas econômicas específicas, adequadas para criar esse produto. Temos assim a permanente ilusão: os resultados parecem condições prévias, e

tal, por ser a que mais esconde o nexo entre a origem do lucro (o trabalho) e ele próprio. Explicou também que, com o desenvolvimento do capital a juros como forma funcional autonomizada do capital industrial, surgia o capital fictício.

Essa forma de capital, a fictícia, embora produto necessário da lógica capitalista, até a época de Marx não apresentava volumes exagerados e podia conviver, sem maiores problemas, com o capital industrial. Nas últimas décadas, no entanto, apresentou crescimento explosivo, chegando a comprometer o normal funcionamento da economia capitalista, e converteu-se no que chamamos *capital especulativo parasitário*.[26]

O capital fictício e, em particular, o capital especulativo parasitário, do ponto de vista do ato individual e isolado, é um capital real; nas mãos de qualquer empresário pode converter-se em qualquer outra forma de capital ou de riqueza real. Por outro lado, do ponto de vista da totalidade, é real e fictício ao mesmo tempo; real, por exigir remuneração como qualquer outro; fictício, por não ter substância material nenhuma e em nada contribuir para a produção do excedente, da mais-valia.

Mas o crescimento do capital fictício ocorre sem que corresponda à verdadeira produção de mais-valia. O capital fictício cresce com a expansão da dívida pública, com a valorização especulativa dos ativos em títulos privados ou mesmo dos bens reais (como imóveis) etc. Esse crescimento do capital fictício provém de uma remuneração, um lucro que não tem origem na mais-valia. Trata-se de um *lucro fictício*. Com isso, a exploração fica ainda mais dissimulada.

Com o predomínio do capital fictício e com a correspondente relevância do lucro fictício, a dissimulação da verdadeira origem da mais-valia chega a limites insuspeitáveis. Se antes neste texto concluímos que, desde os empresários, passando pelos trabalhadores e chegando até os economistas (inclusive aqueles que desejam estar entre os marxistas), todos chegavam a ser prisioneiros da aparência, o que podemos concluir agora? Haverá outras dimensões na dissimulação? Prosseguirá ainda mais o alheamento? E, por fim, terminaremos todos, nós mesmos, prisioneiros da aparência capitalista? No que se refere, em particular, a nós mesmos e só a nós, esperamos estar imunes a esse pecado.

9. Final

Talvez fossem convenientes, antes de concluir este texto, umas poucas palavras sobre a ideia de que o excedente capitalista e, particularmente, seu crescimento têm como fundamento a tecnologia. Essa visão encontra sua origem na teoria de David Ricardo e, especialmente, em sua ingênua perspectiva sobre

---

estas, resultados. E esta reprodução permanente das mesmas relações é o que o capitalista individual preliba, considerando-a fato evidente, indiscutível" (*ibid.*, p. 998).

[26] Para uma análise detalhada do capital fictício, veja-se o capítulo 7 deste livro.

a natureza da riqueza capitalista.[27] Na perspectiva de Marx, de fato, apesar de que se possa aceitar que, dada a quantidade total de trabalho social, a tecnologia é responsável, desde o ponto de vista do *conteúdo* material da riqueza, pelo volume do excedente, isso não é suficiente para resolver a questão. O problema é que, para Marx, a riqueza capitalista é unidade de dois polos, *conteúdo* e *forma*, e esta é dominante sobre aquele. Assim, do ponto de vista da *forma*, o excedente é mais-valia ou lucro (que pressupõe uma particular relação social) e sua origem é o trabalho, ou melhor, a exploração do trabalho.[28] Assim, pensar que o lucro é resultado da tecnologia é também cair vítima da ideia da unidimensionalidade do real, é fazer-se prisioneiro do *conteúdo*. Mas isso é um tema que mereceria um tratamento mais amplo.

---

[27] Sobre a nossa posição sobre o assunto, cf. Carcanholo & Teixeira, 1992, p. 581-591.
[28] Também é verdade que a tecnologia, via produtividade do trabalho no setor que produz bens de consumo dos trabalhadores, é decisiva na determinação do grau da exploração, mas isso é uma outra questão.

CAPÍTULO 2

VALOR E PREÇO DE PRODUÇÃO
(A TRANSFORMAÇÃO DOS VALORES EM PREÇOS DE PRODUÇÃO)[1]

> Compreende-se também por que os mesmos economistas que se opõem à determinação do valor das mercadorias pelo tempo de trabalho..., consideram sempre os preços de produção os centros em torno dos quais oscilam os preços de mercado. Sustentam esse ponto de vista porque o preço de produção é uma forma do valor-mercadoria já deste alheada e evidentemente destituída de conteúdo, tal como aparece na concorrência e passa a existir na consciência do capitalista vulgar e, por conseguinte, na do economista vulgar.
> Marx, 1980-1981, l. III, v. IV, p. 223-224.

1. Valor e preço de mercado

Num artigo de crítica à teoria econômica marxista, Böhm-Bawerk sustenta que a teoria do valor de Marx tem como objetivo a determinação dos preços de mercado. "Essa lei [a lei do valor] afirma, e por tudo o que a precede não pode afirmar outra coisa, que as mercadorias trocam-se entre si em proporção ao trabalho médio socialmente necessário incorporado nelas."

O que esse autor diz é que, para Marx, os preços de mercado, na sociedade capitalista, estão diretamente determinados pela magnitude do valor das mercadorias ou, o que é o mesmo, pela quantidade de trabalho simples socialmente necessário para a reprodução de cada uma delas.

Uma adequada leitura da obra fundamental de Marx, *O capital*, permite afirmar, sem lugar a dúvidas, que a interpretação anterior é falsa e resulta de uma grosseira e ingênua compreensão do que é a teoria econômica marxista. Hilferding, por exemplo, sustenta que: "Em decidida oposição a Böhm, Marx vê na lei do valor não o meio para chegar a estabelecer os preços, mas o meio para individualizar as leis do movimento da sociedade capitalista".[2]

---

[1] A primeira versão preliminar deste trabalho é de 1977 e tinha o seguinte título: "La teoría del valor trabajo y los precios de mercado (la transformación de los valores en precios de producción)". As modificações introduzidas desde a primeira versão não alteraram o conteúdo das ideias e conclusões expostas.

[2] Hilferding, 1974, p. 143.

No mesmo sentido se manifesta Mario Cogoy, referindo-se ao pensamento de Paul Mattick:

> A teoria do valor é um instrumento de análise da acumulação e da reprodução social total. Ela não é uma teoria dos preços relativos; as críticas acadêmicas à teoria do valor (em particular, a que considera que a estrutura monopolista do mercado aboliu as condições de validez da teoria do valor) sustentam-se sobre uma incompreensão fundamental da teoria marxista: atribuem o papel central às relações empíricas de troca (preços), ao passo que, para Marx, são as relações sociais de produção (trabalho assalariado – capital) as que constituem o verdadeiro objeto da teoria do valor.[3]

É necessário reconhecer, no entanto, que existe uma série de fatores que contribuiu para que se gerasse a ingênua interpretação assinalada e para que ainda subsista em amplos setores de especialistas e não especialistas em economia e outras disciplinas. Entre outros fatores, cabe destacar que a maioria dos "conhecedores" de Marx contenta-se com leituras de manuais os quais, muitas vezes, dão uma excessiva importância relativa ao primeiro livro d'*O capital*, deixando o resto da obra como complemento não necessário a um conhecimento introdutório da teoria econômica marxista. Alguns desses "conhecedores" atrevem-se um pouco mais e dispõem-se a ler textos originais, mas não vão além das primeiras seções do livro I. Contentam-se com os capítulos sobre o valor, a mais-valia e, quiçá, sobre a acumulação originária. Creem assim estar preparados para escrever a favor ou contra a exploração. Na verdade, uma leitura incompleta do primeiro livro d'*O capital* é insuficiente para se entender minimamente o método de Marx e também para compreender o lugar dos capítulos lidos na estrutura da obra; isso significa também, em geral, não entender o conteúdo real desses mesmos capítulos. Por outro lado, pode-se dizer que crer em Marx, ou melhor, em sua teoria econômica, sem ter compreendido seu método é pura questão de fé, tanto como crer no mistério da santíssima trindade. Em certo sentido, é preferível desconhecer Marx por não ter lido nada sobre o assunto do que por ter feito uma leitura superficial de alguns capítulos do primeiro livro ou somente de alguns manuais. A vantagem da primeira situação é a consciência do desconhecimento.

No entanto, a incompreensão de Böhm-Bawerk não se deve ao mencionado anteriormente, pois teve particular interesse em ler a seção dedicada ao lucro médio e aos preços de produção que aparece no livro III. De todas as maneiras, é possível acreditar que o fator que o induziu a uma ingênua interpretação – admitindo a hipótese de que sua crítica a Marx não foi produto de má-fé – está constituído por sua própria problemática. Böhm-Bawerk foi um dos fundadores da chamada escola austríaca e um dos principais expoentes da teoria do valor subjetivo ou da utilidade marginal.

---

[3] Cogoy, 1972, p. 2.

Como se sabe, com os neoclássicos, a economia adquire uma fisionomia totalmente diferente da que tinha tido nas obras dos autores clássicos; a preocupação dessa disciplina agora é mostrar que a organização capitalista da produção (e a livre concorrência) é a única capaz de garantir a ótima alocação dos recursos escassos da sociedade, devido à estrutura de preços que determina. Por isso, sua atenção deve centrar-se na explicação dos mecanismos de determinação dos preços. Então, o que faz Böhm-Bawerk é colocar na boca de Marx sua pergunta pessoal e buscar em *O capital* a resposta que este último teria dado. Leu Marx com uma falsa pergunta e só poderia ter saído insatisfeito.

Sweezy, a respeito, assinala:

> ... o teórico do valor subjetivo na realidade não tem possibilidades de escolha quando se dispõe a julgar um corpo sistemático de doutrinas econômicas como é o de Marx. Devem-se explicar os fenômenos das relações de troca (preços) tal e como aparecem nas concretas e típicas situações do mercado? Em tal caso, pode-se seguir com o exame do resto da teoria. De outro modo, o resto da teoria deve estar necessariamente equivocado, e, portanto, é absurdo perder tempo em ocupar-se dela.[4]

O que fez Böhm-Bawerk foi tentar avaliar a teoria econômica marxista com uma medida inadequada, da mesma maneira que é inadequado medir uma distância com uma balança. Nada pode conseguir senão confessar sua incapacidade: "Eu não sei o que fazer (*sic*), pois não vejo aqui em absoluto a explicação e o ajuste de um problema controvertido, vejo aqui somente uma pura e simples contradição".[5]

O fato de que a problemática da determinação dos preços de mercado tenha constituído o núcleo central da economia acadêmica durante muitas décadas contribuiu, como um fator a mais, para que surgisse e se mantivesse a falsa ideia de que a teoria marxista do valor (ou "lei do valor", como diz Böhm-Bawerk) consistia em afirmar que na sociedade capitalista os preços de mercado estão determinados diretamente pela magnitude do valor.[6]

A teoria do valor trabalho, tal como a concebe Marx, começa por mostrar que, na sociedade mercantil e, em particular, sob o regime capitalista, o produto e a produção adquirem uma nova característica, inexistente em outras formas de organização social. A produção em geral, isto é, em todas as épocas históricas, nada mais é que a adequação da matéria às exigências da utilização do homem; consiste na transformação das características materiais dos objetos presenteados pela natureza (matéria bruta), com o fim de pôr à disposição da sociedade objetos úteis, valores de uso. O processo de produção em geral é um processo de trabalho através do qual se estabelece uma relação entre o indivíduo produtivo e a

---

[4] Hilferding, 1974, p. 13.
[5] *Ibid.*, p. 49.
[6] Ou, em outras palavras, que o valor (melhor ainda, sua magnitude) fosse norma de intercâmbio.

natureza; é um processo exclusivo de criação de valor de uso. Na sociedade mercantil (e, em particular, na sociedade capitalista), a produção segue sendo uma criação de valores de uso – como é em qualquer época histórica –, mas é também, sobretudo, criação de *valor*. O processo de produção mercantil cria valores de uso, mas, ao mesmo tempo, incorpora aos bens produzidos uma nova dimensão que já não é material, mas social: o *valor*. Essa dimensão social é a que permite que os valores de uso possuam a capacidade de intercambiarem-se no mercado, de poderem ser vendidos. Sem essa qualidade social, sem serem valores, os valores de uso não seriam senão objetos úteis não intercambiáveis. Quando um valor de uso adquire a qualidade de ser valor, constitui o que se chama *mercadoria*. Assim, Marx nos diz que:

> O processo de produção, quando unidade do processo de trabalho e do processo de produzir valor, é processo de produção de mercadorias; quando unidade do processo de trabalho e do processo de produzir mais-valia, é processo capitalista de produção, forma capitalista da produção de mercadorias.[7]

É importante destacar que a produção capitalista de mercadorias, além de ser criação de valor de uso e de valor, é também produção de excedente sob a forma mercantil, como mais-valia. É o que se conclui da citação anterior.

O valor é uma qualidade social adquirida pelos objetos úteis elaborados pelo trabalho humano em determinadas condições históricas, pois constitui expressão das relações sociais particulares que se estabelecem entre os produtores independentes e privados. Essas relações sociais entre produtores se expressam como uma qualidade própria de seus produtos. O que se relaciona no mercado através das mercadorias é o trabalho de seus próprios produtores, ainda que estes não o concebam assim, pois isso fica encoberto:

> A mercadoria é misteriosa simplesmente por encobrir as características sociais do próprio trabalho dos homens, apresentando-as como características materiais e propriedades sociais inerentes aos produtos do trabalho; por ocultar, portanto, a relação social entre os trabalhos individuais dos produtores e o trabalho total, ao refleti-la como relação social existente à margem deles, entre os produtos do seu próprio trabalho.[8]

O valor, além de ser um atributo social da mercadoria, tem magnitude. Esta última está determinada pela extensão e pela intensidade do esforço que a sociedade necessita gastar para produzir o valor de uso. Esse esforço nada mais é que o volume de trabalho humano socialmente necessário que deve ser gasto e pode ser medido pelo tempo de trabalho.

---

[7] Marx, 1980-1981, l. I, v. I, cap. 5, p. 222.
[8] *Ibid.*, cap. 1, p. 81.

Assim, a magnitude do valor de uma unidade da mercadoria *A* está medida pelo número de horas de trabalho socialmente necessário utilizadas em sua produção. A produção de *A* implica um gasto imediato de horas de trabalho e também um desgaste das máquinas, instalações e instrumentos, assim como um gasto de matérias-primas e auxiliares. Esses materiais e equipamentos implicam para a sociedade um esforço no momento em que são produzidos; por isso, a magnitude do valor de *A* é igual ao número de horas de trabalho socialmente necessário imediatamente utilizado em sua produção, mais o número de horas que corresponde àquele gasto e desgaste.

O que a teoria do valor sustenta é que, ao produzir uma unidade da mercadoria *A,* se produz um valor com magnitude determinada, independentemente do preço que se chega a estabelecer na sua venda. O fato de que cheguemos a supor que o preço de *A* tende a ser proporcional à relação entre o valor de *A* e o valor da mercadoria equivalente geral (o dinheiro) não significa afirmar que, a um preço circunstancial ou estruturalmente distinto, a magnitude do valor de *A* não seja igual ao que tinha sido assinalado nos parágrafos anteriores. Pensar o contrário significa confundir o valor, ou sua magnitude, com o valor de troca.

Caso o preço de *A* realmente corresponda ao seu valor, seu produtor entra na circulação como possuidor de uma determinada magnitude de valor e sai dela com uma magnitude igual, depois de trocar sua mercadoria por dinheiro e, finalmente, este por outra mercadoria. Não ganhou nem perdeu. Se o preço de *A* fosse superior ao correspondente ao seu valor, ao sair da órbita do mercado, o produtor dessa mercadoria possuiria um valor maior que o inicial; mas somente ganharia na circulação por ter o outro produtor perdido, entregando parte de sua posse ao primeiro.

Durante grande parte de sua obra, Marx utiliza o suposto de que os preços das mercadorias correspondem aos seus valores ou, o que é igual, que estão determinados diretamente pela magnitude de seus valores. A razão desse procedimento pode ser facilmente compreendida e é um tema que precisa ser desenvolvido posteriormente; o que importa aqui é assinalar que em nenhum momento chegou a pensar que no regime capitalista de produção isso realmente poderia ocorrer, a não ser por pura casualidade e, além disso, de maneira absolutamente transitória. Já no capítulo 4 do livro I assinala: "As contínuas oscilações dos preços de mercado, subidas e quedas, compensam-se, anulam-se reciprocamente e reduzem-se ao preço médio, a sua lei interna".[9]

Poderíamos acusá-lo de acreditar que, como tendência, os preços de mercado no capitalismo se determinam diretamente pela magnitude do valor, se não ficasse clara a relação que afirma existir entre preço médio e valor. Ali

---

[9] *Ibid.*, cap. 4, p. 186. A referência a esse problema aparece em nota de rodapé porque a preocupação central do autor não é a determinação dos preços. Ele se dá ao trabalho de apresentar essas observações a fim de evitar possíveis más interpretações, como a de Böhm-Bawerk, por exemplo.

mesmo Marx nos diz que aquele somente em *última instância* está determinado por este e, ademais, para que não fique nenhuma dúvida, escreve: "Digo 'em última instância' porque os preços médios não coincidem diretamente com as magnitudes do valor das mercadorias, conforme pensam A. Smith, Ricardo e outros".[10]

A verdadeira significação do que explica como "determinação em última instância" somente pode ser entendida depois de uma real compreensão do papel dos preços de produção na teoria econômica marxista.[11] O que nos interessa neste momento é exclusivamente indicar que, já no primeiro livro e logo no começo, Marx revela sua consciência de que os preços de mercado e os valores não se correspondem diretamente no regime de produção capitalista.

A tarefa que Marx impõe a si mesmo ao escrever *O capital*, como vimos, não foi construir uma teoria explicativa da determinação dos preços de mercado, problemática específica dos economistas neoclássicos, que ainda não haviam feito sua aparição no palco da história do pensamento econômico. Seu objetivo era expor as leis que presidem o funcionamento e desenvolvimento de uma sociedade em que impera o regime de produção capitalista, leis estas que tinha descoberto no curso de sua longa investigação. Sua tarefa primeira e essencial, portanto, era explicar o fenômeno típico dessa etapa histórica: o lucro e, em consequência, a categoria de capital.

2. Capital e mais-valia

Para Marx, na sociedade capitalista, o valor adquire uma nova dimensão social inexistente em outras sociedades: além de manter sua existência como valor, transforma-se em capital. Isso não significa que, agora, todo valor seja capital; somente o é aquele que circula de maneira especial. A forma de circulação que converte o dinheiro (expressão do valor) em capital, como se sabe, é a seguinte:

---

[10] *Ibid.*, p. 186 (nota de rodapé).

[11] Veja-se também a seguinte passagem do cap. 3 do livro I: "A magnitude do valor da mercadoria expressa uma relação necessária entre ela e o tempo de trabalho socialmente necessário para produzi-la, relação que é imanente ao processo de produção de mercadorias. Com a transformação da magnitude do valor em preço, manifesta-se essa relação necessária através da relação de troca de uma mercadoria com a mercadoria dinheiro, de existência extrínseca à mercadoria com que se permuta. Nessa relação, pode o preço expressar tanto a magnitude do valor da mercadoria quanto essa magnitude deformada para mais ou para menos, de acordo com as circunstâncias. A possibilidade de divergência quantitativa entre preço e magnitude de valor, ou do afastamento do preço da magnitude do valor, é, assim, inerente à própria forma preço" (*ibid.*, p. 114-115).

E também esta outra de uma nota de rodapé do cap. 7, do mesmo livro: "Admitiu-se que os preços = valores. No livro 3, veremos que essa equiparação não se processa de maneira tão simples, nem mesmo para os preços médios" (*ibid.*, p. 246).

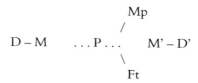

Onde: Mp = Meios de produção
Ft = Força de trabalho

E onde: D' > D
D'- D = mais-valia

Dessa maneira, capital é aquele valor que, através de sua metamorfose, culmina o ciclo incrementando-se, autovalorizando-se, produzindo mais-valia. O capital somente é capital por produzir mais-valia. O capital e a mais-valia são como pai e filho, tanto um quanto o outro nasce no mesmo instante, no momento em que surge o mais-dinheiro, expressão de um mais-valor, de uma mais-valia.

Para explicar de forma satisfatória a categoria capital, é indispensável explicar como se produz a mais-valia; como um valor "produz" novo valor. Até agora, somente sabemos que o trabalho social produz valor; é necessário saber como de um valor (capital) nasce um novo valor.

A tarefa de explicar o lucro capitalista (ou o valor excedente) já havia sido enfrentada pela economia política clássica, mas ela foi incapaz de solucionar o problema. A explicação de Marx consiste em mostrar que o trabalho dos trabalhadores contratados por um capitalista produz um valor superior ao devolvido por este como pagamento pela força de trabalho. A mais-valia, que aparece como produto do capital, nada mais é que o valor produzido pelo trabalhador acima do valor de sua própria força de trabalho. O lucro, como apropriação por parte do capital de uma parcela da riqueza social,[12] não pode senão se nutrir da mais-valia, do valor excedente produzido pelo trabalhador. O lucro é a mais-valia tal como ela se manifesta.

Não se entenderia a incapacidade dos economistas anteriores a Marx de explicar satisfatoriamente o lucro e, portanto, o capital, se não fosse uma série de razões. Entre elas há uma que dificulta consideravelmente o problema e que deriva do fato de que a mais-valia apropriada por um capital individual sob a forma de lucro difere em magnitude do valor excedente (da mais-valia) produzido através do mesmo. Como Marx nos explica, os capitais individuais produzem mais-valia numa magnitude proporcional à sua parte variável (que se destina a pagar o valor da força de trabalho), mas exigem participar da mais-valia total produzida na sociedade em proporção à magnitude total do valor que comprometem como

---

[12] A riqueza social, na época capitalista, consiste na unidade valor de uso e valor. O valor de uso, sendo seu conteúdo material, e o valor, sua forma social e histórica.

capital. Nessas condições, se observarmos um capital isoladamente, o que vemos como seu lucro não é a mais-valia por ele produzida. Vemo-la e algo mais, ou algo menos. Não conseguiremos explicar a produção da mais-valia se olharmos a magnitude do valor que está representada pelo lucro; não poderemos explicar a produção nem tampouco as leis de sua apropriação.

Os clássicos foram incapazes de descobrir a questão indicada, apesar de seu método de investigação implicar um enfoque social global. E isso é muito importante porque só na sociedade como um todo, somente no capital total, a mais-valia produzida é igual à apropriada. Por outro lado, os marginalistas, com sua visão do todo como soma de partes, não só são incapazes de chegar por si mesmos a essa conclusão como não conseguem nem ao menos entender duas palavras juntas escritas por Marx sobre o assunto.[13]

Marx tem claro, desde a primeira linha d'*O capital*, que não se pode explicar as duas coisas ao mesmo tempo: a produção e apropriação da mais-valia pelo capital. Sabe que isso é precisamente assim pela divergência que existe entre os preços de mercado e os valores. A maneira através da qual um capital individual se apropria de mais-valia superior a que produz é vendendo sua mercadoria por um preço superior ao correspondente ao seu valor.[14] Mas, como dissemos, só ganha na circulação porque há outro que perde, entrega parte de sua posse ao primeiro. Este último, na verdade, não perde, somente ganha menos do que extraiu do trabalhador:

> Não é mister explicar novamente que, ao vender-se uma mercadoria acima ou abaixo do valor, a mais-valia apenas se reparte de maneira diferente; e essa modificação, essa nova proporção em que diversas pessoas repartem entre si a mais-valia, em nada altera a natureza e a magnitude dela. No processo efetivo de circulação, além de ocorrerem as transformações observadas no livro segundo, sincronizam-se com elas a concorrência existente, a compra e venda das mercadorias acima ou abaixo do valor, de modo que a mais-valia que os capitalistas, individualmente, realizam depende do logro recíproco como da exploração direta do trabalho.[15]

Portanto, para explicar a repartição da mais-valia (sob a forma de lucro) entre os distintos capitais, é indispensável determinar os preços de mercado. Porém, estes preços casuais nada podem nos dizer sobre onde e como se produz a mais-valia, ao contrário, impedem-nos de descobrir. Para isso, não existe outra manei-

---

[13] A prova disso é o próprio artigo de Böhm-Bawerk já citado. E esse autor não pode ser subestimado: sua importância como autor neoclássico, inquestionável, só deve ser de menor magnitude que sua ingenuidade ao enfrentar-se com o método de Marx. Por isso, talvez não seja aconselhável acreditar que os neoclássicos de menor relevância, velhos ou novos, possam entender a teoria econômica marxista de maneira mais adequada.

[14] As leis da produção da mais-valia constituem o tema do livro I d'*O capital*. As leis da apropriação (não confundir com realização) são tratadas sistematicamente só no livro III.

[15] Marx, 1980-1981, l. III, v. IV, cap. 2, p. 47.

ra que a de eliminar aquilo que dificulta a investigação; temos que partir do valor e supor que os preços de mercado correspondem a ele. Essa suposição significa, unicamente, considerar que um capital se apropria de toda e somente da mais-valia por ele produzida; ou, o que é o mesmo, fazer a investigação partindo do capital total da sociedade, pois, como se entenderá posteriormente, o preço de produção e o valor do produzido pelo capital total são idênticos. Essa é a razão da suposição de Marx de que os preços correspondem ou estão determinados diretamente pelos valores:

> De acordo com a presente análise, compreenderá o leitor que a formação do capital[16] tem de ser possível mesmo quando o preço da mercadoria seja igual ao valor da mercadoria. Não se pode explicá-la pelo desvio dos preços em relação aos valores. Se os preços se desviarem realmente dos valores, devemos reduzir aqueles a estes, pôr de lado essas circunstâncias por serem eventuais, para termos, em sua pureza, o fenômeno da formação do capital na base da troca de mercadorias e para não nos deixar confundir, nas observações, por circunstâncias perturbadoras que nada têm a ver com o processo propriamente dito.[17]

Então, partindo da suposição de que os preços correspondem aos valores, Marx chega a dar a resposta definitiva a respeito do problema central da economia: a produção da mais-valia e, consequentemente, a criação do capital. Claro que para isso o passo não foi imediato, foi indispensável que Marx descobrisse, e isso constitui uma das grandes descobertas da economia política, que o que se vende não é o trabalho, mas a força de trabalho. No entanto, ainda restava uma grande tarefa: a de mostrar por que os capitais individuais se apropriam necessariamente de uma massa de mais-valia diferente da que produzem. Esse trabalho somente poderia ser realizado depois de muitos elos teóricos ainda não introduzidos. Por isso, o tema é tratado no livro III e é o que mostraremos adiante.

3. Do lucro ao lucro médio

No capítulo 7 do livro III, Marx nos mostra que, supondo taxas de mais-valia e jornadas de trabalho iguais em toda a economia, as diversas composições orgânicas do capital e as divergências quanto ao período de rotação nos capitais médios dos distintos ramos da produção, determinam a coexistência de taxas de lucros distintas, no caso de os preços de mercado corresponderem aos valores.

---

[16] E, o que é a mesma coisa, a produção de mais-valia.
[17] Marx, 1980-1981, l. III, v. IV, cap. 4, p. 186 (nota de rodapé).

As linhas seguintes servirão para explicar um pouco mais claramente o assinalado no parágrafo anterior, mas convém desde logo ressaltar que é preferível abstrair os efeitos que o tempo diferente de rotação nos diversos capitais têm sobre o problema, pois assim simplificamos, em grande medida, toda a exposição seguinte. Um tratamento adequado dos efeitos da rotação do capital implicaria a tarefa de resumir os resultados da investigação expostos por Marx no livro II, o que não é um esforço pequeno. Além do mais, deixar de lado a questão do tempo de rotação, para os nossos objetivos atuais, não constitui problema maior e não altera em nada as conclusões a que queremos chegar.

Como se sabe, por taxa de mais-valia entende-se a relação entre a mais-valia produzida e a parte variável do capital (chamada capital variável). Por taxa de lucro denomina-se a proporção entre a mais-valia e o capital total; e, finalmente, a proporção entre a parte constante do capital (o capital constante) e o capital total chama-se composição orgânica.

Se chamarmos W o valor total produzido num ano pelo capital C, podemos decompor esse valor em suas partes constituintes, da seguinte maneira:

$$W = c + v + p$$

Onde:

c = capital constante ou valor transferido dos meios de produção ao produto, pelo trabalho útil;

v = capital variável, que representa o pagamento pelo valor da força de trabalho, o que é equivalente ao valor produzido durante a parte da jornada de trabalho que se conhece como tempo de trabalho necessário;

p = mais-valia, que é o valor produzido na jornada de trabalho depois de repor o valor da força de trabalho.

Se consideramos em conjunto $v + p$, temos o valor novo total produzido pelos trabalhadores nas jornadas de trabalho. Por isso, a magnitude do valor representado por $v + p$ mede-se pelo número de horas de todas as jornadas de trabalho durante o ano multiplicado pelo número médio de trabalhadores. Assim, a taxa de mais-valia é igual a p/v, a composição orgânica é igual a $c/c + v$ e a taxa de lucro é igual a $p/c + v$.

Visto isso, é muito fácil entender que dois capitais iguais com distintas composições orgânicas produzem massas de mais-valia diferentes, supondo-se taxas de mais-valia iguais.[18]

Vejamos o seguinte exemplo:

---

[18] Aqui, supõe-se também, para maior simplicidade, que o capital total é igual ao capital consumido.

Capital I = 100

$$p/v = 100\%$$

Capital II = 100

$$W = c + v + p$$

Capital I $\Rightarrow$ 120 = 80 + 20 + 20
Capital II $\Rightarrow$ 130 = 70 + 30 + 30

Como se observa, os capitais iguais produzem massas de valor (W) diferentes e também diferentes massas de mais-valia (p). Para o primeiro capital, a taxa de lucro é de 20% e para o segundo, de 30%.

Seria muito fácil mostrar que, da mesma maneira, capitais diferentes, com diversa composição orgânica, sob os mesmos supostos, determinam diferentes taxas de lucro.

Uma das suposições para a explicação anterior é que a taxa de mais-valia é constante, é a mesma para todos os capitais. No entanto, vê-se facilmente que, no exemplo, somente existe um par determinado de taxas de mais-valia (uma para cada capital) que determinaria taxas iguais de lucro. Esse par determinado só pode aparecer de maneira fortuita ou casual; não existe nenhuma razão para que sejam estas as taxas.

Concluindo, podemos dizer que a existência de taxas de lucro especiais distintas deriva de que capitais iguais, em ramos distintos, com composição orgânica diferente, produzem massas de mais-valia distintas, proporcionais às massas de trabalho que mobilizam. Capitais distintos, nessas mesmas condições, mobilizam massas de trabalho não proporcionais a sua própria magnitude total e, portanto, produzem massas de mais-valia também não proporcionais. E o mais importante é que, na verdade, há motivo para esperar que, necessariamente, a composição orgânica dos capitais em distintos ramos da produção seja diferente uma da outra.

Frente a isso, Marx afirma: "Por outro lado, não há a menor dúvida de que, na realidade, excluídas diferenças não essenciais, fortuitas e que se compensam, não existe diversidade nas taxas médias relativas aos diferentes ramos industriais, nem poderia existir, sem pôr abaixo todo o sistema de produção capitalista".[19]

Compreendemos a afirmação de Marx se tivermos em conta que se refere a uma estrutura produtiva na qual existe livre concorrência, em que, portanto, supõe-se existir livre movimento dos capitais de uma esfera produtiva para outra e em que os capitais existentes são de tamanhos similares.

---

[19] Marx, 1980-1981, l. III, v. IV, cap. 8, p. 173.

Em resumo, pode-se dizer que os capitais produzem mais-valia em proporção a sua parte variável e a exigem em proporção a sua magnitude total. Para que isso ocorra, é necessário que os preços não correspondam aos valores no regime de produção capitalista.

Marx nos diz: "A dificuldade toda provém de as mercadorias se trocarem não como mercadorias simplesmente, mas como produtos de capitais que exigem, na proporção da respectiva magnitude, ou para magnitude igual, participação igual na totalidade da mais-valia".[20]

Agora podemos entender que a necessária divergência entre preços e valores não se trata daquelas divergências devido às oscilações dos preços acima ou abaixo do valor, pois estas já estavam contempladas no suposto de correspondência entre valores e preços: "A hipótese de que as mercadorias dos diferentes ramos se vendem pelos valores significa apenas que o valor é o centro em torno do qual gravitam os preços e para o qual tendem, compensando-se, as altas e baixas".[21]

A divergência entre esses conceitos é estrutural e não circunstancial, mas Marx, como foi dito, já no primeiro livro nos adverte sobre o assunto quando afirma que os preços médios não coincidem diretamente com os valores.[22] O que é preciso explicar é o mecanismo através do qual se impõem, no mercado, tais preços; esse mecanismo é a concorrência:

> Entretanto, se as mercadorias se vendem por seus valores, surgem, conforme vimos, taxas de lucro bem diferentes nos diferentes ramos, segundo a composição orgânica diversa das massas de capital neles aplicadas. O capital, porém, deixa o ramo com baixa taxa de lucro e se lança no que tem taxa de lucro mais alta. Com essa migração ininterrupta, em suma, repartindo-se entre os diferentes ramos conforme sobe ou desce a taxa de lucro, o capital determina uma relação entre a oferta e a procura, de tal natureza que o lucro médio se torna o mesmo nos diferentes ramos...[23]

Como os preços de mercado na sociedade capitalista não gravitam em torno do valor, não é possível a partir dessa categoria chegar a determinar teoricamente o centro real de oscilação dos preços? Sim, é possível e constitui o que se conhece como preço de produção. E é precisamente porque, como se verá, os preços de produção derivam-se logicamente dos valores que se pode afirmar apropriadamente que os valores determinam, em última instância, os preços de mercado.

---

[20] *Ibid.*, cap. 10, p. 199.
[21] *Ibid.*, p. 202.
[22] Ver nota n. 8.
[23] *Ibid.*, p. 211.

4. OS PREÇOS DE PRODUÇÃO

Expliquemos a formação dos preços de produção através de um exemplo simples, evitando assim maiores complicações. Partiremos de um esquema de reprodução simples em que, portanto, não existe acumulação; a taxa de mais-valia é igual a 100% em todas as esferas da produção; o capital adiantado é igual ao utilizado (número de rotações anuais iguais a um), e, por isso, o capital constante transfere todo seu valor ao produto no curso de um ano. Suponhamos que o capital total utilizado seja de 780 e que se divida da seguinte maneira entre as esferas de produção:

I – (esfera que produz meios de produção) = 400
II – (esfera que produz bens de consumo dos trabalhadores) = 180
III – (esfera que produz bens de consumo para os capitalistas) = 200

Vejamos o seguinte esquema:

	c	v	p	w
I =	300 +	100 +	100 =	500
II =	80 +	100 +	100 =	280
III =	120 +	80 +	80 =	280
Total =	500 +	280 +	280 =	1.060

Como se pode observar no esquema, a situação é de equilíbrio, pois o consumo de meios de produção é reproduzido durante o ano (500), produz-se uma massa de bens para os trabalhadores com magnitude de valor igual ao que se lhes paga como salários (280), e, por último, o excedente apropriado é igual ao produto destinado ao consumo capitalista (280).[24] Os capitais são de distintas magnitudes e composição orgânica. Como aqui se supõe que os preços de mercado correspondem aos valores, as taxas de lucro são diferentes nas diversas esferas de produção: 25%, 55,6% e 40% respectivamente. Sabemos que os capitais exigem apropriar-se da mais-valia total na proporção de suas magnitudes, isto é, exigem um lucro médio, uma taxa média de lucro, e "É claro que o lucro médio só pode ser a massa global de mais-valia repartida na proporção das magnitudes dos capitais em cada ramo de produção".[25]

A taxa média de lucro, em nosso exemplo, obtém-se dividindo a massa de mais-valia (280) pelo capital total (780) e é igual a 35,9%. O lucro médio em cada ramo será respectivamente: 143,6, 64,6 e 71,8. Se somarmos esse lucro médio, em cada esfera, ao preço de custo (capital constante mais capital variável), obteremos o preço de produção.

---

[24] Não há acumulação.
[25] Marx, 1980-1981, l. III, v. IV, cap. 10, p. 198.

Vejamos o seguinte esquema, onde:
g' = taxa de lucro
$\bar{g}$' = taxa média de lucro
$\bar{g}$ = lucro médio
pp = preços de produção

	c	v	p	w	g'	$\bar{g}$'	$\bar{g}$	pp
I =	300	100	100	500	25,0%	35,9%	143,6	543,6
II =	80	100	100	280	55,6%	35,9%	64,6	244,6
III =	120	80	80	280	40,0%	35,9%	71,8	271,8
Total =	500	280	280	1.060	35,9%	35,9%	280,0	1.060,0

Os preços de produção obtidos – respectivamente 543,6, 244,6, 271,8 – são os que, se os preços de mercado correspondessem a eles, garantiriam aos capitais das diferentes esferas a apropriação do lucro médio, proporcional às suas magnitudes (35,9% no exemplo).

Como se observa, o lucro médio e os preços de produção derivam-se logicamente do valor, pelo que vimos até aqui. As duas identidades que aparecem no esquema são fundamentais: por um lado, a mais-valia total (280) é igual ao lucro total; por outro, o valor da produção total (1.060,0) é igual ao preço de produção total. A primeira das igualdades significa que os capitais somente podem repartir entre si, como lucro, a mais-valia produzida e toda ela. A segunda indica que os preços de produção não são preços relativos quaisquer, e sim valores transformados.

Justamente por isso – porque "... a soma dos lucros de todos os ramos de produção deve ser igual à soma das mais-valias, e a soma dos preços de produção da totalidade do produto social, igual à soma dos valores" –,[26] é que Marx pode sustentar que, em última instância, os preços estão determinados pelos valores.

É justamente aqui, onde surgem dificuldades, que alguns terminam por abandonar a teoria do valor-trabalho. Explicar essas dificuldades e superá-las é a tarefa que se impõe.

5. A SUPOSTA DIFICULDADE INSUPERÁVEL NA TRANSFORMAÇÃO

Na forma apresentada da derivação dos preços de produção a partir do valor, a única coisa que se fez foi superar a suposição de que cada capital se apropria da mais-valia que produz; então, na fórmula w = c + v + p, substitui-se p pelo lucro médio, resultando pp = c + v + $\bar{g}$. Nessa expressão, o preço de produção da mercadoria é igual ao valor do capital constante consumido mais o da força de trabalho e, finalmente, mais o valor excedente apropriado.

---

[26] *Ibid.*, p. 197.

No entanto, um capitalista, ao adquirir os elementos que compõem o capital constante, deve pagar por eles um preço de mercado que não corresponde ao seu valor, mas ao seu preço de produção. Ao mesmo tempo, os trabalhadores, ao comprar os meios de subsistência necessários à reprodução de sua força de trabalho, não pagam por eles o correspondente ao seu valor, mas ao seu preço de produção; por isso, os capitalistas, ao comprarem a força de trabalho, devem pagar seu preço de produção, e não seu valor. Assim, o preço de produção da mercadoria não está constituído pela magnitude de valor do capital mais o lucro médio, mas pela magnitude do preço de produção do capital mais esse lucro.[27]

Finalmente, o mesmo lucro médio se modifica. Agora podemos dizer que o capital exige participar da mais-valia total produzida na sociedade não em proporção à magnitude do valor representado pelo capital, mas em proporção à magnitude do preço de produção do mesmo. Então, a expressão do preço de produção é a seguinte:

$$pp = c' + v' + \bar{g}$$

Onde:
c' = capital constante medido em preço de produção;
v' = capital variável medido em preço de produção;
$\bar{g}$ = lucro médio "modificado".

Ao fazer a transformação do valor em preço de produção, Marx não leva em consideração essa modificação nos elementos do preço de custo (c + v) – não que não tenha entendido a questão, mas por considerá-la irrelevante para seus propósitos:

> Em virtude do exposto, modificou-se a determinação do preço de custo das mercadorias. No início, admitimos que o preço de custo de uma mercadoria era igual ao valor das mercadorias consumidas para produzi-la. Mas, para o comprador, o preço de produção de uma mercadoria é o preço de custo, podendo por isso entrar na formação do preço de outra mercadoria como preço de custo. Uma vez que o preço de produção da mercadoria pode desviar-se do valor, também o preço de custo de uma mercadoria, no qual se inclui esse preço de produção de outra mercadoria, está acima ou abaixo da parte do valor global formada pelo valor dos correspondentes meios de produção consumidos. Em virtude dessa significação modificada do preço de custo, é necessário lembrar que é sempre possível um erro quando num ramo particular de produção se

---

[27] A unidade de medida da magnitude do valor e da magnitude do preço de produção é o tempo de trabalho. É conhecido o fato de que alguns autores não aceitam tal coisa, afirmando que a única expressão possível do valor ou do preço de produção é o valor de troca ou o preço de mercado. Seria fácil mostrar que essa posição expressa uma confusão entre a magnitude do valor ou do preço de produção e sua expressão. O fato de que o preço seja a expressão do valor não impede a possibilidade de que possamos pensar a magnitude deste último em termos de quantidade de trabalho.

iguala o preço de custo da mercadoria ao valor dos meios de produção consumidos para produzi-la. Em nossa pesquisa atual, é desnecessário insistir nesse ponto.[28]

Não temos nenhuma dúvida de que, para a construção do conceito de preço de produção, aprofundar no problema anterior é desnecessário. No entanto, a polêmica surgida posteriormente sobre o assunto nos obriga a tratar do tema.

Quais são as consequências formais de uma transformação que leve em consideração a modificação assinalada? Partamos novamente de um esquema de reprodução simples de três setores e o representemos da seguinte forma:

$$c_1 + v_1 + p_1 = W_1$$
$$c_2 + v_2 + p_2 = W_2$$
$$\overline{c_3 + v_3 + p_3 = W_3}$$

em que os símbolos indicam magnitudes de valor e são facilmente compreendidos.

Representemos agora o mesmo esquema em termos de preços de produção, incluindo os elementos do preço de custo:

$$c_1 + v_1 + p_1 = W_1$$
$$c_2 + v_2 + p_2 = W_2$$
$$c_3 + v_3 + p_3 = W_3$$
$$\overline{c'_t + v'_t + p'_t = W'_t}$$

Onde W'_i é o preço de produção, c'_i e v'_i são o capital constante e o variável medidos em preço de produção, e p'_i é o lucro apropriado.

Numa situação de equilíbrio temos, entre outras coisas, que:

$$P_t = W_3 \quad e \quad P'_t = W'_3$$

Como se sabe, $W'_3 \neq W_3$ sempre que a composição orgânica do setor III seja diferente da composição orgânica média. W'_3 será maior que W_3 quando a composição orgânica do capital na esfera III for superior à média, e ocorrerá que $W'_3 < W_3$ quando aquela for inferior à média. Não se pode esperar que, em geral, a composição orgânica do setor III seja exatamente igual à composição orgânica média. Isso somente ocorreria de maneira exclusivamente casual; por isso, devemos partir de que:

---

[28] *Ibid.*, cap. 9, p. 187.

mas, como

$$P'_t = W'_3$$

então

$$P'_t \neq W_3$$

e porque

$$P_t = W_3$$

teremos que

$$P'_t \neq P_t$$

O que isso nos indica? Isso significa que o total do lucro que se repartem entre si todos os capitais tem magnitude diferente da massa da mais-valia produzida. À primeira vista, parece que, assim, nega-se a afirmação já citada de Marx, e parece também que a teoria do valor e sua consequência, o conceito de mais-valia e, portanto, o de capital, se destroem. Veremos que essa conclusão é falsa.

Desde o ponto de vista estritamente formal, poderia se colocar a dificuldade de outra maneira, como fazem alguns: na transformação completa dos valores em preços de produção, uma das duas identidades fundamentais assinalada por Marx ($P'_t = P_t$ e $W'_t = W_t$) não se verifica. Ou se parte de que o valor total é igual ao preço de produção total e, necessariamente, $P'_t \neq P_t$, com graves consequências para a teoria do valor e da mais-valia; ou fazemos iguais a mais-valia produzida e a apropriada, e então $W'_t \neq W_t$ – em nossa opinião, com as mesmas consequências. Alguns autores preferiram o último caminho, pois lhes pareceu menos grave que o primeiro.[29]

A alternativa de considerar o preço de produção total diferente do valor total (como em Bortkiewicz, por exemplo) na verdade significa transformar os preços de produção em simples preços relativos. Sob essas condições, dados certos preços relativos, pode-se encontrar um fator que os multiplique (e resulta num novo sistema de preços relativos igualmente aceitável) de maneira que se consiga fazer que o "lucro" apropriado tenha magnitude igual a qualquer valor que se queira, por exemplo, ao da mais-valia produzida. Nessas condições, esta alternativa em nada favorece ou avança na solução do problema.[30]

---

[29] Cf., por exemplo, Sweezy, 1970, p. 123 e ss.
[30] Na "solução" de Bortkiewicz, apesar de que os valores e os preços de produção são teoricamente diferentes, sua expressão quantitativa em preço (valor de troca) é idêntica para a produção do setor III, mesmo quando a composição orgânica seja diferente da média. Assim, podemos optar entre duas alternativas: ou acreditar que, neste caso, duas categorias distintas não se diferenciam por sua expressão fenomênica, ou sustentar que a "solução" do mencionado autor é essencialmente um equívoco. É verdade que se procura superar a dificuldade supondo-se que o setor III produz exclusivamente ouro,

6. Para os que creem na dificuldade insuperável

Em razão da dificuldade da transformação, toda teoria marxista do valor é posta em dúvida, e não teríamos alternativa senão rechaçar a afirmação de que os preços de mercado estão, em última instância, determinados pelo valor.

No entanto, como muitas vezes ocorre, principalmente na sociedade mercantil, o que parece à primeira vista nada mais é que uma mistificação da verdade. É certo que, como resultado da transformação, chegamos a que $P'_t \neq P_t$, mas isso não nega a conclusão de Marx nem, portanto, significa que o lucro apropriado seja maior ou menor que a mais-valia produzida. A afirmação é surpreendente, mas, mais ainda é o fato de que, até onde sabemos, nunca se entendeu adequadamente esta questão.

O que estamos afirmando é que, por um lado, a transformação implica formalmente que $P'_t \neq P_t$ e que, por outro, desde o ponto de vista teórico, esse resultado formal é necessário. A afirmação de Marx de que os capitalistas somente podem repartir-se como lucro a mais-valia produzida, e que a repartem toda ela entre si, somente é correta justamente porque $P'_t \neq P_t$.[31] Vejamos mais de perto o assunto.[32]

A massa monetária apropriada pelos capitais (ou pelo capital total) por conceito de lucro representa um poder de compra de mercadorias produzidas pela sociedade: meios de produção, meios de consumo para os capitalistas e força de trabalho. Em condições de reprodução simples, essa massa monetária é utilizada exclusivamente para comprar meios de consumo do setor III; por isso dissemos que $P'_t = W'_3$. W_3 é a representação, em termos de preços de produção, de uma massa de mercadorias que se destina ao consumo capitalista. A magnitude do valor dessa massa de bens é igual, evidentemente, a W_3. Portanto, os capitalistas, ao receberem P'_t ($P'_t \neq P_t$) como lucro, estão recebendo um poder de compra sobre o valor W_3.

---

e que tanto a magnitude dos valores como a dos preços de produção medem-se por sua expressão: o valor de troca, o preço. Além de que tal coisa significa confundir a magnitude do valor ou do preço de produção com sua expressão fenomênica, é algo difícil de acreditar que os capitalistas usam todo o seu lucro para comprar ouro.

O que Bortkiewicz queria, na verdade, era fazer que, no seu esquema, a mais-valia total ficasse igual ao lucro total. Evidentemente, para isso teria sido mais fácil e mais didático tomar essa igualdade como a equação que faltava. Mas o resultado teria sido o mesmo: a transformação dos valores em simples preços relativos, que, obviamente, nada nos ensinam sobre os preços de produção.

A crítica de Emmanuel a Bortkiewicz é correta: além de afirmar que o resultado de sua transformação são simples preços realtivos, diz: "Se a soma dos lucros aparece em termos absolutos igual à soma das mais-valias, é porque ela foi obtida, de uma maneira formal, graças à escolha de uma particular unidade de conta que faz com que a soma dos preços já não seja igual à soma dos valores..." (Emmanuel. "El problema del intercambio desigual", *in:* Amin, 1971).

[31] É o que hoje chamamos de "paradoxo da desigualdade dos iguais".
[32] Ver também o próximo texto desta coletânea.

Como os capitais repartem entre si toda a mais-valia (valor) produzida e somente ela, não podem receber um poder de compra nem superior nem inferior ao necessário para apropriarem-se desse valor sob a forma de mercadorias (W_3). Para que possam se apropriar desse valor sob a forma de mercadorias para o consumo, têm que pagar os preços que regem no mercado. Estes estão determinados diretamente pelos preços de produção, e o lucro que recebem P'_t deve ser suficiente para pagar esses preços. Aí está a solução do mistério.

Podemos explicar de outra maneira. A mais-valia apropriada pelos capitais sob a forma de lucro médio pode ser medida pela magnitude do valor que representa e, também, pela magnitude do preço de produção. Evidentemente essas magnitudes são diferentes, apesar de que são medidas da mesma coisa. Por exemplo, uma mercadoria A produzida com composição orgânica superior à média tem um valor com magnitude, digamos, 100. O preço de produção da mesma unidade de mercadoria terá magnitude superior a 100, digamos 120. No entanto, representam o mesmo, a mesma unidade de mercadoria A, apesar de que $100 \neq 120$.

O que Marx sustenta não é que o lucro total apropriado tenha a mesma magnitude que a mais-valia total produzida, sendo a primeira medida em preço de produção e a segunda, em valor. Ele afirma que o mais-valor produzido pelo capital total é o mesmo que os capitais se apropriam. Como a composição orgânica do capital investido no setor III é diferente da média, o produto dessa esfera terá preço de produção superior ou inferior ao valor, dependendo daquela. No primeiro caso, $P'_t > P_t$; no segundo, $P'_t < P_t$. E isso é teoricamente necessário.

Os que afirmam que o método de transformação de Marx é insatisfatório[33] cometem um grande erro. Tratam de encontrar uma maneira através da qual duas medidas da mesma coisa, obtidas com unidades diferentes,[34] resultem em números iguais. É o mesmo que medir a distância entre Marx e Böhm-Bawerk em quilômetros e em milhas e querer que resultem em um número igual. Resultam dois números diferentes (1.000 milhas e 1.600 quilômetros), e, utilizando das mesmas palavras de Böhm-Bawerk para outros propósitos, chegam a dizer: "Eu não sei o que fazer, pois não vejo aqui, em absoluto, a explicação..."

O valor produzido como excedente, através da exploração do trabalho, pode ser medido pela magnitude de valor ou pela magnitude do preço de produção. Nem por isso deixa de ser o mesmo valor. O valor produzido como mais-valia, sob condições de reprodução simples, é idêntico ao valor produzido no setor III, W_3. Mas aqui o preço de produção é diferente, é W'_3. Os capitais que devem se apropriar de toda mais-valia produzida, e somente dela, não podem senão receber como lucro P'_t que lhes permitirá comprar W'_3, cujo valor é $W_3 = P_t$.

---

[33] Sweezy, por exemplo, sustenta: "Nossa pesquisa demonstrou, no entanto, que o método de Marx é insatisfatório..." (1970, p. 140).

[34] Na verdade, não se trata de diferentes unidades de medida, mas, propriamente, de duas diferentes dimensões da mesma coisa.

Em resumo, é evidente que a afirmação de Marx antes indicada não só é compatível com o fato de que $P'_t \neq P_t$, mas exige tal coisa.

Frente a essas conclusões não resta outra tarefa senão a exclusivamente formal, que é desenhar um procedimento para a transformação dos valores em preços de produção de acordo com as conclusões anteriores, isto é, de maneira que $W'_t \neq W_t$ e $P'_t \neq P_t$.[35] É certo que a tarefa, do ponto de vista teórico, não é indispensável, mas tratemos de realizá-la para que não fiquem dúvidas.

7. O procedimento para a transformação

Partamos, igualmente, de um esquema de reprodução simples de três setores em situação de equilíbrio:

$$a_1 + b_1 + c_1 = d_1$$
$$a_2 + b_2 + c_2 = d_2$$
$$a_3 + b_3 + c_3 = d_3$$
$$\text{Total} \quad a_4 + b_4 + c_4 = d_4$$

Onde:
a_i = capital constante medido em valor;
b_i = capital variável medido em valor;
c_i = mais-valia;
d_i = valor da produção.

Como a situação é de equilíbrio, temos que:

$$a_4 = d_1 \quad , \quad b_4 = d_2 \quad \text{e} \quad c_4 = d_3$$

E então:

$$a_1 + b_1 + c_1 = a_4$$
$$a_2 + b_2 + c_2 = b_4$$
$$a_3 + b_3 + c_3 = c_4$$
$$a_4 + b_4 + c_4 = d_4$$

---

[35] O método de Bortkiewicz, também citado por Sweezy, é inadequado, como é óbvio.

Vamos supor que a taxa de mais-valia seja igual a 100%, mas é necessário advertir que isso é exclusivamente para simplificar e poderia ser exposto um esquema mais complexo sem esse pressuposto. Então $b_i = c_i$, e nosso esquema se converte no seguinte:

$$a_1 + 2.b_1 = a_4$$
$$a_2 + 2.b_2 = b_4$$
$$a_3 + 2.b_3 = c_4$$
$$\overline{a_4 + 2.b_4 = d_4}$$

Esses são os dados a partir dos quais devemos chegar a um esquema com preços de produção, que é o seguinte:

$$x_1 + y_1 + z_1 = x_4$$
$$x_2 + y_2 + x_2 = y_4$$
$$x_3 + y_3 + x_3 = z_4$$
$$\overline{x_4 + y_4 + z_4 = d_4}$$

Onde:
x_i = capital constante medido em preços de produção;
y_i = capital variável medido em preços de produção;
z_i = lucro apropriado medido em preços de produção;
d_4 = preço de produção total (igual ao valor total).

x_4, y_4 e z_4 são também o preço de produção do produto total dos setores I, II e III, respectivamente.

Nosso problema consiste em explicar o valor de 12 incógnitas, que são as seguintes:

$$x_1, x_2, x_3, x_4,$$
$$y_1, y_2, y_3, y_4,$$
$$z_1, z_2, z_3, z_4$$

Para isso, é necessário que existam, e só existam, 12 equações independentes.

Para a determinação de algumas das equações, é necessário entender que a suposição de que existem três esferas produtivas significa que, na sociedade, produzem-se somente três mercadorias diferentes; de outra maneira, pode-se dizer que tal suposto implica considerar como homogêneo o produto de cada esfera, e que considerar a homogeneidade real desse produto significaria fazer a análise com um número praticamente infinito de esferas de produção.

Por isso, a_4 é o valor total de um número de unidades da mercadoria "meios de produção" produzidas durante um ano e também consumidas pelos três setores como capital constante; a_1 é o valor das unidades dessa mercadoria consumidas como capital constante pelo setor I. Por outro lado, x_4, uma de nossas incógnitas, é o preço de produção do mesmo número de unidades da mercadoria "meios de produção" produzidas no ano; e x_1, o das mercadorias consumidas na esfera produtiva I. O que é incógnita, portanto, não é o número de unidades físicas, mas o preço de produção das mesmas.

Sabemos já que x_4 (como produto do setor I) é maior ou menor que a_4 numa proporção desconhecida no momento, digamos um t%. Assim,

$$\frac{x_4}{a_4} = (1 \neq t\%)$$

Se tomarmos uma unidade da mesma mercadoria, vemos que seu preço de produção dividido por seu valor é igual a $(1 \neq t\%)$, da mesma maneira que 2, 3, 4 etc. unidades. Quantas unidades são consumidas pela esfera I não se sabe, mas pode-se afirmar que seu preço de produção dividido por seu valor é também igual a , portanto:

$$\frac{x_1}{a_1} = (1 \neq t\%)$$

Logo, $\dfrac{x_1}{a_1} = \dfrac{x_4}{a_4}$] é a nossa primeira equação.

Pelas mesmas razões podemos dizer que:

$\dfrac{x_2}{a_2} = \dfrac{x_4}{a_4}$] (segunda equação)

e

$\dfrac{x_3}{a_3} = \dfrac{x_4}{a_4}$] (terceira equação).

Por um raciocínio similar, chegaremos às três novas equações seguintes:

$$\frac{y_1}{b_3} = \frac{y_4}{b_4} \quad \text{(quarta equação)}$$

$$\frac{y_2}{b_2} = \frac{y_4}{b_4} \quad \text{(quinta equação)}$$

$$\frac{y_3}{b_3} = \frac{y_4}{b_4} \quad \text{(sexta equação)}.$$

As equações do tipo $\frac{z_1}{b_1} = \frac{z_4}{b_4}$ são evidentemente falsas, pois a mais-valia (em valor) apropriada em cada ramo (por exemplo, z_1 em valor) difere da mais-valia (em valor) produzida no mesmo.

As três equações seguintes derivam-se do fato de que os capitais repartem entre si o lucro total (z_4) em proporção à sua magnitude medida em preços de produção:

$$\frac{z_1}{x_1 + y_1} = \frac{z_4}{x_4 + y_4}$$

$$\frac{z_2}{x_2 + y_2} = \frac{z_4}{x_4 + y_4}$$

e, finalmente,

$$\frac{z_3}{x_3 + y_3} = \frac{z_4}{x_4 + y_4}.$$

Como

$$x_1 + y_1 + z_1 = x_4,$$
$$x_2 + y_2 + x_2 = y_4,$$
$$x_3 + y_3 + x_3 = z_4,$$

e

$$x_4 + y_4 + z_4 = d_4.$$

podemos escrever que:

$$\frac{z_1}{x_4} = \frac{z_4}{d_4} \quad \text{(sétima equação)}$$

$$\frac{z_2}{y_4} = \frac{z_4}{d_4} \quad \text{(oitava equação)}$$

$$\frac{z_3}{z_4} = \frac{z_4}{d_4} \longrightarrow z_3 = \frac{z_4^2}{d_4} \quad \text{(nona equação)}.$$

Nossas três últimas equações já são conhecidas:

$$y_4 = x_2 + y_2 + z_2 \quad \text{(décima equação)}$$

$$d_4 = x_4 + y_4 + z_4 \quad \text{(décima-primeira equação)}$$

$$x_4 = x_1 + y_1 + z_1 \quad \text{(décima-segunda equação)}.$$

No entanto, é necessário mostrar que a equação $z_4 = x_3 + y_3 + z_3$ é dependente das demais. Isso é feito facilmente somando-se membro a membro a décima equação com a décima-segunda, e restando o resultado da décima-primeira.

Com isso temos um sistema de 12 equações independentes e 12 incógnitas, e a tarefa que se impõe é solucioná-lo. A solução é a seguinte:

$$x_1 = \frac{a_1}{a_4} \cdot d_4 \cdot (1 - \rho - \delta),$$

$$x_2 = \frac{a_2}{a_4} \cdot d_4 \cdot (1 - \rho - \delta)$$

$$x_3 = \frac{a_3}{a_4} \cdot d_4 \cdot (1 - \rho - \delta)$$

$$x_4 = d_4 \cdot (1 - \rho - \delta)$$

$$y_1 = \frac{b_1}{b_4} \cdot d_4 \cdot \rho$$

$$y_2 = \frac{b_2}{b_4} \cdot d_4 \cdot \rho$$

$$y_4 = d_4 \cdot \rho$$

$$z_1 = d_4 \cdot (\delta - \rho \cdot \delta - \delta^2)$$

$$z_2 = d_4 \cdot \rho \cdot \delta$$

$$z_3 = d_4 \cdot \delta^2$$

$$z_4 = d_4 \cdot \delta$$

Onde:

$$\rho = \frac{1 - \delta}{1 + \dfrac{\dfrac{b_1}{b_4}}{1 - \dfrac{a_1}{a_4} = -\delta}}$$

$$\delta = \frac{-P - \sqrt{P^2 + 4R}}{2}$$

$$P = \frac{b_2}{b_4} + \frac{a_1}{a_4} - 2$$

$$R = \frac{b_1 \cdot a_2}{b_4 \cdot a_4} - \left(1 - \frac{b_2}{b_4}\right) \cdot \left(1 - \frac{a_1}{a_4}\right)$$

8. Um exemplo numérico

Para efeitos de ilustração, é conveniente utilizar as fórmulas obtidas para encontrar os preços de produção, no exemplo apresentado anteriormente.

Sistema em valores

	c	v	p	w
I =	300 +	100 +	100 =	500
II =	80 +	100 +	100 =	280
III =	120 +	80 +	80 =	280
Total =	500 +	280 +	280 =	1.060

As três fórmulas levam ao seguinte resultado:

P = -1,042857
R = -0,2
δ = 0,253310
ρ = 0,217397

E, finalmente,

Sistema em preços de produção

I	=	336,6 +	82,3 +	142,2 =	561,1
II	=	89,8 +	82,3 +	58,3 =	230,4
III	=	134,7 +	65,8 +	68,0 =	268,5
Total	=	561,1 +	230,4 +	268,5 =	1.060,0

Devido ao fato de que a composição orgânica do setor III é inferior à média, o resultado é que o lucro total em termos de preço de produção (268,5) é inferior à mais-valia ou lucro total em termos de valor (280,0). Vejamos em cada setor qual é o lucro em termos de preço de produção e em valor:

Lucro dos distintos setores

	em preço de produção	em valor (= mais-valia apropriada)★
I	142,2	148,3
II	58,3	60,8
III	68,0	70,9
Total	268,5	280,0

★ Para o cálculo do lucro em valor (ou mais-valia apropriada) basta considerar, nesse caso, que seu total é igual a 280 e que a parte correspondente a cada setor é a mesma que cada um tem no total do lucro em preço de produção.

Assim, a verdadeira transferência de valores entre os distintos setores é a seguinte:

Transferência de valor

I	+ 48,3
II	- 39,2
III	- 9,1
Total	0

Por outro lado, podemos observar que a taxa média de lucro medida em preço de produção difere da correspondente taxa em valor.[36] No quadro seguinte indicam-se as taxas de lucro que se obtêm depois da transformação, no exemplo considerado.

Taxas de lucro finais

	Em preço de produção	Em valor
I	33,9%	37,1%
II	33,9%	33,8%
III	33,9%	35,5%
Total	33,9%	35,9%

Assim, no exemplo, a taxa média de lucro em preços de produção (33,9%) é inferior à correspondente taxa de lucro em valor (35,9%), como consequência do fato de que a composição orgânica do setor III é inferior à média.

9. E resulta que a taxa média de lucro não é uma taxa média

No mesmo quadro anterior, podemos observar que, nos diferentes setores da produção, a taxa média de lucro em preços de produção curiosamente corresponde a taxas de lucro em valor diferentes entre si. Depois de certo esforço para transformar os valores de maneira que as taxas de lucro sejam iguais para os diferentes setores, resulta que as taxas de lucros iguais não são iguais! No entanto, esse resultado não é surpreendente, pois, em nosso exemplo, as composições em valor dos setores I e II são diferentes, como se pode esperar na realidade; somente no caso de que I e II tenham a mesma composição orgânica em valor (e não em preço de produção) as taxas de lucro em valor serão iguais

---

[36] A diferença entre a taxa média de lucro em valor e em preço de produção foi, de alguma maneira, mencionada por Ladislaus von Bortkiewicz (cf. Hilferding, 1974, p. 193).

entre si nos diferentes setores, e, somente então, poderá se falar de uma taxa média de lucro em valor.

A seguir se tratará de explicar detalhadamente a razão da afirmação anterior.
Seja:
c_i = capital constante em valor do setor i;
v_i = capital variável em valor do setor i;
c'_i = capital constante em preço de produção do setor i;
v'_i = capital variável em preço de produção do setor i;
g_i = lucro em valor (= mais-valia apropriada) do setor i;
g'_i = lucro em preço de produção do setor i.

a) Partimos da mesma taxa de lucro em preço de produção para os três setores, ou seja:

$$\frac{g'_1}{c'_1 + v'_1} = \frac{g'_2}{c'_2 + v'_2} = \frac{g'_3}{c'_3 + v'_3}$$

b) Sabe-se que:

$$\frac{g_1}{g'_1} = \frac{g_2}{g'_2} = \frac{g_3}{g'_3} = k$$

Então,

$g'_1 \cdot k = g_1$
$g'_2 \cdot k = g_2$
$g'_3 \cdot k = g_3$

Logo, multiplicando cada uma dessas razões do item "a" por "k", temos:

$$\frac{g_1}{c'_1 + v'_1} = \frac{g_2}{c'_2 + v'_2} = \frac{g_3}{c'_3 + v'_3}$$

A condição para que

$$\frac{g_1}{c_1 + v_1} = \frac{g_2}{c_2 + v_2} = \frac{g_3}{c_3 + v_3}$$

(ou seja, taxas iguais de lucro em valor) é que:

$$\frac{c_1 + v_1}{c_1' + v_1'} = \frac{c_2 + v_2}{c_2' + v_2'} = \frac{c_3 + v_3}{c_3' + v_3'}$$

O que,

$$\frac{v_1}{v_1'} = \frac{v_2}{v_2'} = \frac{v_3}{v_3'} = \frac{c_1}{c_1'} = \frac{c_2}{c_2'} = \frac{c_3}{c_3'}$$

E, para isso, é condição necessária e suficiente que a composição orgânica seja igual nos setores I e II.

O fato de que a transformação de valores em preços de produção resulte em diferentes taxas de lucro em valor não cria, como é facilmente compreensível, nenhum problema teórico, pois a concorrência entre os capitais move-se não pelo lucro em valor, mas pelo que é medido em preços de produção, e o resultado tem que ser necessariamente uma taxa média de lucro em preço de produção.

10. Palavras finais

O procedimento para a transformação dos valores em preços de produção apresentado nas linhas anteriores, como se disse, parte de um esquema de reprodução simples em situação de equilíbrio. A superação desse suposto, isto é, a utilização de um esquema de reprodução ampliada introduz complicações formais, pois a diferença entre o lucro medido em preços de produção e a mais-valia já não dependeria somente da composição orgânica relativa do capital investido no setor III, mas das três esferas. A diferente composição orgânica em cada ramo produtivo afetaria a relação entre P_t' e P_t em proporção ao destino que se dá a P_t'. Conforme seja a parte de P_t' que se destina a comprar produtos das esferas I, II[37] e III, assim será o peso das composições orgânicas de cada esfera na diferença entre P_t' e P_t. Essas complicações formais implicam unicamente o fato de que o trabalho para elaborar o procedimento de transformação faz-se mais extenso, mas não pode existir a menor dúvida de que, não obstante o extenso, a solução existe.

Para finalizar, é conveniente recordar algo que dissemos no começo: que a teoria do valor de Marx não se propunha, como seu objetivo, à determinação dos preços de mercado. Agora podemos ver que, em certo sentido, a afirmação não é

---

[37] A acumulação também significa, indiretamente, compra extra de produtos do setor II.

completamente verdadeira. É correto dizer que Marx, ao contrário dos neoclássicos, não tem como sua preocupação fundamental a determinação dos preços, mas que está interessado em descobrir e expor as leis que presidem o funcionamento e desenvolvimento do regime capitalista de produção. Para isso deve explicar a origem da mais-valia e, portanto, do capital, assim como a maneira através da qual os capitais repartem entre si essa mais-valia. Assim, surge a categoria de preço de produção e sua relação com os preços de mercado.

Entendida a teoria do valor em toda sua complexidade, incluindo o papel dos preços de produção, ela também é uma teoria dos preços de mercado. Não, evidentemente, na forma em que grosseiramente a entenderam os Böhm-Bawerk, importantes ou não.

Não se pode pensar que a teoria dos preços de Marx consiste simplesmente em sustentar que os preços de mercado oscilam em torno (ou correspondem) dos preços de produção e que estes estão teórica e logicamente determinados pelos valores. Essa afirmação somente é válida sob as condições de livre mobilidade dos capitais e de capitais de tamanhos similares, que evidentemente não são condições existentes no capitalismo contemporâneo. Faz falta completar a teoria, mas esse esforço, o de explicar a determinação dos preços nas condições atuais, somente frutificará nos marcos de um corpo teórico global que seja adequado para entender o movimento do capital e, portanto, o desenvolvimento da sociedade capitalista. Os intentos ecléticos ou os empiristas podem entregar bons elementos para a necessária descrição do fenômeno a estudar, mas, como o próprio Marx afirmava, a ciência só existe porque a aparência do fenômeno mistifica sua própria essência. Enquanto só subsistam esses intentos, o desenvolvimento da ciência não prosseguirá.

A categoria preço de produção era indispensável para entender a determinação dos preços de mercado e a repartição da mais-valia na época concorrencial do sistema capitalista, mas também o é, como passo necessário, na época monopolista. Se Marx tivesse elaborado sua teoria numa época em que prevalecessem os monopólios e quisesse explicar teoricamente a determinação dos preços de mercado e da repartição do lucro, não teria feito, como passos necessários, algo diferente do que fez: partir do valor e passar pelos preços de produção.

Por tudo isso, nossa afirmação inicial de que a teoria do valor de Marx não é uma teoria dos preços era falsa, mas também teria sido falso sustentar o contrário no início deste trabalho. Estamos certos de que, uma vez mais, os Böhm-Bawerk dirão: "Eu não sei o que fazer..." não entendo nada.

CAPÍTULO 3

O PARADOXO DAS DESIGUALDADES DOS IGUAIS
(INCOMPREENSÕES RICARDIANAS SOBRE OS PREÇOS DE PRODUÇÃO)[1]

1. Introdução

Três questões relevantes relacionadas com a transformação dos valores em preços de produção em Marx e mencionadas com frequência na literatura[2] serão tratadas aqui:

a) A taxa de lucro determinar-se-ia simultaneamente com os preços de produção, já que ela não pode ser determinada no nível do valor.

b) O valor-trabalho não é necessário para a determinação teórica dos preços de produção, uma vez que o volume de trabalho contido nas mercadorias atenderia simplesmente à necessidade *"de medir as quantidades físicas dos produtos"*.[3]

c) As duas igualdades assinaladas como fundamentais por Marx (a do valor total igual ao preço de produção total e a da mais-valia total igual ao lucro total) são teoricamente supérfluas, de maneira que a impossibilidade formal de obtê-las não implicaria problema em Marx.

Neste trabalho, pretendemos mostrar que, estritamente dentro da teoria do valor de Marx e negando completamente qualquer concessão à leitura arbitrária ricardiana, chegaríamos às seguintes conclusões:

a) É falso que a taxa de lucro só possa ser obtida ou determinada simultaneamente com a determinação dos preços de produção. Na verdade, a magnitude da taxa de lucro pode medir-se em valor e em preço de produção. Aquela está determinada previamente, e esta é resultado da transformação. O fato de que o preço de produção de cada uma das mercadorias seja obtido simultaneamente com a magnitude da taxa de lucro medida em preços de produção é simplesmente óbvio, pois a transformação de valores em preços de produção consiste justamente em descobrir, por trás do valor de cada coisa, seu preço de produção.

b) É um equívoco pensar que se pode chegar aos preços de produção de Marx sem passar pelo valor.

---

[1] Este trabalho foi apresentado no Encontro Nacional de Economia Clássica e Política, na Universidade Federal Fluminense, Niterói, 5 a 8 de junho de 1996.
[2] Cf., por exemplo, Possas, 1982, p. 87. Outras questões também consideradas importantes, como a produção conjunta, serão deixadas para outra oportunidade.
[3] *Ibid.*, p. 87.

c) A impossibilidade de obtenção simultânea das igualdades fundamentais referidas, sim, é um grave problema. No entanto, por mais surpreendente que possa parecer, estamos em condições de mostrar que – sendo o lucro nada mais que a mais-valia repartida de outra maneira –, na transformação, a medida da magnitude do lucro total deverá aparecer diferente da medida da magnitude da mais-valia total (só serão iguais quando a composição orgânica do capital que produz as mercadorias a serem compradas com o lucro for igual à média). Em outras palavras, sendo o lucro nada mais do que mais-valia (pelo menos em termos de magnitude), teoricamente é obrigatório que apareçam como se tivessem grandezas diferentes. É o que chamamos de paradoxo da desigualdade dos iguais. Facilmente entenderemos esse paradoxo quando nos dermos conta de que, na transformação, a medida da maisvalia se apresenta em valor, enquanto a do lucro se apresenta em preço de produção; a dimensão medida em um caso é o valor; no outro, o preço de produção.

2. A propósito de duas dimensões das mercadorias: valor e preço de produção (ou de como a ordem de três categorias altera a conclusão)

Na análise de Marx e também na história do desenvolvimento da mercadoria, o valor aparece inicialmente como característica, propriedade ou atributo social da mesma. No capitalismo, ele continua sendo atributo social das mercadorias, mas chega a ser mais do que isso. Nessa etapa, o valor converte-se, além do mais, em realidade substantiva, em categoria autônoma ou independente,[4] e é por isso que ele se identifica plenamente com a riqueza capitalista. Normalmente, esse aspecto tem sido esquecido por aqueles que interpretam o pensamento de Marx. Nem por isso perde sua extrema relevância.

No que se refere ao ponto que queremos discutir aqui, interessa o valor simplesmente como propriedade ou atributo social da mercadoria. Esse atributo possui uma dimensão quantitativa, e, como o valor é a forma da riqueza capitalista, essa magnitude é a grandeza dessa riqueza consubstanciada na mercadoria. Desde um ponto de vista formal, podemos dizer, então, que a magnitude do valor é uma grandeza que expressa uma medida da mercadoria. O número real correspondente à magnitude do valor é associado, assim, à mercadoria através do conceito valor. Mas poderíamos inventar e atribuir outros conceitos à mercadoria (na verdade, outras dimensões) e associaríamos a ela outros numerais correspondentes (desde que essas dimensões tivessem magnitude).[5] A variedade

---

[4] Cf. Marx, 1980-1981, l. I, v. I, cap. 4, p. 174. Trata-se do que chamamos substantivação do valor (cf. Carcanholo, 1988).

[5] Para melhor ilustrar o assunto, poderíamos pensar um objeto mais simples que a mercadoria, uma mesa por exemplo. Como posso associar a ela uma determinada medida de grandeza? Antes de mais nada, devo atribuir-lhe um conceito que possua, por definição, dimensão quantitativa. Na verdade, posso atribuir-lhe diferentes conceitos adequados (não arbitrários) que me permitem ter ideia de

de conceitos (ou, no caso, dimensões) atribuíveis é formalmente ilimitada; no entanto, só alguns teriam relevância teórica. Entre eles está o de preço de produção.[6] Assim, valor e preço de produção são duas diferentes dimensões das mercadorias, atribuídas de maneira não arbitrária na medida em que correspondem à sua natureza econômica.

Qual é a relação que existe entre essas duas dimensões da mercadoria, entre valor e preço de produção? Napoleoni atribui equivocadamente a Marx uma determinada concepção sobre esse aspecto: "A posição de Marx é, portanto, a seguinte: quando o produto é mercadoria, ele é um valor; o valor tem como sua forma fenomênica necessária, o valor de troca; o valor de troca transforma-se em preço de produção por efeito da concorrência".[7]

Provavelmente essa interpretação provém de uma equivocada compreensão da estrutura d'*O capital*, que é, no que nos interessa e na verdade, a seguinte:

a) Marx parte do valor de troca como realidade observável, tal como aparece na superfície dos fenômenos. Não se trata propriamente do conceito valor de troca, pois este ainda não é compreensível.

b) Descobre o valor e sua magnitude; explicita sua natureza.

c) Feito isso, regressa à análise do valor de troca, isto é, da manifestação fenomênica do valor, com o objetivo de explicar a gênese e o desenvolvimento do valor e da mercadoria e de descobrir a natureza do dinheiro e do preço (trata-se do preço de mercado, isto é, de um valor de troca particular – ou melhor, de um valor relativo particular – em que o equivalente é o dinheiro).

d) Só depois de muitas mediações chega ao estudo da natureza do preço de produção e à determinação de sua magnitude.

Assim, pareceria perfeitamente lógico entender que, para Marx, a sequência teórica seria: valor – valor de troca ou preço de mercado – preço de produção, e que este seria resultado da "transformação".

No entanto, tal concepção é enganosa. Basta dizer que, quando Marx passa do valor ao valor de troca (seção 3ª do cap. 1 do livro I), não o faz preocupado com a determinação quantitativa do preço de mercado. Tanto é assim que, nesse nível de análise, ele é obrigado por seu método a igualar produção e apropriação, isto é, considera que os preços de mercado correspondem diretamente às magnitudes dos valores. Sua preocupação ao estudar o valor de troca imediatamente depois de descoberto o valor é exclusivamente qualitativa: a natureza do dinheiro e do preço e a dialética do desenvolvimento da mercadoria.

A sequência teórica correta é a seguinte: magnitude do valor – magnitude do preço de produção – magnitude do preço relativo.

---

sua magnitude: altura, comprimento e largura de sua superfície horizontal, área etc. Assim, a cada uma dessa dimensões (ou conceitos atribuídos à mesa) corresponde um número real que permite distingui-la ou compará-la com outras.

[6] Outras dimensões são normalmente associadas às mercadorias, como peso, volume, ph etc.; todas as indicadas são mensuráveis, mas não relevantes para o que estamos discutindo.

[7] Napoleoni, 1980, p. 87.

Para aqueles que confundem a teoria do valor de Marx com uma teoria da determinação da magnitude dos preços de mercado ou, pelo menos, relegam a um segundo plano a problemática da natureza das categorias (por terem uma visão a-histórica das mesmas e, portanto, por considerá-las como naturalmente dadas), é muito fácil enganarem-se quando enfrentados à estrutura d'*O capital*.

Por outro lado, entender-se o preço de produção como resultado de uma transformação da forma fenomênica valor de troca constitui um contrassenso metodológico. Marx é muito claro no capítulo 3 do livro III d'*O capital*: trata-se de, partindo das categorias essenciais (entre elas o valor), aproximar-se progressivamente das formas concretas que se observam na superfície da sociedade capitalista (entre elas, o valor de troca, o preço de mercado) através de mediações teóricas (uma delas é o preço de produção).[8]

Então, o preço de produção não é um valor de troca transformado, mas uma das mediações entre o valor e o preço de mercado (valor de troca). Disso não pode haver a menor dúvida.

Entendamos agora em que sentido o preço de produção é uma mediação teórica entre o valor e o preço de mercado. Supondo, como faz Marx no livro I d'*O capital*, que os preços de mercado correspondem aos valores, todos os capitais individuais (em todos os setores) apropriar-se-iam (sob a forma de lucro) de magnitude de mais-valia igual à que produziram. Isso significa supor que a produção é idêntica à apropriação.

No entanto, isso está longe de acontecer na realidade capitalista. Os preços de mercado são tais que não garantem a igualdade produção/apropriação. Ao contrário, muitas determinações, necessárias ou circunstanciais, os obrigam a uma não correspondência com os valores. As circunstâncias não podem ser objeto de uma teoria científica geral, mas sim as determinações necessárias, que são umas poucas. Entre elas está o fato de que os capitais exigem participar da mais-valia na proporção do capital total, enquanto a produzem em proporção ao capital variável. Essa é a determinação necessária que produz o conceito teórico de preço de produção.

Assim, o preço de produção da mercadoria de um setor expressa a magnitude do valor apropriável pelo mesmo na circulação, em condições de uniformidade das taxas de lucro.[9] Então, a magnitude do valor expressa o volume de riqueza capitalista produzida por um determinado capital; a magnitude do preço de produção expressa o volume apropriável naquelas condições. Para o total da produção do sistema (por exemplo, anual), valor e preço de produção são iguais em magnitude. E mais: identificam-se em conceito (pois, nesse caso, produção é

---

[8] "Assim, as configurações do capital desenvolvidas neste livro abeiram-se gradualmente da forma em que aparecem na superfície da sociedade, na interação dos diversos capitais, na concorrência e, ainda, na consciência normal dos próprios agentes da produção" (Marx, 1980-1981, l. III, v. IV, cap. 1, p. 30).

[9] Para sermos rigorosos, deveríamos agregar que é o valor apropriável, na forma de uma mercadoria produzida em condições médias.

igual a apropriação). Por isso, devem, necessariamente, possuir a mesma unidade de medida.

Napoleoni, movido por sua equivocada interpretação de Marx, chega à seguinte conclusão:

> Porém, se os preços [parece referir-se aos preços de produção] derivam dos valores mediante uma operação algébrica, não existe nenhuma mediação real entre uns e outros. A operação que Marx realiza no terceiro livro d'*O capital* é estritamente ricardiana e não pode deixar de chegar ao mesmo resultado. Se por transformação se deve entender mediação, como pretendia Marx, então a transformação nem foi por ele abordada.[10]

Digamos inicialmente que, entendidas as coisas como pensa Napoleoni (valor – valor de troca – preço de produção), existe um abismo inexplicável entre valor e valor de troca; aquele só pode ser entendido como metafísico, em oposição a este último, o empírico. Criado o abismo inexplicável, só faltaria criticar Marx por sua incapacidade de entendê-lo. Por outro lado, é por isso que Napoleoni, defrontado com o fato de que não necessita da magnitude dos valores para chegar ao que considera preços de produção (assunto que discutiremos posteriormente), abandona o valor como explicação do preço e do lucro.

Vejamos outro aspecto da conclusão de Napoleoni. É verdade que entre valor e preço existem muitas mediações; isso também é verdade na relação entre valor e preço de produção. Marx dedica todo o livro I e também o livro II d'*O capital* para descobrir e explicar essas mediações. Além disso, decisivos para compreender o assunto são os capítulos primeiro e segundo do livro III, nos quais se discutem a relação entre a essência e a aparência e a mistificação paulatina da origem da mais-valia. Dizer que Marx limita-se a um exercício algébrico para, do valor, chegar ao preço de produção é, no mínimo, temerário.

Não obstante, não existe outra forma de comparar duas magnitudes quaisquer quando referidas à mesma unidade, diferente da álgebra; se conhecidas, elas se comparam através da aritmética: entre 120 e 100 a diferença é 20 e a soma, 220. Outra coisa é explicar a causa de tal diferença; para isso é necessário teoria. Não é o que falta em Marx.

Quando Napoleoni refere-se à mediação entre valor e preço de produção, parece pensar em algo místico; quando fala em mediações reais, parece referir-se a algo incompreensível à mente humana. Na verdade, as mediações entre valor e preço de produção não constituem um abismo situado entre essas duas realidades; reconstruir sua relação exige apenas passos lógicos, dados sistematicamente, que concluem com um esquema algébrico a partir do qual, das magnitudes em valor, alcançam-se as magnitudes em preços de produção.

---

[10] Napoleoni, 1980, p. 98-99.

Finalmente, façamos referência ao problema da unidade de medida do valor e do preço de produção. Como dissemos anteriormente, ambos os conceitos possuem necessariamente a mesma medida: tempo de trabalho.

É verdade que o valor (também, portanto, o preço de produção) e sua magnitude têm como expressão fenomênica, como manifestação, a forma preço, isto é, o valor relativo quando o equivalente é o dinheiro. Assim, alguns autores sustentam que este serve de unidade de medida do valor, e que o tempo de trabalho não cumpre nenhum papel. Mas enganam-se. Uma coisa é a magnitude do valor e outra, sua manifestação concreta (o preço). Entre a magnitude do valor e sua manifestação – o preço – existe uma inadequação quantitativa necessária, de maneira que os preços não correspondem diretamente às magnitudes dos valores, isto é, a proporção quantitativa (observável no mercado) entre uma determinada mercadoria e o dinheiro não corresponde à proporção inversa entre as respectivas quantidades de trabalho socialmente necessário.

Em certo sentido, o dinheiro pode ser visto como medida do valor, mas simplesmente porque é sua única manifestação direta. É a única medida que pode ser percebida pelos agentes econômicos, mas é uma medida inadequada. A verdadeira medida é o tempo de trabalho, pois a magnitude do valor está determinada pela quantidade de trabalho socialmente necessário. O próprio Marx diz isso de maneira algo diferente: "O dinheiro, como medida do valor, é a forma necessária de manifestar-se a medida imanente do valor das mercadorias, o tempo de trabalho".[11]

Sendo, então, o tempo de trabalho a medida imanente do valor, o preço de produção, que não é um valor relativo ou preço, mas um valor transformado, terá como unidade de medida de sua magnitude a hora de trabalho.

3. O PROBLEMA DA DETERMINAÇÃO SIMULTÂNEA DA TAXA DE LUCRO E DOS PREÇOS DE PRODUÇÃO (OU DE COMO O FEITIÇO VIROU CONTRA O FEITICEIRO)

Benetti apresenta a questão da determinação simultânea de maneira muito simples. A taxa de lucro, em sua opinião, é uma razão entre preços, e isso explicar-se-ia porque o lucro está constituído, na realidade, por um conjunto de bens avaliados através de preços e porque o capital total também está avaliado em preços. Por outro lado, os preços, para serem determinados, necessitam da taxa de lucro; não podem ser conhecidos antes. A conclusão é óbvia, não há outra saída: "preços e taxa de lucro determinar-se-iam simultaneamente".[12]

Assim, Benetti não tem a menor dúvida: Marx está errado, pois "é incorreto defini-la [a taxa de lucro]... como proporção entre valores".[13]

---

[11] Marx, 1980-1981, l. I, v. I, cap. 3, p. 106.
[12] Benetti, 1978, p. 186-187.
[13] Ibid., p. 186.

Quando esse autor fala de preço, evidentemente refere-se ao preço de produção, pois está tratando justamente da "correção" do esquema de transformação de Marx.

Uma primeira observação: a escolha de uma das duas "maneiras" de medir a taxa de lucro como correta, a do preço (de produção), não fica suficientemente justificada no discurso do autor.[14] Seria porque a medida em preços está mais próxima da realidade empírica, da forma observável na superfície de fenômenos? Assim, estaríamos escolhendo a observação empírica e imediata como o critério da verdade e, no caso de qualquer outra coisa diferente, não teríamos dúvida: jogaríamos na lata de lixo da metafísica.

O critério da realidade empírica como meio de validar a opção pela taxa de lucro medida em preços (de produção) não é fora de propósito no caso de um pensamento não marxista ou paramarxista. O conceito de "preço de produção" supõe a existência de uma taxa de lucro igual em todos os setores, o que implica certo grau de consciência dos agentes econômicos sobre ela; daí, para alguns, a possibilidade de defini-la como categoria mais ou menos próxima da aparência. Por outro lado, por mais que aceita a abstração valor pelo pensamento paramarxista, não deixa de ser algo incômodo percorrer seus caminhos; a primeira oportunidade de saltar a níveis mais concretos de análise não deve ser perdida, e o valor pode perfeitamente, então, ser abandonado como se fosse meramente explicação transcendente. No entanto, no caso de Benetti talvez não fosse justo atribuir-lhe tal justificativa.

Napoleoni apresenta o assunto de maneira similar:

> Se as mercadorias que constituem os elementos do capital não podem ser consideradas em termos de valor [na transformação "completa" dos valores em preços de produção], mas devem sê-lo em termos de preço, deixa de se poder calcular a taxa de lucro como relação entre o valor do sobreproduto e o valor do capital, precisamente porque estes valores fazem parte daquilo que deve ser transformado.[15]

Colocado o assunto nesses termos, não passa de algo óbvio. O que queremos é obter os preços de produção a partir dos valores, ou seja, a transformação consiste justamente em descobrir, por trás do valor de cada coisa, o seu preço de produção. Descobrindo este, descobriremos, ao mesmo tempo, a magnitude da taxa de lucro medida em preço de produção.

Mas vejamos a conclusão de Napoleoni:

> A conclusão é, portanto, a seguinte: a sucessão lógica que caracteriza o método de Marx (valor – taxa de lucro – preço) deixa de poder ser mantida, já não se podendo

---

[14] É obvio que, formalmente, podemos também avaliar os bens que constituem o lucro e o capital total em valor.
[15] Napoleoni, 1980, p. 91.

determinar a taxa de lucro antes de ter determinado os preços, uma vez que a taxa de lucro é uma relação entre grandezas determináveis com base nos preços; portanto, é impossível calcular a taxa de lucro antes dos preços, embora, por outro lado, também não seja possível fazer o contrário, isto é, calcular primeiro os preços e depois, com base neles, a taxa de lucro, desde o momento em que os preços incluem a taxa de lucro e não podem, assim, ser conhecidos sem ela.[16]

Não existe a menor dúvida de que, quando estivermos trabalhando com os preços de produção, teremos interesse em conhecer a taxa de lucro medida através dos preços de produção. Mas, a partir daí, o que faremos com a taxa de lucro medida em valor? Para o autor, parece que ela deixa de ter sentido, ela já não existe ou nunca existiu. Se Marx a calculou, teria sido um mero erro.

A posição de Napoleoni e de Benetti, nesse aspecto, é a mesma. Não existindo uma melhor explicação de suas conclusões, só poderíamos atribuí-las a uma possível ingênua concepção da unidimensionalidade das coisas. Além disso, tratar-se-ia, nesse caso, de um contrassenso, pois, se pensam o problema da transformação, admitiriam, ao menos como ponto de partida, a existência de no mínimo duas dimensões nas mercadorias: o valor e o preço de produção. Se essas duas dimensões existem nas mercadorias, por que não posso calcular a taxa de lucro em cada uma delas? Verdadeiramente, não se entenderia.

Existiria, sim, o problema se, para Marx, dada a taxa de mais-valia, variações na taxa média de lucro determinassem alterações nos "preços relativos" (entre aspas, pois, para ele, preço de produção não é preço relativo). Mas isso não acontece. O que poderíamos concluir de sua teoria é que, dada a taxa de mais-valia e a estrutura da produção, o que alteraria a estrutura de preços relativos é o critério de distribuição dos lucros entre os diferentes setores, e não as supostas variações da magnitude da taxa média de lucro.

Assim, supondo-se que os lucros repartem-se entre os capitais de acordo com a magnitude da mais-valia produzida por eles, os preços de mercado corresponderão às grandezas dos valores. Se os lucros repartirem-se em proporção à magnitude do capital total, medida em preços de produção, os preços de mercado corresponderão aos preços de produção; nesse caso, a taxa de lucro (medida em preços de produção) de cada um dos capitais seria igual à taxa de lucro média (medida na mesma dimensão).

Admitindo-se um critério diferente qualquer, compatível com a oligopolização da economia (por exemplo, a existência de três níveis diferentes de taxa de lucro, uma para cada grau de "poder de monopólio"), chegaríamos a preços de mercado que corresponderiam ao que poderíamos chamar de "preço de monopólio" (com dimensão teórica, até certo ponto, análoga ao preço de produção).

Em conclusão, Marx não necessita conhecer a magnitude da taxa de lucro para, do valor, chegar ao preço de produção. Dada a estrutura em valor, o que já

---

[16] *Ibid.*, p. 91.

implica dadas a estrutura produtiva e a taxa de mais-valia, os preços de produção resultam imediatamente do critério de distribuição dos lucros em proporção ao tamanho do capital total.

Voltemos à questão da não unidimensionalidade das mercadorias e, para simplificar, fiquemos somente na bidimensionalidade: valor e preço de produção. Existem então, para Marx, duas medidas diferentes da taxa média de lucro? Exatamente; e, mais que isso, existem medidas diferentes da própria massa de lucro total. A magnitude do lucro total, medida em preços de produção, difere da medida em valor, e é justamente isso que permite entender o aparente contrassenso de que, sendo o lucro total igual à mais-valia, suas medidas são diferentes.

É indispensável destacar neste instante que, para Marx, a mediação quantitativa e teórica entre as duas dimensões das mercadorias (valor e preço de produção) nunca esteve situada na identidade entre as taxas de lucro (em preço de produção e em valor) como alguns autores supõem,[17] mas nas duas identidades fundamentais (valor total e preço de produção total, por um lado, e, por outro, mais-valia total e lucro total). Estas são as mediações quantitativas necessárias e, na verdade, são mais exigentes que a simples identidade quantitativa entre as taxas de lucro.

Existindo, então, mais de uma medida da taxa de lucro para Marx, como entender a relação teórica entre elas se, em termos de conteúdo, expressam a mesma realidade? A resposta a essa pergunta pode ser encontrada na visão dialética da relação entre essência e aparência ou, melhor ainda, na que existe entre os diferentes níveis de abstração. Como assinala Marx no capítulo 1 do livro III, as categorias da essência vão sofrendo um processo progressivo de transfiguração até chegarem às formas aparenciais, fenomênicas, tais como as podemos observar na realidade. A grandeza de tais categorias, quando a possuem, sofre o mesmo processo de transfiguração, contribuindo assim para a dissimulação das reais relações capitalistas de produção.

Existindo mais de uma medida da taxa de lucro, uma baseada no valor e outra no preço de produção, qual delas é a correta, a verdadeira? Na verdade, ambas são verdadeiras, só que em diferentes níveis de abstração. Poderíamos ser tentados a escolher, ao contrário dos autores mencionados, a medida que se baseia no valor como sendo a correta, pois responde ao nível da essência. No entanto, a aparência é tão real quanto a essência, e não, como se poderia pensar, o ponto de vista equivocado de um observador ingênuo.

Duas observações finais são interessantes. A primeira é que a uniformidade nas taxas de lucro resultante da transformação, na verdade, não se mantém quando, depois de transformadas, medem-se a partir dos valores.[18] A segunda é que, para cada critério de distribuição dos lucros entre os capitais, encontraremos uma medida diferente para a taxa média de lucro. Isso ocorre em razão de que, para cada critério, teremos um sistema de preços relativos diferentes, alterando-se,

---

[17] Cf. Gontijo, 1989, p. 94 e 97.
[18] Veja-se o capítulo 2 deste livro.

assim, a medida da composição orgânica dos setores (e a relação entre as mesmas) e a própria medida da magnitude do lucro total.

Portanto, a taxa média de lucro medida através dos preços de produção não é, tampouco, a que se observa empiricamente através dos preços de mercado. Existirá uma medida diferente para a taxa de lucro em preços de mercado. No entanto, essa questão não coloca nenhum problema teórico; não se trata de uma dificuldade da teoria. A realidade é necessariamente assim, e àquela não cabe senão expressá-la.

A teoria de Marx tem então a vantagem de mostrar aos neorricardianos que sua taxa de lucro, derivada do modelo de determinação tecnológica dos preços relativos de equilíbrio (ou de reprodução se quiserem), não é a mesma coisa (não tem a mesma medida) que a média resultante das taxas de lucro reais que se obteriam com quaisquer preços observados no mercado que não fossem os de equilíbrio. Com isso, concluiríamos que, abandonada a ideia dialética de Marx de que as magnitudes econômicas apresentam uma metamorfose transfiguradora, quando da passagem de um nível de abstração a outro, a taxa média de lucro neorricardiana não passa de uma ideia metafísica. E o feitiço virou contra o feiticeiro.

4. Sobre a afirmação de que o valor não é necessário para determinar os preços de produção (ou de como o preço de produção pudesse acreditar tanto ser preço que negasse sua natureza de valor)

Como resultado das "correções" de Bortkiewicz ao esquema de transformação de Marx e da ampliação do número de setores de três para n, acredita-se chegar a uma conclusão definitiva: podemos determinar a magnitude dos preços de produção sem necessidade de partir da magnitude dos valores. Isso ocorreria porque, na transformação, o valor só desempenharia o papel de dimensão homogeneizadora de conjuntos heterogêneos de mercadorias. Ampliado o número de setores de três para n e o número de insumos para m, de tal forma que esses n conjuntos de bens fossem homogêneos, qualquer dimensão empírica poderia servir para determinar a grandeza desses conjuntos: seus pesos, longitudes, volumes etc., de acordo com a natureza de cada tipo de bens.[19] Chegaríamos, assim, aos preços de produção (na verdade, preços relativos de equilíbrio ou de reprodução, segundo o critério de distribuição dos lucros pela igualdade de sua taxa em todos os setores) a partir de simples determinações técnicas, isto é, proporções físicas de fatores multiplicadas pelos seus respectivos preços de produção (que são incógnitas).

Nada a objetar. Os "preços de produção" neorricardianos são obtidos sem nenhuma referência ao conceito marxista de valor.

---

[19] Cf. Benetti, 1978, p. 193-194.

Ocorreu, no entanto, a esses autores perguntarem se o que chamam de preço de produção é o mesmo que foi pensado por Marx? Trata-se, na verdade, de coisas absolutamente diferentes, com dimensões teóricas incompatíveis.

Para Marx, como vimos, o preço de produção não é mais que um valor modificado, ou melhor, a magnitude do valor apropriável por capital ou por setor de produção se certo critério de distribuição da mais-valia entre os capitais ocorrer: a uniformidade da taxa de lucro. A grandeza do valor indica a magnitude da riqueza capitalista produzida em cada setor; a grandeza do preço de produção mostra a quantidade apropriável, atendido o critério anterior. É por isso que podemos comparar a magnitude do valor com a do preço de produção: este pode ser igual, maior ou menor que aquele.

Os "preços de produção" neorricardianos nada têm a ver com isso. Trata-se de preços que permitem a uniformidade da taxa de lucro[20] e a reprodução do sistema; são, na verdade, preços relativos, e sua unidade de medida só pode ser a quantidade de um dos bens do sistema ou de um conjunto deles. Na linguagem marxista, são valores de troca nos quais o equivalente é um simples padrão de medida formal. Por isso, não tem sentido comparar esses preços relativos com a grandeza do valor; eles têm dimensões diferentes.

Coloquemo-nos um pouco na pele do preço de produção, tal como Marx o concebeu. O autor teria cometido a infelicidade de chamá-lo preço de produção. Na verdade, trata-se de um valor transformado; um valor que representa a riqueza apropriada pelo produtor de cada mercadoria, na venda, em condições de existência de taxa de lucro uniforme, isto é, em condições de equilíbrio dado o não monopólio. A infelicidade consistiria em não pensar que seus críticos, frente ao conceito de preço de produção, fixar-se-iam menos no seu real conteúdo que na palavra preço.

Assim, o desditoso valor social de reprodução (nome talvez mais adequado para o preço de produção) foi confundido com um simples e vulgar preço. Sua "divindade" abstrata foi identificada com sua trivial manifestação aparente. Pior ainda, seu profundo e misterioso conteúdo social e histórico foi transformado em mera determinação técnico-natural.

É óbvio que o problema não teria sido resolvido, nem se resolveria, com uma simples mudança de nomes, e o certo é que Marx não cometeu nenhum pecado ao chamá-lo preço de produção. Houvesse chamado valor (valor transformado, valor apropriado de equilíbrio, valor social de reprodução, ou qualquer outro), nem por isso estaria assegurada a sua não identificação com o preço. É só na teoria marxista, em que valor e preço diferem radicalmente; nas demais, a teoria do valor é imediatamente uma teoria dos preços. Só em Marx trata-se de uma teoria da riqueza capitalista e só indireta e mediatamente uma teoria dos preços. Não é fácil para aqueles que se formaram dentro da tradição acadêmica abandonar o pecado original e descobrir verdadeiramente a diferença entre valor e preço.

---

[20] Cf. *ibid.*, p. 153.

Mas voltemos à nossa questão. Entendido o preço de produção não como preço relativo, mas como valor transformado, é possível chegar a ele sem passar, necessariamente, pelo conceito de valor? Evidentemente não.

Não obstante, subsiste um problema formal. Sendo verdade que, em certas condições, podemos chegar às magnitudes dos preços de produção de Marx partindo não da grandeza do valor dos seus insumos, mas de suas quantidades físicas, para que necessitaríamos do valor?

Em primeiro lugar, devemos considerar que é condição necessária que a magnitude do preço de produção do volume total do produto seja igual à magnitude do valor total. Em outras palavras, é indispensável que, no sistema de equações da transformação, a equação que falta seja Wt = PPt (onde Wt = valor total e PPt = preço de produção total), e não a que determinaria o padrão de medida dos preços relativos. Assim, a magnitude do valor é indispensável para a determinação quantitativa do preço de produção.

Isso, no entanto, não satisfaria os discípulos do pensamento neoclássico ou do neorricardiano. Quando pensam a teoria do valor, sua preocupação é a determinação do nível dos preços. Se podem chegar diretamente à determinação desse nível, para que serve o valor de Marx ou o seu preço de produção? Nisso eles têm toda razão. Estão errados, no entanto, em atribuir a Marx a mesma intenção; a preocupação desse autor não é o nível dos preços, mas a natureza da riqueza, do lucro, a distribuição da mais-valia entre os capitais.

Concluir, então, que o conceito marxista de valor ou de preço de produção nada pode contribuir para a teoria neoclássica ou neorricardiana dos preços não é nenhuma novidade. Napoleoni não tem o menor constrangimento em concluir: "Fica assim confirmado o que havíamos dito, isto é, que, embora o resultado sraffiano seja inevitável, ele consiste na supressão ou na negação do problema [da transformação], e não na sua solução".[21]

Ou então Benetti: "Seguindo as indicações de Marx, efetuamos as correções necessárias, e o resultado foi um esquema no qual o problema da transformação fica, pura e simplesmente, eliminado: em lugar de transformar os valores em preços, o esquema obtido determina os preços independentemente dos valores".[22]

Que curioso procedimento! Parte-se de uma teoria cujo objetivo é a determinação do nível de preços, na qual o valor marxista, como natureza da riqueza capitalista, nada tem a fazer. A negação do valor é ponto de partida teórico. Depois de muita discussão, esquemas formais e argumentos, declara-se haver encontrado a demonstração de que o valor não existe. A tautologia talvez não seja tão evidente porque a discussão foi longa e tortuosa.

Finalmente, é necessário esclarecer outro equívoco. Para Marx, a validação de sua teoria do valor não está, nem nunca esteve, na transformação em preço

---

[21] Napoleoni, 1980, p. 171-172.
[22] Benetti, 1978, p. 195. Benetti fala apropriadamente de preço, e não de preço de produção; de todas maneiras o atribui a Marx.

de produção. Napoleoni, referindo-se à determinação dos preços de produção, afirma:

> Por outro lado, para que este processo se relacione com o problema de Marx, é necessária uma condição, que os dados de que se parte para determinar simultaneamente os preços e a taxa de lucro sejam ainda os valores das mercadorias, e o sejam de um modo essencial, isto é, no sentido de que só com aqueles dados seja possível a determinação dos preços e da taxa de lucros.[23]

Em outras palavras, segundo o autor, para que fosse aceitável o conceito de valor de Marx, seria indispensável que, para se chegar à determinação da magnitude do preço de produção, o único ponto de partida fosse a magnitude do valor. Isso significa que a transformação seria a prova de validação científica para o valor.

Mas isso não é correto. Não é verdade que, para Marx, a transformação seja a prova necessária de que riqueza capitalista é valor e de que este é cristalização de trabalho humano abstrato. O necessário em sua teoria é que, descoberto o conceito de valor, demonstremos ser capazes de, com ele, compreender a realidade aparente: por exemplo, a forma de distribuição da mais-valia total produzida entre os diferentes capitais.

De certa maneira, Napoleoni retoma ali um tipo de questão já assinalada por Böhm-Bawerk, quando este adverte para o fato de, além do trabalho, existirem outras dimensões comuns em duas mercadorias que se igualam no mercado: por exemplo, a utilidade de ambas. Como se Marx quisesse demonstrar a realidade do valor pelo mero argumento formal de ser o trabalho o único aspecto comum entre as mercadorias!

Além disso, as palavras de Napoleoni são suficientes para que cheguemos à conclusão de que sua preocupação, ao pensar a teoria do valor, não vai além da mera determinação quantitativa dos preços.

5. O PARADOXO DA DESIGUALDADE DOS IGUAIS (OU DE COMO É POSSÍVEL QUE UMA COISA, SENDO EXATAMENTE IGUAL À OUTRA, POR ISSO MESMO DEVA SER DIFERENTE)

Na transformação dos valores em preços de produção, em Marx, quando é também transformado o valor dos insumos, chega-se a um resultado indiscutível: a impossibilidade de se obterem simultaneamente as duas identidades fundamentais (salvo quando a composição orgânica do setor 3 for igual à média): valor total = preço de produção total e mais-valia total = lucro total.

Em relação a esse fato, Benetti sustenta que isso não tem maior significação para a teoria de Marx:

---

[23] Napoleoni, 1980, p. 91-92.

Durante muito tempo (e, em alguns casos, inclusive agora) considerou-se que a validez da teoria marxista do valor e da mais-valia estava unida à obtenção dessas duas igualdades quantitativas. Pois bem, não me parece que tenham a significação que geralmente lhes é atribuída.[24]

Ao longo de sua exposição, seu argumento tem duas partes. Na primeira, considera o esquema de transformação incompleto de Marx, no qual os insumos continuam a ser calculados em valor. Nesse caso, a ocorrência das duas identidades fundamentais de maneira simultânea é automática. No entanto, afirma que tal resultado é irrelevante, pois só é alcançado por ser ponto de partida formal do esquema. Na verdade, não seria resultado formal da transformação, mas simples postulado inicial: "Vemos, pois, que, mesmo no caso de que o esquema de Marx fosse correto, essas duas igualdades quantitativas não teriam a significação que geralmente se lhes atribui, uma vez que se postulam *a priori* e não são obtidas como resultados da transformação dos valores em preços".[25]

Na segunda parte do seu argumento, considera o esquema de transformação completo, isto é, em que também o valor dos insumos é transformado, e conclui corretamente que a obtenção das duas igualdades depende de circunstâncias especiais, não tendo as mesmas validez geral.[26] Termina afirmando:

> (...) em nenhum caso podem ser interpretadas [as igualdades] como elementos suscetíveis de confirmar ou invalidar a teoria marxista do valor.
> Podemos concluir, portanto, que toda argumentação em favor ou contrária à teoria marxista que se sustente sobre tais bases é, na realidade, inconsistente.[27]

Ao contrário, estamos convencidos de que, estritamente dentro do campo conceitual de Marx, as duas identidades são fundamentais e, se não podem ocorrer de maneira simultânea, não apenas de modo circunstancial, mas com validez geral, as bases da teoria do valor de Marx não se sustentariam. Existindo a impossibilidade formal de resultarem, ambas, da transformação completa, ou encontramos uma explicação para o problema ou não teríamos outra saída senão abandonar o conceito de valor tal como o desenvolveu Marx. Apresentemos então nossos argumentos.

É necessário remover um equívoco inicial de Benetti. As duas identidades fundamentais não são colocadas arbitrariamente como postulados formais, *a priori*, no esquema de transformação. Trata-se de determinações teóricas essenciais, ligadas à própria conceituação de preço de produção e de lucro.

---

[24] Benetti, 1978, p. 189.
[25] *Ibid.*, p. 189.
[26] Cf. *id.*, 1975, p. 189-190.
[27] *Id.*, 1978, p. 190.

Em Marx, o preço de produção não é, como vimos, um preço relativo ou um simples valor de troca. É um valor transformado, isto é, a magnitude de valor apropriável pelo produtor (na venda da mercadoria) nas condições de uniformidade da taxa de lucro. Assim, se a magnitude do valor é menor que a do preço de produção (ou vice-versa), o capital produtor daquela mercadoria, na venda, apropria-se de mais (menos) valor do que produziu. Se um capital apropria-se de mais valor é porque outro apropria-se de menos (e na mesma magnitude), de maneira que a soma das transferências de valor, no conjunto dos capitais (portanto, no produto total), é igual a zero. Nessas condições, não é que o preço de produção total seja, em magnitude, igual ao valor total; ele é idêntico ao valor.

Benetti não deveria sustentar a irrelevância da igualdade entre preço de produção total e valor total. Estaria obrigado a negar que ela pudesse existir, pois, para ele, o preço de produção é um preço relativo, um valor de troca, e sua medida é uma certa quantidade de um bem particular. Caso contrário, seria obrigado a identificar (ou melhor, confundir) valor com valor de troca.

Vejamos agora a outra identidade. Para Marx, o lucro não é mais que a própria mais-valia repartida de maneira diferente. Um capital que produziu certa magnitude de mais-valia receberá uma quantidade maior ou menor segundo, no caso do preço de produção, sua composição orgânica. Se recebe, como lucro, um valor superior à mais-valia que produziu, é porque outro capital está recebendo menos. No total, a soma das diferenças será igual a zero. Isso significa não que o lucro total seja igual à mais-valia total produzida; ele é idêntico à mais-valia em grandeza e conteúdo teórico.[28]

Por tudo isso é que afirmávamos anteriormente que as duas identidades são teoricamente essenciais. Sendo assim, o resultado formal da transformação aparentemente deveria assegurar as igualdades numéricas simultaneamente: valor total = preço de produção total e mais-valia total = lucro total. Não o faz. Tratemos de entender a questão.

O esquema de "transformação" que é compatível com a teoria do valor de Marx adiciona, ao sistema de equações, a seguinte fórmula: $Wt = PPt$, onde Wt = valor total e PPt = preço de produção total. Dessa maneira, como as duas identidades não são possíveis simultaneamente, resultará que a medida da magnitude da mais-valia e a do lucro serão desiguais (ambas em horas de trabalho).

Analisemos agora o que é, na verdade, a magnitude da mais-valia. Ela representa, em valor, o conjunto das mercadorias produzidas como excedente, isto é, o sobreproduto. Como qualquer outro conjunto de mercadorias, além de valor, o sobreproduto possui também seu preço de produção com magnitude determinada. Salvo quando a composição orgânica do setor 3 for igual à média, a magnitude do valor do sobreproduto e a de seu preço de produção não serão iguais.

---

[28] Até certo ponto, pois, conceitualmente, existe uma diferença entre lucro e mais-valia: aquele é a mais-valia quando mistifica e nega sua própria origem.

O lucro e também o lucro total, resultantes da transformação, aparecerão medidos em preços de produção. Por isso, a medida do lucro total será diferente da medida da mais-valia, apesar de que aquele não é mais que esta repartida de maneira diversa. Essa diferença expressa o fato de que a magnitude do valor e a do preço de produção do sobreproduto são diferentes; trata-se da bidimensionalidade das mercadorias. Mas também poderemos perguntar qual é a magnitude do valor do lucro total; é óbvio que a resposta é que ela é igual à mais-valia.

Uma vez que o lucro total, obtido na transformação, aparece obviamente medido em preço de produção, e pelo fato de ser igual, idêntico à mais-valia, suas medidas devem ser necessariamente diferentes. A medida da mais-valia aparece em valor, não em preço de produção.

A mais-valia apropriada pelos capitais em cada um dos setores, sob a forma de lucro médio, pode ser medida por sua magnitude de valor ou por sua magnitude de preço de produção. Essas medidas, apesar de realizarem-se na mesma unidade (a hora de trabalho), são diferentes, mas são medidas da mesma coisa. E isso é absolutamente coerente com a teoria marxista; trata-se do paradoxo da desigualdade dos iguais, agora perfeitamente compreensível.

Marx não afirma que o lucro total apropriado tenha a mesma medida que a mais-valia total produzida. O que é importante na sua teoria é que a mais-valia produzida pelo capital total seja a mesma da qual se apropriam os capitais sob a forma de lucro.

Aqueles que exigem a igualdade de medidas dos dois conceitos sob pena de considerarem destruídas as bases da teoria marxista do valor, querem, na verdade, que o comprimento e a largura de uma mesa retangular sejam iguais. Eles são diferentes (2 m e 0,8 m, por exemplo), apesar de se tratar da mesma mesa e de utilizar, em ambas as medidas, como unidade, o metro.

Para medir qualquer coisa, antes de tudo é necessário determinar dimensões, atribuir conceitos mensuráveis; no caso da mesa, comprimento, largura, altura, peso etc. Só então podemos escolher unidades de medida adequadas (metro, quilograma etc.). No caso da mercadoria: valor, preço de produção (unidade de medida: hora de trabalho) etc.

Nossa explicação sobre o paradoxo da desigualdade dos iguais, desenvolvida na verdade em trabalho anterior[29] e agora só relembrada, talvez encontre em Gontijo seu mais próximo aliado:

> Para se responder a essa objeção (ausência de identidade entre mais-valia e lucro total), basta recordar que, embora quantitativamente a mais-valia total e o lucro total difiram, ambos coincidem em termos físicos, representando o mesmo vetor de produtos 'excedentes' (...) De fato, a pergunta que deve ser feita no nível da essência é sobre quanto custa esse excedente físico para os trabalhadores. Evidentemente, o único custo para os operários é o dispêndio em trabalho, e este está medido através

---

[29] Ver capítulo 2 deste livro.

da mais-valia. Já a pergunta que se faz no nível fenomênico é outra e admite outra resposta, pois neste nível o custo do excedente coincide com o dispêndio dos capitalistas em termos de insumo e de força de trabalho. Desse modo, não há coincidência quantitativa entre mais-valia e lucro porque ambos estão medidos e significam coisas diferentes (porque retratam a mesma coisa em esferas diferentes).[30]

Acredito que nossas posições sobre a problemática referida são muito próximas. Talvez a forma de pensar o assunto, destacando a bidimensionalidade da mercadoria e esclarecendo com precisão a natureza do preço de produção e sua relação teórica com o valor, na forma como procuramos mostrar aqui, seja mais radical e definitiva. O debate com os críticos de origem ricardiana ou neoclássica talvez só continue em razão da dificuldade e complexidade do problema, da incapacidade que tem o pensamento formal para alcançar a profundidade da dialética[31] e de nossa limitação para expressar adequadamente os termos da explicação.

6. Palavras finais (ou de como a insegurança sobre o resultado final do jogo pretende aparecer como neutralidade teórica)

Sem dúvida alguma, toda a crítica à teoria do valor de Marx, todas as tentativas de mostrar suas supostas incoerências ou equívocos têm um alvo particular e especial: o conceito de mais-valia, isto é, a natureza do lucro, o conceito de exploração. A teoria da mais-valia de Marx implica o fato de que o antagonismo das classes é o conteúdo da própria lógica do regime capitalista de produção e que a superação de suas contradições só pode ser alcançada com a sua destruição, com a radical transformação da maneira em que a sociedade está organizada. Nenhuma alteração dentro do funcionamento do capitalismo pode mudar seu caráter antagônico. É, na verdade, uma conclusão difícil de satisfazer certos grupos sociais. Assim, a discussão sobre teoria do valor, além de teórica, é política.

Napoleoni, sentindo-se incapaz de apresentar uma concepção alternativa para a natureza do excedente capitalista, pergunta-se:

(...) a ignorância em que permanecemos relativamente à origem e, portanto, à natureza de um fato como o sobreproduto, que, por outro lado, é o pressuposto fundamental do problema que se pretende resolver, o da formação dos preços, não aconselha talvez a tomar para com este problema uma atitude mais 'neutra' ou 'menos comprometedora', que é justamente a de Sraffa, em comparação com a de quem

---

[30] Gontijo, 1989, p. 95.
[31] O próprio Marx já dizia que a complexidade da mistificação, do "alheamento" entre a essência e a aparência, especificamente no que se refere à mais-valia e ao lucro, limita a capacidade de compreensão não somente do empresário, mas até do próprio economista (cf. Marx, 1894, cap. 1 e 2). Aliás, eles não sofrem com isso; ao contrário, só assim podem desfrutar uma consciência tranquila.

anda à procura de 'caminhos optimais' dentro de um território que não se sabe bem o que é? É possível que a resposta deva ser positiva (...).[32]

Não terá o sr. Napoleoni a mesma atitude em relação ao capitalismo? Ele se perguntará: nossa ignorância sobre as relações sociais, sobre a sociedade capitalista, não aconselha talvez a tomar uma atitude mais neutra ou menos comprometedora, que é justamente a dos que imploram pela humanização do capitalismo? É possível, diria ele, que a resposta deva ser positiva e, então, lutaremos não contra o capitalismo nem contra o capitalismo selvagem, mas contra o selvagem no capitalismo.

O sr. Napoleoni confunde dois conceitos: o de neutralidade e o de equidistância das classes antagônicas. A confusão tem pelo menos a vantagem de, no final do jogo, permitir o aplauso público daquela que for a vencedora. Mas ela poderá não aceitar muito bem tal atitude.

---

[32] Napoleoni, 1980, p. 177.

CAPÍTULO 4
A LEI DA TENDÊNCIA DECRESCENTE DA TAXA DE LUCRO[1]

1. Introdução

Uma das consequências inevitáveis da teoria dialética do valor, mas desde que ela seja interpretada adequadamente, é a chamada lei da tendência decrescente da taxa de lucro.

Na época de Marx, muitos autores no campo econômico consideravam como indiscutível que a expansão capitalista levava necessariamente a que houvesse uma redução progressiva da taxa geral de lucro do capital. Esse é o caso tanto de Adam Smith, por exemplo, quanto de David Ricardo. Enquanto o primeiro explicava a temática de uma maneira algo ingênua, atribuindo-a ao crescimento da concorrência entre os inúmeros capitais que surgiam com a expansão capitalista, David Ricardo tinha uma explicação mais sofisticada. Justificava a queda na taxa de lucro em razão do que considerava como inevitável crescimento da renda da terra, atribuindo, portanto, as dificuldades do sistema aos proprietários fundiários. Sua teoria favorecia diretamente sua posição política de defesa da burguesia e enfrentamento com os senhores da terra.

Marx não aceitou os argumentos de nenhum dos autores do seu tempo e, ciente da inevitável tendência a que a rentabilidade geral do capital se reduzisse, isto é, que a taxa geral de lucro tendesse a cair, encontrou sua explicação de maneira absolutamente coerente com sua teoria dialética do valor. Ou, melhor ainda, deduziu a lei da tendência diretamente da sua teoria do valor e, assim, mostrou que o sistema capitalista é, por sua própria natureza, autocontraditório.

Desde já, é indispensável afirmar que Marx jamais acreditou que, necessariamente, em todo e qualquer momento ou período da história do capitalismo, essa tendência se manifestaria empiricamente como real redução da taxa geral de lucro. Ela, durante certo tempo, poderia perfeitamente crescer sem que isso representasse uma violação da lei. Os períodos de eventuais crescimentos dessa taxa geral se explicariam pela existência de fatores contratendentes que, por uma ou outra razão, seriam, no período, mais que suficientes para anular a manifestação da lei e para eventualmente observar-se até a elevação da mencionada taxa.

---

[1] Este texto foi escrito especialmente para este livro. No entanto uma versão preliminar e algo menos desenvolvida aparece em Carcanholo, 2011b.

Já no primeiro parágrafo do capítulo correspondente (cap. 14 do livro III d'*O capital*), ele afirma:

> Quando observamos o enorme desenvolvimento da produtividade do trabalho social (...) quando sobretudo consideramos a massa gigantesca de capital fixo que, além das máquinas propriamente ditas, entra em todo o processo social de produção, vemos que a dificuldade com que se têm entretido até agora os economistas, a de explicar a queda da taxa de lucro, se transmuta na dificuldade inversa, a de explicar por que essa queda não é maior ou mais rápida. Devem estar em jogo fatores adversos que estorvam ou anulam o efeito da lei geral, conferindo-lhe apenas o caráter de tendência.[2]

Nos nossos dias, e desde muitas décadas, existe uma controvérsia muito grande no que se refere à existência da mencionada lei. Ela é contestada até por autores que reclamam a condição de marxistas. É o caso, por exemplo, de Sweezy e Baran, que, em seu livro *O capital monopolista*, consideram que no capitalismo contemporâneo, além dessa lei não existir, ela deve ser substituída pela convicção da existência de um crescimento do excedente econômico. É verdade que isso se deve a um grave erro desses autores, que tendem a confundir o que deveria ser uma análise a partir do valor com o que fazem: uma análise a partir da materialidade do valor de uso. No entanto, a controvérsia é muito mais ampla que simplesmente a apresentada por eles.[3]

O fato é que a impossibilidade de uma comprovação empírica da lei e, mais, o fato de que em muitos períodos pode ser observado um crescimento da taxa de lucro de um conjunto de empresas (especialmente das maiores) em certos países ou em um grupo deles deixa muitos autores marxistas com dificuldades para aceitar a perspectiva de Marx. Chegam até a apelar para explicações que, mesmo negando que haja na realidade uma redução efetiva da taxa de lucro, procuram salvar as palavras de Marx, defendendo, por exemplo, que do ponto de vista dialético uma lei de tendência não é algo que se efetive realmente na dimensão empírica, nem mesmo em longo prazo. Em outras palavras, procuram encontrar um jeito de afirmar que a tendência existe, mas não opera na prática e nem mesmo em longo prazo. Com isso pretendem salvar a suposta responsabilidade de Marx.[4]

---

[2] Marx, 1980-1981, l. III, v. IV, cap. 14, p. 266.
[3] Uma detalhada discussão sobre as críticas à lei da tendência encontra-se em Carcanholo, 1996.
[4] Algo similar ocorre com a conclusão de Marx de que desenvolvimento capitalista leva à pobreza absoluta dos trabalhadores, conclusão esta que ele apresenta no capítulo 23 do livro I d'*O capital*. Autores eurocentristas e norte-americanos simpáticos a Marx, frente às circunstâncias da vida dos trabalhadores no período e nos espaços do *welfare state*, procuraram atenuar as palavras de Marx afirmando que ele pensava em empobrecimento relativo, e não absoluto. Hoje e nas últimas décadas, olhando o mundo capitalista como um todo e mesmo grande parte dos espaços centrais do capitalismo (sem necessidade de se considerar o quarto mundo capitalista), não é difícil perceber que Marx tinha toda razão e que não é necessário atenuar suas palavras. O futuro do sistema aponta no mesmo sentido.

Em nossa opinião, a lei é real e opera em longo prazo na sociedade capitalista. Pode ser anulada e mesmo superada pelos fatores contratendentes (parte deles assinalados por Marx), em determinados períodos, sem que isso anule a existência da lei. No entanto, os fatores que possam mais que compensar a lei em determinado período têm consequências significativas para períodos sucessivos que precisam ser estudados e que, em geral, representam um agravamento das contradições padecidas pela economia capitalista. Assim, em nossa perspectiva, há períodos dentro da expansão capitalista em que a lei apresenta manifestação aguda, enquanto que em outros a manifestação não é clara e, mesmo aparentemente, o oposto do que se poderia esperar. Mas, em muito longo prazo, inevitavelmente a tendência se efetiva na realidade.[5]

A impossibilidade de uma conclusão empírica efetiva não deriva somente de dificuldades estatísticas; responde especialmente a questões teóricas. Em primeiro lugar, há uma distância teórica enorme entre a categoria taxa geral de lucro e a taxa de lucro, por exemplo, das empresas produtivas. Para entender essa distância, é indispensável conhecer, com certo grau de profundidade, o livro III d'*O capital*, o que seria exagerado exigir dos críticos de Marx e até mesmo de muitos que se consideram seus seguidores.

Uma segunda dificuldade teórica, e que é insuperável, está no fato de que, para a dialética marxista, qualquer categoria da essência, ou intermediária entre ela e a aparência,[6] e a taxa geral de lucro é uma delas, não pode ter sua magnitude medida empiricamente. Ela não se mede, ela se expressa, se manifesta. E a manifestação normalmente não é totalmente adequada para expressar a verdadeira magnitude da categoria essencial.[7]

Além disso, as tentativas de cálculos empíricos da taxa de lucro limitam-se a dados de um ou outro país ou grupo limitado de países, quando se trataria de calcular essa taxa geral para o mundo capitalista como um todo. Pior ainda é que muitos esforços reduzem-se ao estudo exclusivamente de grandes empresas ou pouco mais do que isso, além de limitarem-se a períodos mais ou menos reduzidos quando podem estar operando fortes fatores contratendentes.

Por tudo isso, os esforços empíricos revelam-se inconclusivos, quando não superficiais e até ingênuos.

---

[5] Referindo-se a um dos fatores adverso à lei, Marx afirma: "Esse fator, embora não derrogue a lei geral, faz que ela opere mais como tendência, isso é, como lei cuja efetivação absoluta é detida, retardada, enfraquecida pela ação de circunstâncias opostas". Marx, *op. cit.*, p. 269. Nessa passagem, contra tudo e contra todos, o autor mostra o que, nessa oportunidade, está entendendo por lei tendencial.

[6] O preço de produção, por exemplo, é uma categoria intermediária.

[7] É o que acontece, por exemplo, com as categorias de valor e preço de mercado, aspecto tratado parcialmente por Marx ainda no capítulo sobre a mercadoria no livro I d'*O capital*.

2. Que explicação teórica Marx dá para a existência da lei?

A apresentação de Marx sobre o tema é, aparentemente e até certo ponto, de fácil compreensão e de conhecimento mais ou menos geral.[8] Parte das suposições de que a taxa de exploração ou de mais-valia é constante e que a composição orgânica é crescente ao longo do processo de acumulação e expansão capitalistas e conclui facilmente que existe uma tendência a que a taxa *geral* de lucro do sistema baixe progressivamente.

Isso é facilmente compreensível se levarmos em consideração que a massa de mais-valia depende do número de trabalhadores, dada a taxa de exploração, e que a taxa de lucro deve ser calculada em relação ao capital total. Uma composição orgânica crescente, que expresse elevação da proporção entre o volume dos meios de produção e a quantidade de trabalho vivo, só pode ter como consequência a redução da taxa de lucro.

A taxa geral de lucro pode ser expressa da seguinte maneira, em um nível muito elevado de abstração:

$$l' = m / c + v,$$

onde l' é a taxa geral de lucro; m, a massa de mais-valia produzida; c, o capital constante; v, o capital variável.

Se dividirmos o numerador e o denominador por v teremos:

$$l' = (m/v) / [(c/v) + (v/v)]$$

e, portanto,

$$l' = m' / (o' + 1)$$

onde m' é a taxa de mais-valia ou de exploração e o', a composição orgânica do capital.

Assim, supondo taxa de mais-valia constante e composição orgânica crescente, a taxa de lucro tende a diminuir.

---

[8] Uma dificuldade muito frequente consiste em pensar o tema em termos de valor de uso, e não de valor. Mas isso é um erro tão elementar para alguém que conheça medianamente a teoria dialética do valor que nos damos o direito de não comentar esse problema com mais atenção.

É importante reiterar aqui que a tendência tem como contraparte as contratendências, e que elas podem, durante períodos mais ou menos longos, dominar aquela. Dessa maneira, a taxa geral de lucro pode perfeitamente apresentar períodos de crescimento sem que se negue a existência da tendência. Adicionalmente, não é fora de propósito, em situação concreta, encontrar momentos em que ocorra não só o crescimento sobre os níveis anteriores, mas um verdadeiro salto circunstancial da taxa de lucro, de maneira que a nova rentabilidade do capital passe de certo nível, relativamente baixo, para abruptamente alcançar outro mais elevado.

No que se refere à composição orgânica do capital, Marx apresenta a ideia de que tende a crescer continuamente. E isso se explicaria por duas razões específicas: como condição e como consequência da tendência do sistema a aumentar sistematicamente a produtividade do trabalho. Buscando a mais-valia extra ou, então, buscando superar uma eventual dificuldade no mercado de força de trabalho, os capitais tendem a utilizar tecnologias mais avançadas, o que implica normalmente a elevação da composição orgânica (obviamente, em certas circunstâncias, as novas tecnologias podem significar máquinas e equipamentos mais avançados, mas de menor valor; no entanto e ao mesmo tempo, tende o ocorrer uma redução da massa de força de trabalho, o que pode resultar, ainda nessas condições, em elevação da composição orgânica do capital). Assim, essa elevação surge como condição para o aumento da produtividade do trabalho.

Ao mesmo tempo, a maior produtividade do trabalho significa que, no mesmo tempo de trabalho, um trabalhador produz volume mais elevado de valores de uso. Isso significa que chega a processar um maior volume de meios de produção (matérias-primas e matérias auxiliares), elevando a composição orgânica.

Assim, ao considerar a lei da tendência enquanto tal, Marx supõe constante, como mencionados, a taxa de exploração dos trabalhadores e também o valor dos bens que compõem materialmente o capital constante (máquinas, equipamentos, instalações, matérias-primas e matérias auxiliares). É justamente aqui que surgem as principais objeções à existência da lei da tendência sobre a taxa de lucro.

Se a tendência à elevação da composição orgânica surge como condição e consequência do aumento da produtividade do trabalho, esse aumento, por sua vez, implica redução do valor dos bens de consumo dos trabalhadores e daquelas mercadorias que compõem materialmente o capital constante. Conclusão: a elevação da composição orgânica do capital pode não se concretizar e, além disso, o menor valor dos bens de consumo, ao reduzir o valor da força de trabalho e incrementar a taxa de exploração, pode mais que compensar a eventual elevação da composição orgânica do capital em seu efeito sobre a taxa de lucro.

Claro que Marx considera essas duas questões. Mas o faz tratando os dois aspectos como contratendências, sugerindo que seriam incapazes de ir além de compensar o que afirmam ser a tendência. Para seus críticos, dessa maneira Marx estaria utilizando-se de um subterfúgio ao eliminar as consequências inevitáveis do incremento da composição técnica do capital (menor quantidade de trabalhadores frente ao volume de meios de produção) sobre a produtividade do trabalho e pondo-as em segundo plano. Para eles, considerando-se ao mesmo tempo todas as implicações do fenômeno, o resultado seria indefinido: a taxa geral de lucro tanto poderia crescer como diminuir ao longo do processo de avanço do capitalismo. Não haveria nenhuma tendência, dizem seus críticos.

Em outras palavras, como resultado da concorrência capitalista, isto é, da busca da mais-valia extra e, também, de eventuais dificuldades no mercado de trabalho, haveria uma elevação da composição técnica do capital. Isso teria como consequência uma redução do valor dos elementos materiais do capital constante e dos bens de consumo dos trabalhadores. Assim, em primeiro lugar, nada poderia ser dito *a priori* sobre o que passaria com a composição orgânica (pode ou não se elevar, ou pode elevar-se em determinado período e reduzir-se em outro). No caso em que a massa de trabalhadores não diminuísse, a massa de mais-valia seria suficiente para elevar a taxa de lucro no caso em que não houvesse elevação da composição orgânica do capital. Mesmo no caso contrário, essa elevação poderia ser ou não mais que compensada pela elevação da taxa de mais-valia, graças à redução do valor da força de trabalho.

3. Quais são os outros fatores contratendentes assinalados por Marx?

Além dos fatores contratendentes assinalados, Marx indica no capítulo correspondente: a) a redução dos salários dos trabalhadores, b) a superpopulação relativa, c) o comércio exterior e d) o aumento do capital por ações.

Destaque-se o fato de que o autor adverte que vai relacionar não todos, mas alguns fatores: "Apresentamos a seguir os mais gerais desses fatores".[9]

Não há nenhuma dificuldade em entender por que a redução dos salários e o comércio exterior são fatores que afetam a taxa de lucro. Este último tem relevância na medida em que pode permitir a redução do preço dos elementos materiais do capital constante, reduzindo portanto o denominador do cálculo da taxa de lucro, e, também, se contribui para reduzir o preço dos meios de subsistência, tem efeito sobre os salários, tendendo a reduzi-los. Note-se, porém, que nesse aspecto não estamos falando da taxa de lucro em termos mais abstratos, não se trata dela medida em valor, mas dessa categoria em um nível mais concreto de análise e medida em dinheiro.

Isso significa que o capítulo de Marx trabalha ao mesmo tempo com diversos níveis de abstração, mesclando análise realizada a partir do valor com outra que considera os preços, manifestação fenomênica daquele.

---

[9] Marx, *op. cit.*, p. 266.

No que se refere à superpopulação relativa, Marx observa que ela permite, em determinados setores da produção, não só salários mais baixos, mas também uma composição orgânica inferior à média, contribuindo ambos os resultados para atenuar a tendência aqui estudada. Note-se que aqui a análise se faz simultaneamente em dois níveis de abstração.

Em relação ao aumento do capital por ações nas empresas, alguns leitores d'*O capital* encontram alguma dificuldade para entender a razão pela qual ele significa fator contratendente. Na verdade, a explicação é muito fácil. Basta lembrar que a remuneração recebida pelo possuidor das ações, de fato, deve ser entendida teoricamente como juros acréscimos de um prêmio pelo risco. Isso no caso do investidor não fundador e desprezada a valorização especulativa desses títulos.

Assim, como a taxa de juros é normalmente mais elevada que a taxa geral de lucro, quanto maior a parcela dos ativos de uma empresa constituída por ações, maior será a taxa de lucro resultante.

Uma dificuldade adicional se apresenta pelo fato de que em uma empresa aberta todos os acionistas recebem a mesma taxa de remuneração por suas ações. Daí resulta a questão: quem se apropria do adicional. A explicação se encontra no que é chamado lucro do fundador: o valor total de suas ações é normalmente maior do que o volume do seu verdadeiro investimento, resultando assim numa taxa de remuneração (lucro) maior que a dos demais acionistas se sua remuneração for comparada com seu verdadeiro investimento, e não com o valor das suas ações.

Destaque-se o fato de que por fundador devemos considerar não somente aqueles verdadeiros fundadores das empresas, mas todos aqueles acionistas que entrarem antes de fatos que se agreguem como novos êxitos da empresa. Assim teremos fundadores de diversos níveis numa mesma empresa.

Além de tudo, e de certa maneira, a dificuldade teórica para entender esse fator contratendente está no fato de que a taxa de lucro considerada na análise se encontra em um nível intermediário de abstração. Não se trata nem da taxa de lucro mais abstrata, analisada por Marx no início do livro III d'*O capital*, e nem tampouco da taxa de lucro mais concreta (a da empresa produtiva concreta). Ela é uma taxa de lucro calculada deduzindo-se da massa de lucro total do sistema (resultado de todo o excedente em valor produzido pelo trabalho produtivo) o total dos juros, e estes, exclusivamente os que se referem às ações.

Devemos mencionar, além dos fatores analisados por Marx no capítulo correspondente, outro de elevada importância, que é o aumento da rotação do capital. Esse fator não é analisado nesse capítulo d'*O capital* por encontrar amplo tratamento em outra parte da obra.[10]

Uma rotação mais acelerada do capital tem como consequência um aumento da taxa anual de mais-valia e, portanto, da taxa anual de lucro, categorias anali-

---

[10] A rotação do capital como fator contratendente encontra destaque em Painceira & Carcanholo, 2009; e Carcanholo, 1996 e 2011a.

sadas por Marx no livro II d'*O capital*. Ela implica que, para uma mesma massa de capital fixo e um mesmo número de trabalhadores, é capaz de produzir uma taxa de lucro mais elevada. Também a taxa anual de mais-valia é mais elevada, pois o mesmo capital variável, com o mesmo valor da força de trabalho, pode mobilizar um número maior de volume anual de trabalho. O dinheiro correspondente ao capital variável retorna mais rapidamente ao empresário, e com o mesmo dinheiro pode comprar nova força de trabalho.

4. Quais são as principais críticas que procuram mostrar a inexistência da lei?

As principais críticas a Marx sobre a tendência da taxa de lucro estão associadas aos dois fatores já mencionados, que nos parecem os principais entre os indicados por Marx, e que constituem, como dissemos, fatores contratendentes: o aumento da taxa de mais-valia e, por outro lado, a redução do valor dos elementos materiais do capital constante.[11]

Imediatamente a seguir, respondendo aos críticos de Marx, mostraremos que a crescente taxa de mais-valia, normal ao longo da expansão e desenvolvimento capitalista, embora possa ser capaz de mais do que compensar a elevação da composição orgânica do capital quando o grau de exploração ainda se encontre em níveis muito baixos, rapidamente deixa de possuir essa capacidade logo que comece a localizar-se em níveis um pouco mais elevados.[12]

Em seguida, mostraremos também, e isso pode parecer à primeira vista um contrassenso, que a redução do valor dos elementos materiais do capital constante, especificamente do capital fixo, justamente ao contrário do que se pode imaginar (e é o que normalmente se faz), tende a agravar ainda mais a tendência decrescente da taxa de lucro.

5. O aumento da taxa de exploração como fator contratendente

Sem dúvida que a elevação da taxa de mais-valia, quando do aumento da composição orgânica do capital, deve ser considerada um dos fatores mais importantes que interferem na tendência decrescente da taxa de lucro. E isso sobretudo pelo fato de que, como já indicamos, normalmente o crescimento da

---

[11] Um bom comentário sobre as críticas que se faz a Marx sobre essa lei encontra-se em Colletti, 1970, p. 49-57 (cap. chamado "Karl Marx (1)").
[12] Essa conclusão, apresentada e/ou alcançada de outras maneiras, não é novidade na literatura marxista.

composição orgânica do capital implica aumento da exploração, por intermédio da mais-valia relativa, e, portanto, incremento da massa de mais-valia produzida por trabalhador.

No entanto, a discussão necessária nesta questão é saber em que medida o aumento da exploração dos trabalhadores é efetivamente capaz de efeito substantivo sobre a tendência. Com mais precisão ainda: dentro de que espaços do nível em que pode situar-se a taxa de mais-valia aquele aumento é realmente capaz de compensar ou mais que compensar o efeito da elevação da composição orgânica do capital sobre a taxa geral de lucro? E isso é justamente o que queremos entender aqui.

Vejamos uma vez mais o que Marx chama de composição orgânica do capital (o') e de taxa de mais-valia (m'):

$$o' = c/v \quad e \quad m' = m/v$$

No entanto, para nossos propósitos, que são formais, determinar essas categorias dessa forma possui um claro inconveniente. A dificuldade consiste em que uma variação qualquer na taxa de mais-valia (m/v) tem como consequência direta, sem que outros elementos intervenham, uma variação na composição orgânica do capital. É verdade que alterações nesta última significam ou podem significar uma variação na taxa de mais-valia. No entanto, o fato de que mudanças nesta última impliquem necessária e diretamente uma alteração formal no indicador da composição orgânica do capital é um inconveniente, uma vez que tal indicador passaria a expressar de maneira menos adequada as verdadeiras modificações da composição técnica.

Expressemos o assunto de forma mais clara. Entendemos por composição técnica do capital a proporção física entre a massa de meios de produção mobilizada pelo trabalho e a massa de horas de trabalho efetivamente realizadas com esses meios de produção. Supondo que a composição técnica permanecesse constante, uma simples alteração na taxa de mais-valia faria com que se alterasse a composição orgânica. Nessas condições, as magnitudes observadas por meio do indicador da composição orgânica utilizado por Marx (c/v) não expressaria adequadamente as verdadeiras variações da composição técnica, ou melhor, expressaria pior ainda tais variações.★

★ Isso também é observado por Héctor Guillén Romo. Lecciones de economía marxista. México, Fondo de Cultura Económico, 1988, p. 282-283.

Justamente, pelas razões apresentadas no quadro, modificaremos os indicadores da composição orgânica do capital (o") e da taxa de mais-valia (m"), eliminando-se a dificuldade apontada. Utilizaremos, então, os seguintes indicadores:[13]

$$o" = c/j \quad e \quad m" = m/j$$

onde
j = tamanho da jornada de trabalho;
c = valor do capital constante utilizado em média por trabalhador;
m = massa de mais-valia produzida em média por trabalhador.

$$j = v + m$$

Essa maneira de expressar o indicador da taxa de mais-valia ou de exploração possui, além de tudo, a vantagem formal de que só pode variar dentro do intervalo zero e um, uma vez que a massa de mais-valia (m) não pode ser maior que o tamanho da jornada (supomos intensidade normal do trabalho e trabalho simples, e não complexo ou potenciado), ademais poderia teoricamente ser igual a zero. Adicionalmente, como a jornada possui uma determinação institucional, vinculada à luta de classes, podemos, para nossos efeitos, considerá-la constante e igual a oito horas, o que constitui outra vantagem formal.

Dessa maneira, também para nossos efeitos, a composição orgânica do capital é igual ao valor do capital constante utilizado por um trabalhador em cada hora de trabalho da jornada, e a taxa de mais-valia é o valor excedente produzido por ele em cada hora de trabalho.

Insistimos na questão: a grande vantagem do procedimento que seguimos está no fato de que, indicada a composição orgânica da maneira mencionada, isto é, como o", ela é capaz de expressar adequadamente as variações da composição técnica do capital, supondo-se que não ocorram variações no valor dos meios de produção.

Como é fácil entender, as modificações introduzidas nos indicadores respondem exclusivamente a conveniências de raciocínio formal e de exposição e em nada modificam a significação teórica das categorias.

A seguir, vamos mostrar concretamente que, frente a modificações na composição orgânica, o incremento da taxa de mais-valia tem efeito significativo sobre a massa de mais-valia, e, por isso, sobre a taxa de lucro, apenas dentro de certos limites. Somente quando situada no nível mais baixo ela logra ser fator contratendente significativo, mais que compensando a tendência. No entanto, na medida em que

---

[13] Essa forma de expressar o conceito de *o'* parece ter sido utilizada também por Geoff Hodgson em seu artigo "The theory of the falling rate of profit", publicado na *New Left Review*, 84, de 1974, conforme informado por Castells, 1978, p. 53. Também foi utilizado por Cogoy (citado por Guillén, 1988, p. 282) contra as opiniões de Sweezy e Joan Robinson.

cresce sua magnitude, sua importância para atenuar o efeito da composição orgânica sobre a taxa de lucro se torna cada vez mais reduzida e chega a ser rapidamente incapaz de compensar ou mais que compensar a tendência.

Marx não se exime de explicar a incapacidade da taxa de mais-valia crescente de eliminar a tendência. Tem isso muito claro e claramente o expressa:

> Dois trabalhadores que trabalham por dia 12 horas não podem fornecer a mesma massa de mv que 24 que trabalham apenas duas horas, mesmo que vivesse do ar e não tivessem absolutamente de trabalhar para si mesmos. Estamos vendo, portanto, que a compensação do número reduzido de trabalhadores com o aumento do grau de exploração do trabalho encontra certos limites intransponíveis; ela pode retardar a queda da taxa de lucro, mas não eliminá-la.[14]

E, nesse sentido, Héctor Guillén reforça o argumento: "...enquanto o crescimento dos meios de produção por homem empregado não possui teoricamente limites determinados, a massa de mais-valia produzida por um trabalhador tem um limite intransponível: a duração da jornada de trabalho".[15]

Explicitemos de maneira detalhada o que afirma Marx. Supondo a mesma massa de meios de produção, a ideia é que dois trabalhadores correspondem a uma composição técnica do capital muito mais elevada que 24,[16] supondo-se o mesmo volume de capital constante. Por maior que tenha sido o incremento da taxa de exploração (m/v) (no limite, a taxa seria infinita, e os trabalhadores viveriam "do ar"), os dois trabalhadores mencionados não poderiam produzir mais mais-valia que os 24. Qual deve ser a conclusão óbvia? O crescimento da taxa de mais-valia pode retardar o decrescimento da taxa de lucro, "mas não o anular".

Se os argumentos anteriores não fossem suficientemente claros, aceitáveis ou compreensíveis, poderíamos nos utilizar de uma simulação, e o assunto ficaria definitivamente resolvido. E é o que vamos fazer. Vejamos.

6. Simulação

Suponhamos uma taxa geral de lucro, no sistema capitalista atual, de 10% (o que parece razoável[17]) e também uma taxa de mais-valia, redefinida por nós (p"),

---

[14] Marx, op. cit., cap. 15, p. 285.
[15] Guillén, 1988, p. 289 – tradução nossa.
[16] Neste momento, estamos supondo que o valor dos bens que compõem o valor do capital constante não sofrem alteração, de maneira que uma composição técnica mais elevada tende a aparecer como uma composição orgânica também mais elevada. O efeito que mais acima indicamos caso se utilizassem os indicadores sugeridos por Marx faria com que a composição orgânica crescesse mais rapidamente ainda. A questão de o valor do capital constante chegar a alterar-se em razão de incrementos de produtividade do trabalho será considerada posteriormente neste capítulo.
[17] Estamos supondo uma rotação anual do capital igual a um e inexistência de crédito. Se eliminarmos essas suposições, a taxa efetiva seria mais elevada. Além disso, é de se considerar que estamos tratando

de 75%. Isso significaria que, em uma jornada de trabalho de 8 horas, 6 formariam a mais-valia.

Vejamos, a partir desses dois dados, qual deve ser a magnitude da composição orgânica (o").[18] Para isso, partamos da fórmula da taxa de lucro (l'):

$$l' = m / (c + v)$$

$$l' = m / (c + j - m)$$

$$l' = (m / j) / \{(c/j) + (j/j) - (m/j)\}$$

$$l' = m" / (1 + o" - m")$$

Nesse caso, a composição orgânica do capital (o") seria igual a 7,25, isto é o valor do capital constante seria 7,25 vezes a hora de trabalho.

Façamos agora variar a composição orgânica, de forma que cresça 2% ao ano. Perguntemos então qual deveria ser a taxa de mais-valia para garantir que a taxa de lucro continue sendo de 10% (nosso valor original), não permitindo que ela chegasse a diminuir em razão do incremento da composição orgânica. A resposta aparece no quadro seguinte.

Quadro: Valor da taxa de mais-valia para garantir a mesma taxa de lucro

Ano	o"	p"
1	7,25	0,75
2	7,40	0,76
3	7,54	0,78
4	7,69	0,79
5	7,85	0,80
6	8,00	0,82
7	8,16	0,83
8	8,33	0,85
9	8,49	0,86
10	8,66	0,88

---

da taxa geral de lucro, e não da rentabilidade das grandes empresas monopólicas ou oligopólicas. Por outro lado, como estamos considerando a categoria no mais alto nível de abstração, no lucro estão incluídos não somente o lucro do capital produtivo, mas também os lucros comerciais, os juros, as diferentes formas de rendas, os salários e os gastos improdutivos. Alguns desses itens, obviamente, reduzem os rendimentos da burguesia.

[18] Obviamente que não a estamos considerando como variável dependente das outras.

11	8,84	0,89		
12	9,01	0,91		
13	9,19	0,93		
14	**9,38**	**0,94**		
15	9,57	0,96	o"	p"
			9,67	0,97
16	9,76	0,98		
17	**9,95**	**1,00**		
18	**10,15**	**1,01**		

Variação de o" = 2% anual
Taxa de lucro = 10%

Assim, no quadro referido, vemos na coluna p" as magnitudes da taxa de mais-valia que garantiriam a mesma taxa de lucro para cada nível de composição orgânica. Observemos, de início, que já a partir do ano 17 a taxa de lucro não poderia nem mesmo teoricamente manter-se a mesma, pois a massa de mais-valia por trabalhador, para isso, teria que ser maior que a jornada, o que é um contrassenso.[19]

Observemos o resultado do quadro desde outro ponto de visa, por meio do gráfico a seguir. Nele se mostra a jornada de trabalho, que consideramos constante (8 horas), e a parte dela que deveria corresponder ao tempo de trabalho necessário para que se alcançassem exatamente diferentes níveis de taxa de mais-valia.

Gráfico com a jornada de trabalho e o trabalho necessário, segundo os diferentes níveis da taxa de mais-valia

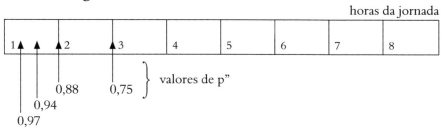

Assim, para uma taxa de mais-valia (m") de 0,88, por exemplo, só uma hora de trabalho no interior da jornada seria necessária para repor o valor da força de trabalho. Para m" igual a 0,94, o trabalho necessário teria que ser igual a meia hora.

---

[19] É certo que, com o incremento da jornada ou da intensificação do trabalho, poderíamos manter o mesmo nível da taxa de lucro, mas então estaríamos frente à mais-valia absoluta, que não é o fator sob análise.

Observemos agora, simultaneamente o quadro e o gráfico anteriores.

No período de dez anos, para que se mantivesse a mesma taxa de lucro de 10%, com o crescimento da composição orgânica, a taxa de mais-valia (m") teria que ser igual a 0,88. Para isso, o capital seria obrigado a reduzir o trabalho necessário e, portanto, o valor da força de trabalho de duas para uma hora. Isso significaria uma redução de 50%. Para que chegasse a se obter esse resultado, o esforço de aumento da produtividade do trabalho não seria nada pequeno: a produtividade deveria duplicar. Mas isso não é nada. No 14º ano, ou seja, quatro anos depois, frente ao normal incremento da composição orgânica, deveria ser alcançado um novo esforço de duplicar a produtividade do trabalho no setor de produção dos bens de consumo dos trabalhadores e dos seus insumos para que se obtivesse o mesmo resultado.

Feito esse esforço, a partir daí, em menos de dois anos um novo incremento de produtividade, duplicando-a, seria necessário. Isso é completamente fora de propósito, fora de qualquer possibilidade real. E mais; como já observamos, a partir do ano 17, estaríamos em uma situação em que a mais-valia teria que ser maior que a jornada.

Veja-se que todo esse resultado foi obtido considerando um crescimento anual (ou por qualquer período de duração) de 2%, o que não é nenhum absurdo.

Tudo isso significa simplesmente que, quanto mais se reduz o valor da força de trabalho e, como consequência, quanto mais se incrementa a taxa de mais-valia, aquela redução e esse aumento são cada vez menos eficientes para compensar a baixa da taxa de lucro que resulta do incremento da composição orgânica. Em níveis elevados da taxa de exploração, seu crescimento pouco ou nada significa para a manutenção ou elevação da massa de mais-valia produzida por cada trabalhador produtivo.

Até aqui, nossa suposição foi de uma taxa de lucro de 10%. Para valores maiores, poderíamos indicar o quadro a seguir, com uma taxa de 20%, e ver o resultado.

Quadro: Valor da taxa de mais-valia para garantir a mesma taxa de lucro

Ano	o"	p"
1	3,48	0,75
2	3,55	0,76
3	3,62	0,77
4	3,69	0,78
5	3,77	0,79
6	3,84	0,81
7	3,92	0,82

8	4,00	0,83
9	4,08	0,85
10	4,16	0,86
11	4,24	0,87
12	4,33	0,89
13	4,42	0,90
14	4,50	0,92
15	4,59	0,93
16	4,69	0,95
17	4,78	0,96
18	4,88	0,98
19	4,97	1,00
20	5,07	1,01

Variação de o" = 2% anual
Taxa de lucro = 20%

Nesse caso (taxa de lucro igual a 20%), no ano 19 a mais-valia deveria ser igual ao tamanho da jornada. Deve ser observado que, por construção da nossa simulação, o valor de o" começa muito mais baixo se comparado com o quadro anterior.

A seguir, o próximo quadro mostra a simulação com a taxa de lucro de 30%.

Quadro: Valor da taxa de mais-valia para garantir a mesma taxa de lucro

Ano	o"	p"
1	2,25	0,75
2	2,30	0,76
3	2,34	0,77
4	2,39	0,78
5	2,44	0,79
6	2,49	0,80
7	2,54	0,82
8	2,59	0,83
9	2,64	0,84
10	2,69	0,85
11	2,75	0,86

12	2,80	0,88
13	2,86	0,89
14	2,91	0,90
15	2,97	0,92
16	3,03	0,93
17	3,09	0,94
18	3,15	0,96
19	3,22	0,97
20	3,28	0,99
21	3,35	1,00
22	3,41	1,02

Variação de o" = 2% anual
Taxa de lucro = 30%

Nesse caso, no ano 21, a mais-valia deveria ser igual ao tamanho da jornada, e esse resultado ocorre partindo de um nível de o" muito inferior ao que aparece nos quadros anteriores.

Para finalizar este ponto, resumidamente: que conclusão podemos tirar de tudo isso? Embora o crescimento da taxa de mais-valia como consequência do aumento da produtividade do trabalho funcione como fator contratendente, atenuando a baixa da taxa de lucro, não tem capacidade além do que compensar a tendência exceto nos seus níveis mais reduzidos. Quanto mais cresce, menos é seu efeito contratendente. E, assim, concluímos: Marx tinha toda razão a esse respeito.

Héctor Guillén indica: "(...) a conclusão a que chegam Cogoy e Delaunay & Gadrey é que a taxa de mais-valia não compensa, em última instância, o aumento da composição orgânica, isto é, no longo prazo domina o efeito da composição orgânica".[20]

7. A REDUÇÃO DO VALOR DO CAPITAL CONSTANTE

Marx, como já vimos, se refere ao fato de que a redução do valor dos elementos materiais que constituem o capital constante é outro fator contratendente.

É verdade que, ainda que o volume dos meios de produção consumidos em média por cada trabalhador possa crescer, o valor total deles (isto é, o valor do capital constante) pode reduzir-se em razão do incremento da produtividade do trabalho no setor que produz aqueles bens (setor 1). Em outras palavras, embora a composição técnica do capital possa crescer, não é necessário que o valor do

---

[20] Guillén, 1988, p. 287 – tradução nossa.

capital constante também cresça. Sobre isso é que se sustenta uma das críticas à lei de tendência, e esse fato, aparentemente, ficaria empiricamente comprovado em certos casos e circunstâncias.[21]

Analisemos a questão um pouco mais de perto. É pouco provável que o aumento da produtividade no setor que produz os meios de produção (setor 1) não seja acompanhado por aumento (talvez não com a mesma intensidade) da produtividade no setor 2 da economia, que produz os meios de consumo dos trabalhadores, fato que reduz o valor das mercadorias produzidas por ele. Adicionalmente, o valor desses bens se vê reduzido, como é óbvio, também pelo aumento da produtividade do trabalho no setor 1, uma vez que tais bens necessitam de capital constante para serem produzidos. Assim, frente a uma modificação tecnológica que aumente a produtividade do trabalho da economia, tanto o valor do capital constante total quanto o valor do capital variável total podem reduzir-se.[22] Mais do que isso; supondo-se que o aumento da produtividade ocorra com a mesma intensidade nos dois setores, o crescimento da composição técnica se verá adequado e exatamente expressado pela variação na magnitude da composição orgânica.

Vamos supor, então, uma situação em que haja crescimento na composição técnica e, em razão do crescimento com a mesma intensidade da produtividade nos setores da economia, crescimento com a mesma intensidade na composição orgânica. O que ocorreria com a taxa de lucro nessas condições?

Já sabemos que o incremento da taxa de mais-valia pouco ou nada influi sobre a tendência da taxa de lucro, sobretudo nos seus níveis mais elevados. Por isso, vamos desconsiderá-la ou só imaginá-la, nas condições descritas, como incremento da massa de mais-valia pouco significativa.

Em uma primeira aproximação, podemos dizer que, na situação considerada, com a elevação da composição orgânica e magnitudes mais ou menos iguais da massa de mais-valia, a taxa de lucro deveria diminuir. Mas, atenção! O valor do capital total (c+v) se reduziu para a mesma massa de mais-valia ou pouco mais. Assim, a taxa de lucro sofre um incremento. Seríamos então obrigados a reconhecer que a redução do valor do capital constante, embora necessariamente não reduza o valor da composição orgânica, funcionaria sim como um importante fator contratendente. Mas isso só numa primeira aproximação.

Há um aspecto que não podemos deixar de considerar. A magnitude do valor de qualquer mercadoria, ao contrário do que normalmente, por simplicidade, se afirma, não fica determinada pela quantidade de trabalho socialmente necessário para sua produção, mas pela quantidade necessária a sua *reprodução*, isto é, necessária à produção da mesma mercadoria nas condições das forças produtivas hoje existentes, e não no momento em que ela foi produzida. Dessa maneira,

---

[21] Com todas as limitações já apontadas sobre a relação entre magnitude de categorias da essência e suas manifestações empíricas.

[22] Estamos supondo salários constantes.

qualquer mercadoria que funcione como elemento material componente de um determinado capital fixo sofre no seu valor não somente a depreciação derivada da sua utilização e do seu desgaste natural, mas também a depreciação que chamaremos *depreciação tecnológica,* que inclui duas coisas: em primeiro lugar, a diminuição do valor devido ao aumento da produtividade do trabalho no setor 1 da economia; em segundo, a depreciação pelo aparecimento de uma nova mercadoria mais eficiente que tende a substituí-la em algum momento.

Tudo isso significa que a elevação da produtividade no setor 1 não só desvaloriza as mercadorias que vão constituir o novo capital constante, especialmente o capital fixo, que passará a existir como resultado da acumulação de novos capitais; desvaloriza também todo o capital preexistente, particularmente todo o capital fixo existente na sociedade.

Assim, uma empresa qualquer sofre a todo o momento uma redução do valor total do seu patrimônio disponível na forma de capital constante em razão do incremento da produtividade da economia e dos avanços tecnológicos na produção de novos equipamentos e instrumentos. Como fica claro, isso afeta especialmente todo o capital fixo disponível. E isso ocorre não só numa empresa, mas em toda a economia.

Vamos supor que a redução do valor total do capital constante total da economia, em um determinado período, por efeito da depreciação tecnológica, seja igual a Δk. Essa depreciação deve ser contabilizada pelos capitais como custo e, assim, reduzir o lucro nessa magnitude.

Seja l'_1 a taxa geral de lucro antes de determinada modificação tecnológica com aumento da composição técnica média do capital. Seja $k = c + v$

$$l'_1 = m / (c + v) \quad \therefore \quad l'_1 = m / k \text{, sendo } l'_1 < 1$$

Seja l'_2 a taxa geral de lucro depois da modificação tecnológica:

$$l'_2 = (m - \Delta k) / (k - \Delta k), \text{ como } \Delta k > 0$$

Facilmente pode-se demonstrar que $l'_2 < l'_1$

Portanto, a conclusão é de que a redução do valor dos materiais que compõem o capital constante, ao contrário de funcionarem como fator contratendente, reforça a redução da taxa de lucro.

O que é que Marx afirma sobre o assunto? Ao se referir ao fato de que o capital possui como seu objetivo "a conservação do valor-capital existente e sua valorização até o máximo", em certo contexto em que está se referindo à problemática da crise, ele afirma: "Os métodos com que alcança esse objetivo implicam decréscimo da taxa de lucro, depreciação do capital existente e desenvolvimento das forças produtivas do trabalho às custas das forças produtivas já criadas".[23]

E prossegue:

> A depreciação periódica do capital existente, meio imanente ao modo capitalista de produção de deter a queda da taxa de lucro e de acelerar a acumulação do valor-capital pela formação de capital novo, perturba as condições dadas em que se efetua o processo de circulação e reprodução do capital, e assim é acompanhada de paradas súbitas e crises do processo de produção.[24]

Concluindo, podemos dizer que, se o incremento da taxa de mais-valia pouco ou nada altera a tendência decrescente da taxa de lucro, a redução do valor dos elementos materiais do capital constante chega a agravar a tendência.

Finalmente, uma observação curiosa: se o objetivo dos capitais é incrementar sua rentabilidade, a busca individual desse objetivo não somente conduz, contraditoriamente, à redução da taxa de lucro, como leva a depreciar o valor total do capital das empresas capitalistas, em razão da depreciação tecnológica. A lógica implícita na acumulação do capital individual se vê assim violentada. Por que maximizar o lucro? Para aumentar ao máximo a acumulação. Para que aumentar a acumulação? Para aumentar o lucro. Para que aumentar o lucro? Para aumentar a acumulação...

O círculo vicioso só chega a ser claramente entendido quando se sabe que o valor e o capital implicam relações sociais de domínio, de poder sobre trabalho alheio, de dominação sobre trabalhadores, sobre cada vez mais trabalhadores. E, apesar de tudo, apesar da redução da taxa de lucro, apesar da depreciação tecnológica do valor-patrimônio da burguesia, o objetivo de dominar mais trabalhadores segue sendo alcançado. A pergunta que fica é: até quando?

8. Palavras finais

Durante certo tempo, alguns leitores de Marx chegaram a associar a ideia de uma inevitável tendência a que a taxa geral de lucro caísse a uma concepção que acreditava no automático colapso final do sistema capitalista. E isso ficaria ainda mais reforçado com a ideia, desenvolvida aqui, de que, além da queda da taxa de lucro, haveria tendência a uma forte redução do patrimônio da burguesia graças à depreciação tecnológica do capital fixo. A verdade é que, atualmente, ninguém ou poucos tendem a pensar dessa maneira, e é generalizada a concepção de que o fim do capitalismo só pode ser o resultado da luta de classes, da ação revolucionária dos trabalhadores.

---

[23] Marx, 1980-1981, l. III, v. IV, cap. 15, p. 287.
[24] Ibid., p. 287.

Mas, se é assim, como entender o fato de que a taxa de lucro tende a cair inevitavelmente no longo prazo? Até quando o capitalismo pode suportar essa queda? Há um limite mínimo para a taxa de lucro abaixo da qual o sistema passa a ser inviável?

Héctor Guillén faz a mesma pergunta: "Isso quer dizer que, quando a taxa de lucro tenha descido suficientemente, o sistema capitalista encontrar-se-á tão debilitado que cairá de maneira automática?"[25]

Mas sua resposta é negativa: "Claro que não. Por mais débil que se encontre, nenhum sistema se destrói automaticamente".[26] Ele tende a pensar o que é mais ou menos generalizado, nos nossos dias, entre aqueles que aceitam a existência da lei de tendência. Hoje a ideia é de que, na medida em que se concretiza a tendência, agudizam-se as contradições de classe que tendem a antecipar o fim do capitalismo, mas seu destino depende da luta de classes. No entanto, segue sem resposta a pergunta recém-formulada: há um limite mínimo para a magnitude relativa do lucro?

É justamente para responder negativamente a essa pergunta e para relativizar o efeito da tendência que apresentamos as seguintes observações:

1. Quando falamos de tendência à queda da taxa de lucro, estamos nos referindo à taxa *geral* de lucro, e não à taxa das grandes empresas, dos grandes conglomerados, dos monopólios ou oligopólios.

É verdade que a taxa geral é um determinante absolutamente significativo da economia capitalista. No entanto, a sobrevivência econômica do sistema está muito mais ligada à rentabilidade das grandes empresas. Elas podem impor cada vez mais os problemas da queda da taxa geral de lucro às empresas médias e às pequenas, além disso (e principalmente), às atividades produtivas não capitalistas, que seguem sendo, em volume, importantes no mundo atual.

Para entender totalmente o alcance disso é indispensável compreender adequadamente o conceito marxista de trabalho produtivo. E, assim, podemos afirmar, sem espaço para dúvidas, que não há limite para a magnitude da transferência de valor, de excedente, para as grandes empresas do capitalismo.

2. As crises econômicas do sistema, muitas vezes resultado direto ou indireto de uma aguda manifestação da mencionada lei, têm, entre outras consequências, a de impor fortes perdas aos pequenos e médios investidores e a produzir maior concentração e centralização do capital, ao mesmo tempo em que destroem o capital menos eficiente. Assim, as crises, ao produzirem maior concentração de capital, tendem a elevar o diferencial das taxas de lucro a favor do grande capital.

3. Não nos devemos esquecer o papel fundamental, como fatores contratendentes, da tendência ao incremento da rotação média do capital e do crescimento dos lucros fictícios,[27] fatores estes não tratados por Marx na seção corresponden-

---

[25] Guillén, 1988, p. 289 – tradução nossa.
[26] *Ibid.*, p. 289 – tradução nossa.
[27] Sobre esse importante tema, ver o texto sobre a riqueza fictícia, capítulo 7 deste livro.

te à exposição da lei. Sobre os lucros fictícios, é necessário ressaltar que seu crescimento excessivo tende a levar à crise, com a consequência antes apontada.

4. Outros fatores contratendentes e que crescem de importância ao longo do desenvolvimento do capitalismo são o crédito e o crescimento do volume das ações como contrapartida do patrimônio das grandes empresas. Sobre esse crescimento, Marx faz explícita referência na seção corespondente d'*O capital*.

5. Sem dúvida alguma, para empresa de qualquer tamanho, a magnitude da taxa de lucro é uma variável extremamente importante. No entanto, na atividade do dia a dia, na concorrência, na luta pela sobrevivência, muito mais importante que essa magnitude absoluta é a magnitude relativa, isto é, a taxa de lucro da empresa frente à taxa de lucro de suas concorrentes; é a relação entre sua taxa e a de empresas de porte similar. Isso não significa subestimar a relevância da magnitude absoluta da taxa geral de lucro para o sistema como um todo, mas se trata de destacar a importância da posição relativa de cada empresa no espaço concorrencial.

6. O último ponto a ser destacado talvez seja mais difícil de explicitar. Sem dúvida que a riqueza capitalista e, em particular, o patrimônio-capital de uma empresa ou de um conglomerado está constituído pela unidade contraditória valor/valor de uso. Nela, o valor cumpre, e cada vez mais, o papel de polo dialeticamente dominante, de maneira que o valor de uso, conteúdo material dessa riqueza, embora não depreciável, constitui aspecto meramente subordinado.

Numa grande empresa, por exemplo, por mais que depreciado seu patrimônio-valor em razão da depreciação tecnológica do capital fixo referida anteriormente, suas instalações físicas, suas máquinas e equipamentos seguem existindo e, aos olhos de todos os agentes econômicos, seguem deslumbrando como conteúdo material da riqueza de propriedade daquela empresa. E isso inclusive para seus proprietários.

Mais ainda que isso, com essas instalações e demais componentes do capital fixo, a empresa segue tendo a capacidade de domínio sobre o trabalho de enorme contingente de trabalhadores.

É verdade que, para a teoria dialética do valor, o que é significativo para a riqueza é a quantidade de trabalho abstrato já possuído pelo seu proprietário. E isso é indiscutível. No entanto, o valor representa uma relação social de domínio sobre trabalho humano, trabalho já apropriado, mas não deixa de ter relevância o poder do meu patrimônio de dominar trabalho alheio ainda a ser comprado. Assim, a riqueza material da mencionada empresa, embora eventualmente depreciada tecnologicamente, segue tendo a capacidade de domínio sobre magnitude elevada de trabalho alheio, talvez, inclusive, de mais trabalho alheio que antes, em razão de eventual depreciação, também, da força de trabalho.[28]

---

[28] O próprio Marx, ainda em "Trabalho assalariado e capital", referindo-se a uma situação em que ocorre elevação da taxa de exploração, afirma: "O capitalista domina com a mesma magnitude de capital uma quantidade maior de trabalho" (2006, p. 55). Dessa maneira, revela dar importância à capacidade de

Se de fato há algo de correto em tudo isso, terminamos reconhecendo certa razão para o pobre Adam Smith, tão incompreendido por seus críticos (incluindo Marx e, sobretudo, por Ricardo). Sua ideia de magnitude de valor igual a trabalho comandado permite-nos melhor entender essa lógica do capital e do grande investidor produtivo.

Recorde-se que o empresário não tem ideia direta e precisa da magnitude do trabalho contido; encontra-se prisioneiro da sensação que lhe permite a posse de uma certa magnitude de dinheiro, dinheiro de crédito, riqueza fictícia (se a entendemos adequada e teoricamente), ademais da magnitude de dinheiro sob a que valora seu patrimônio físico, e isso, muito mais que permitir uma ideia do trabalho contido que representa, lhe permite entender perfeitamente a quantidade de "trabalho" que pode, com essas magnitudes, comprar no mercado, determinado que é, nele, a taxa de salário.

Com tudo isso, podemos dizer que o sistema possui elevada capacidade de sobreviver frente a níveis reduzidos de taxa geral de lucro, encontrando fatores atenuantes da tendência, tanto os analisados por Marx quanto alguns outros; e que, além do mais, seus agentes sofrem em certa medida a ilusão (que não é tão ilusória assim) de uma riqueza de que ainda não se apropriaram, que podem chegar a apropriar-se ao ter a capacidade de comprar trabalho alheio com o valor do patrimônio que possuem.

Para finalizar, não é sem razão recordar que a riqueza no capitalismo é muito mais que a materialidade que ela representa, uma relação social de domínio sobre seres humanos. Isso, no entanto, não quer dizer que a materialidade, em si, não tenha nenhuma relevância. Não entender isso é não entender absolutamente nada da teoria dialética do valor e, como máximo, ficar prisioneiro de uma compreensão positivista e por isso mesmo ingênua do capitalismo, especialmente do capitalismo contemporâneo, no qual a dialética fictício/real é de fundamental importância.

---

um determinado valor dominar trabalho alheio, isto é, tem presente certa importância para o *trabalho comandado*.

CAPÍTULO 5
A MAIS-VALIA EXTRA[1]

1. Introdução

Mandel, em seu *O capitalismo tardio*, publicado em 1972, deu destaque especial ao conceito de superlucros, que tem a mais-valia extra como um de seus fundamentos. Também para Marini, a mais-valia extra, ao lado da mais-valia absoluta e relativa, da transferência de valor (relacionada com a ideia de intercâmbio desigual), joga papel central na explicação da dependência latino-americana.[2]

O estudo da mais-valia extra e do mecanismo pelo qual ela se faz possível, por outro lado, também pode permitir esclarecer aspectos importantes e pouco compreendidos da teoria do valor de Marx. E isso é particularmente significativo se levarmos em conta o fato de que a explicação que nos legou esse autor, n'*O capital*, sobre aquele mecanismo, não está isenta de dificuldades. Assim, duas alternativas de explicação são possíveis: a do trabalho complexo ou a da transferência de valor.

Nosso propósito, neste texto, é explicitar o conceito de mais-valia extra, sua relação com a mais-valia relativa, os lucros extraordinários, os superlucros e discutir a aparente ambiguidade de Marx ao explicar o mecanismo que permite sua existência. Em nossa opinião, a adequada explicação teórica é a da transferência de valor. Aqui, o avanço tecnológico também será discutido como mecanismo que só na aparência é capaz de permitir maior produção de valor ou de riqueza capitalista.

2. A mais-valia extra

Facilmente entenderemos a mais-valia extra se partirmos do *valor individual* e do *valor social*. Trata-se de conceitos derivados do *valor*, que é, em relação àqueles, mais abstrato ou, o que é a mesma coisa, que apresenta menos determinações.

No conceito de valor, durante o primeiro livro d'*O capital*, com exceção do seu capítulo 10, Marx supôs, para maior simplicidade, que as diferentes empresas do mesmo ramo produtivo (produtor de mercadoria homogênea) trabalhavam todas com a mesma tecnologia, e que, por isso, todas produziam uma unidade da mercadoria com a mesma quantidade de trabalho socialmente necessário. Isso

---
[1] Este texto tem como origem Carcanholo, 2000.
[2] Cf. Marini, 1976.

significa que, se a mercadoria fosse vendida por um preço correspondente ao seu valor, todas elas se apropriariam de lucro igual e na magnitude exata da mais-valia que produziram.

No mencionado capítulo, aceita-se o fato de que existem, entre as empresas, diferentes produtividades do trabalho, determinando, portanto, *valores individuais* diferentes. Como se trata de mercadorias homogêneas, haverá um só preço de mercado, e o *valor social* correspondente será obtido por média aritmética ponderada.[3]

Para maior facilidade expositiva sobre a natureza da mais-valia extra, podemos partir de uma situação em que todas as diferentes empresas do setor trabalhem com a mesma produtividade, com o mesmo valor individual e que, em determinado momento, uma delas surge como inovadora. Consegue reduzir seu valor individual e, como consequência, proporcionalmente ao seu peso relativo, reduz-se o valor social da mercadoria. Nessas condições, para o capital inovador, surgirá uma mais-valia superior à anterior, a cada jornada de trabalho. Nos capitais não inovadores, a mais-valia agora será inferior à anterior. À mais-valia extra corresponde, então, uma redução da mais-valia nos capitais não inovadores, de maneira tal que a magnitude da mais-valia total produzida no ramo não se altera se o volume total de trabalho no setor continuar o mesmo e se as demais circunstâncias não se alterarem (valor da força de trabalho, tamanho da jornada e intensidade do trabalho).

Destaque-se que essa situação é transitória (até que se generalize a inovação), o que significa que a mais-valia extra é temporária. No entanto, o processo é recorrente: outras inovações serão introduzidas, embora, eventualmente, como fruto da ação de outro capital.[4] Assim, a qualquer momento, é provável que nos encontremos com sua existência.

Por outro lado, no capitalismo contemporâneo, é óbvio que operam muitos mecanismos que permitem que um determinado capital bloqueie o desaparecimento de sua vantagem sobre os demais. Mas, nesse caso, preferimos pensar que a mais-valia extra se converte em *renda absoluta de monopólio*.[5]

Dessa maneira, em todo momento, convivemos com a existência de mais-valia extra e, ao lado dela, pode existir, no mesmo ramo, renda absoluta de monopólio. A existência da primeira é fonte de diferenciação dos capitais dentro

---

[3] Alguns autores preferem a ideia de que o valor social se determina pela moda, o que consideramos um erro.
[4] Galvan já assinalava esse caráter recorrente da mais-valia extra. Cf. Galvan, 1989, p. 46.
[5] Trata-se de conceito similar ao de renda absoluta discutido por Marx nos capítulos sobre renda fundiária no livro III d'*O capital*. Algumas diferenças, no entanto, existem. A primeira é que a renda absoluta da terra é apropriada por não capitais e se deve ao monopólio da terra, enquanto a renda absoluta de monopólio é apropriada pelo capital inovador em razão de seu monopólio sobre uma determinada tecnologia. Outra diferença é a de que a primeira pressupõe, necessariamente, o conceito de preço de produção, pois precisa que o preço de mercado seja superior ao que lhe corresponde, mas a renda absoluta de monopólio se define de maneira totalmente independente desse conceito, ainda no nível mais abstrato do simples valor. Para mais detalhes sobre o conceito de renda absoluta, veja-se o texto sobre a renda da terra, capítulo 9 deste livro.

dos setores econômicos e é alavanca para a consolidação da segunda.[6] Por isso, a concorrência que se define pela busca de lucros extraordinários ou superlucros[7] resulta necessariamente em oligopólio; em outras palavras, este é resultado inevitável daquela.

3. Mais-valia extra e mais-valia relativa

A inovação tecnológica, por si e na medida em que só implica aumento da produtividade do trabalho, não incrementa a massa total de mais-valia e muito menos a mais-valia relativa diretamente.[8] Do ponto de vista da teoria marxista do valor, embora incremente a massa de valores de uso produzidos durante determinado tempo de trabalho, não resulta em maior riqueza capitalista produzida, pois esta tem como dimensão fundamental o valor, e não o valor de uso.[9] Para simplificar, e só para efeitos desta análise, suponhamos que todos os capitais de um ramo da produção trabalhem com uma mesma tecnologia e que, se introduzida uma inovação, isso ocorra simultaneamente em todos que produzem a mesma mercadoria. Nessas condições, o único resultado será a redução do valor unitário da mercadoria, e, deixando de lado a possibilidade de que o setor bloqueie a redução do preço de mercado (supomos aqui uma perfeita correspondência preço/valor), a mais-valia produzida e apropriada pelo ramo, em cada jornada de trabalho de cada trabalhador, continuará sendo da mesma magnitude, se não houver modificação nas demais variáveis.

A inovação só terá por resultado um aumento na taxa de mais-valia na medida em que reduza o valor da força de trabalho. Para isso, ela precisa ocorrer nos setores que produzem bens de consumo dos trabalhadores ou seus insumos, aumentando a produtividade do trabalho ali e reduzindo o valor unitário desses bens. Com a redução do valor da força de trabalho, obtém-se, no interior da jornada de trabalho, uma redução do trabalho necessário e um aumento do trabalho

---

[6] Cf. Galvan, 1989, p. 47-48.
[7] Cf. Mandel, 1979 (de preferência na tradução em espanhol), p. 76. Em português, p. 52.
[8] Marini já assinalava isso com destaque: "Ao aumentar a produtividade, o trabalhador só cria mais produtos no mesmo tempo, mas não mais valor; é justamente este fato que leva o capitalista individual a procurar o aumento da produtividade, já que isso lhe permite baixar o valor individual da sua mercadoria... obtendo assim... uma mais-valia extraordinária. Ora bem, essa mais-valia extraordinária, ao traduzir-se em lucro extraordinário, altera a repartição geral da mais-valia entre os capitalistas, mas não modifica o grau de exploração do trabalho na economia ou no ramo considerado, quer dizer, não incide na taxa de mais-valia". (1976, p. 15-16).
[9] É verdade que, para Marx, a riqueza mercantil tem dupla determinação e se define como uma unidade dialética entre o valor de uso e o valor. No entanto, na medida em que se desenvolvem as relações mercantis, e o capitalismo é a sociedade mercantil desenvolvida, essa riqueza é cada vez mais valor e cada vez menos valor de uso. Assim, no capitalismo, a riqueza tende a ser total e completamente determinada pelo valor, como vimos no volume I.

excedente e, portanto, da taxa de mais-valia. Trata-se de um aumento da mais-valia pela via da mais-valia relativa.

Assim, a inovação só aumenta o excedente-valor produzido, a mais-valia, pela via da mais-valia relativa, isto é, de maneira indireta. A mais-valia produzida aumenta para todos os capitais, e não só para aquele responsável pela inovação. Na verdade, esta não incrementa a riqueza-valor produzida; ela simplesmente modifica a distribuição entre o capital e o trabalho, reduzindo a participação deste e aumentando a daquele.

Voltemos, agora, a olhar um capital isolado que, ao contrário dos demais existentes no setor, introduza uma inovação tecnológica e reduza seu valor individual em relação ao social e, assim, se aproprie de mais-valia extra. Como resultado dessa ação, ele não se beneficia praticamente nada da mais-valia relativa; só o faria na medida em que contribuísse para a redução do valor da força de trabalho. Como seu peso relativo na produção da cesta de consumo dos trabalhadores é, necessariamente, muito reduzido, é insignificante o benefício que obteria, embora sua contribuição para a massa total de mais-valia relativa seja mais significativa. Por essa razão, a mais-valia relativa não é um objetivo que se procure conscientemente; ela não pode atuar como motivo consciente que induza os capitais à sua obtenção. Em outras palavras, quando o capital atua de modo a produzir mais-valia relativa, não o faz procurando esse resultado. É aqui que entra a mais-valia extra.

Marx assinala bem isso:

> Se um capitalista, individualmente, barateia camisas, elevando a força produtiva do trabalho, não tem ele necessariamente em mira reduzir em determinada percentagem o valor da força de trabalho e, consequentemente, o tempo de trabalho necessário, mas, na medida em que, por fim, contribui para esse resultado, concorre para elevar a taxa geral da mais-valia. As tendências gerais e necessárias do capital devem ser distinguidas de suas formas de manifestação.
> Não examinaremos agora o modo como as leis imanentes da produção capitalista se manifestam no movimento dos capitais particulares, como se impõem coercivamente na concorrência e surgem na consciência de cada capitalista sob a forma de motivos que o impelem à ação.[10]

Assim, a mais-valia extra é uma categoria referente à aparência, e a mais-valia relativa, à essência; aquela é a forma como a lei da produção da mais-valia relativa se manifesta no movimento dos capitais, como ela se impõe na atuação dos capitais individuais, como se manifesta na consciência de cada agente em particular.

Lembremos aqui algo já assinalado: a aparência não é fruto de um erro do observador. Talvez isso possa ficar muito mais claro neste instante. A mais-valia extra é uma realidade extremamente importante no capitalismo e, no entanto, é um dos elementos de sua dimensão aparencial. A realidade é a unidade de duas dimensões, essência e aparência, e nenhuma delas é mais importante que a outra.

---

[10] Marx, 1980-1981, l. I, v. I, cap. 10, p. 363-364.

A diferença entre elas está no fato de que só a aparência é diretamente observável, enquanto a essência é a única que permite entender os nexos íntimos da realidade. O observador pode errar não porque veja a aparência e nela acredite, mas por não entender que a realidade é bidimensional; seu erro estará em acreditar que a aparência é toda a realidade; nesse caso padecerá de um vício positivista. No entanto, existe o erro contrário, tão importante quanto o anterior: acreditar que só a essência é real. Nesse caso, a enfermidade chama-se fundamentalismo, e pode chegar a ser tão ou mais prejudicial que o seu contrário.[11]

Neste momento, por termos afirmado que o aumento da capacidade produtiva (ou produtividade) do trabalho, em razão do avanço tecnológico, não aumenta a riqueza capitalista produzida, são inevitáveis duas observações. A primeira é a de que, como resultado de uma inovação tecnológica, o aumento da produtividade do trabalho pode vir, e muita vez vem (talvez na grande maioria), acompanhado por um aumento da *intensidade do trabalho*.

Devemos distinguir claramente entre as duas coisas. Enquanto o aumento da intensidade significa concentrar maior quantidade de trabalho dentro de um mesmo espaço de tempo e, portanto, produzir a mercadoria em menos tempo, mas com a mesma quantidade de trabalho, o incremento da produtividade significa fazer com que a produção da mercadoria se torne mais fácil e seja resultado de menor quantidade de trabalho. A intensificação implica maior esforço por parte do trabalhador e é, desse ponto de vista, muito similar a uma extensão da jornada de trabalho. O problema está em que não é possível, diretamente, distinguir entre uma e outra.

Isso significa que o avanço tecnológico implica aumento da riqueza produzida só na medida em que resulta na intensificação do trabalho. Observe-se, no entanto, que a intensificação do trabalho, conjugada com a manutenção de jornadas de trabalho prolongadas, tem um limite objetivo na resistência física e mental dos trabalhadores e, sendo este violado, pode comprometer a sua reprodução.

A segunda observação que somos obrigados a fazer aqui é a de que, embora a maior produtividade não signifique maior riqueza capitalista produzida, ela pode permitir, para um capital individual, para uma região ou para um país, a possibilidade de uma maior apropriação de valor. Essa maior apropriação, na verdade, *aparece* como maior produção; leva à ideia de que se trata de maior riqueza produzida. É por isso que, para o pensamento ricardiano moderno, prisioneiro da unidimensionalidade do real, a tecnologia chega a ser entendida como algo que, em si e diretamente, produz riqueza ou, como um fator mágico, que permite diretamente o seu crescimento.[12]

---

[11] Às vezes, entre nós, escuta-se que a dialética é mero recurso argumentativo ou retórico, ou até que não passa de mera superficialidade (do tipo: quente e frio, mais e menos, multiplicação e divisão). Reconheço que, na nossa ciência, o positivismo mais atrasado torne difícil entender algo sobre a dialética, além das puras superficialidades. No entanto, na física, em especial no estudo das subpartículas, há muito que se suspeita que a dialética tenha mais a dizer que aquelas superficialidades.

[12] Não podemos nos estender neste momento, mas digamos só algo mais. Na verdade, aqui, duas são, pelos menos, as dificuldades do pensamento ricardiano para entender o assunto: a identidade entre

4. Mais-valia extra e o mecanismo de sua existência

Afirmamos anteriormente que a explicação que nos dá Marx sobre o mecanismo de existência da mais-valia extra não está isenta de dificuldades. Na verdade, em nossa opinião, a explicação que ele apresenta leva a equívocos. O autor sugere que a capacidade da empresa inovadora de apropriar-se de um volume maior de mais-valia, comparada com o das demais empresas do mesmo setor, deve-se ao fato de que o trabalho mais produtivo funciona como trabalho potenciado ou complexo. Assim, tenderíamos a acreditar que, em sua opinião, a maior produtividade do trabalho implica maior capacidade de produzir valor. É isso o que parece ficar sugerido pelo capítulo 10 d'*O capital*, no seu livro I: "O trabalho de produtividade excepcional opera como trabalho potenciado ou cria, no mesmo espaço de tempo, valor mais elevado que o trabalho social médio da mesma espécie".[13]

Essa passagem apresenta uma total incoerência com uma afirmação do autor, n'*O capital*, no capítulo sobre a mercadoria, ainda na seção 2, antes mesmo de discutir as formas do valor. Vejamos:

> Por outro lado, nenhuma mudança na produtividade atinge intrinsecamente o trabalho configurado no valor. Uma vez que a produtividade pertence à forma concreta, útil, de trabalho, não pode ela influir mais no trabalho quando abstraímos de sua forma concreta, útil. Qualquer que seja a mudança na produtividade, o mesmo trabalho, no mesmo espaço de tempo, fornece sempre a mesma magnitude de valor.[14]

Há, sem dúvida, entre as duas passagens, uma incongruência: enquanto uma afirma uma determinada coisa, a outra diz justamente o contrário. Qual é, afinal, a explicação adequada para o mecanismo que permite a existência da mais-valia extra?

Em nossa opinião, a explicação apresentada no capítulo 10 (trabalho mais produtivo → trabalho potenciado) não é aceitável. A afirmação correta, coerente com a adequada interpretação da teoria do valor de Marx, é a que aparece no capítulo primeiro: a maior produtividade do trabalho implica que o trabalho é capaz, no mesmo tempo, de produzir maior volume de valores de uso, mas continua produzindo a mesma massa, a mesma magnitude de valor.

Caso aceitássemos a ideia de que o trabalho mais produtivo é trabalho potenciado e que, portanto, o trabalho na empresa inovadora produz, por hora, mais valor que o trabalho social médio, o que aconteceria com o trabalho nas empresas não inovadoras? Como seu valor individual é inferior ao valor social, e como a mais-valia que surge nelas é inferior à normal, o trabalho ali seria inferior ao trabalho simples? Produziria menos valor que o trabalho desprovido de qualquer

---

produção e apropriação e a sua incapacidade de entender a riqueza capitalista como unidade dialética de dois aspectos contraditórios, o valor e o valor de uso. Não percebe as dimensões essência/aparência, nem tampouco forma social/conteúdo material. Sobre o assunto, cf. Carcanholo & Teixeira, 1992.

[13] Marx, 1980-1981, l. I, v. I, cap. 10, p. 366.
[14] *Ibid.*, cap. 1, p. 53.

qualificação? Isso significaria que a magnitude de valor por ele produzida seria inferior à sua duração, e que uma parte dele deveria ser considerada como desperdiçada. Isso não parece aceitável do ponto de vista da teoria marxista do valor.

Além disso, vamos considerar a possibilidade de existência de um ramo da produção que apresente um avanço tecnológico e, portanto, um aumento de produtividade, persistente e superior aos demais, ao longo do tempo. Esse trabalho mais produtivo deve também contar como se fosse verdadeiramente trabalho mais complexo? Tampouco é aceitável, e não é a perspectiva que Marx apresenta n'*O capital*. É verdade que tal setor produtivo poderá impor preço superior ao valor durante um tempo e até durante muito tempo. Mas isso não significa que seu valor tenha que ser considerado superior ao determinado pela duração do trabalho normal. A explicação aqui é a mesma que permite entender a diferença quantitativa entre valor e preço de produção: *transferência* de valor entre setores.

No que se refere à mais-valia extra, também nos parece adequada a ideia da transferência de valor. Só que, nesse caso, trata-se de transferência no interior do setor, entre as empresas ali existentes. O trabalho na empresa inovadora, e também nas demais, produz valor na medida de sua duração (considerando-se somente o trabalho socialmente necessário). A maior mais-valia na empresa inovadora se explica por sua maior capacidade de *apropriação*. As empresas não inovadoras transferem valor à inovadora. Enquanto esta se apropria de mais-valia superior à que produz, aquelas se apropriam de uma magnitude inferior. Produção e apropriação, agora, diferem no interior do ramo.

5. A posição de Marx sobre o assunto

Como se explica, então, a posição de Marx sobre o assunto no referido capítulo 10? Trata-se simplesmente de um erro? De um equívoco, ou de um descuido? Observemos que o autor, no capítulo mencionado, está explicando a mais-valia relativa; este é seu único propósito naquele instante.

Para ele, a mais-valia relativa é um objetivo que os diversos capitais buscam permanentemente; são impelidos a buscar. Mas não o fazem conscientemente, como vimos. São movidos, na verdade, pela mais-valia extra, que é a forma como a mais-valia relativa se manifesta na consciência dos agentes.

Destaca Marx que não é seu propósito naquele instante e, em geral, no primeiro livro d'*O capital*, deter-se no estudo das categorias aparenciais: "Não examinaremos agora o modo como as leis imanentes da produção capitalista se manifestam no movimento dos capitais particulares, como se impõem coercivamente na concorrência e surgem na consciência de cada capitalista sob a forma de motivos que o impelem à ação".[15]

---

[15] *Ibid.*, cap. 10, p. 364.

No entanto, afirma que fará uma concessão ao leitor e que exporá algumas observações a propósito da mais-valia extra, apesar de que se trata de algo da aparência: "Não obstante, para tornar compreensível a produção da mais-valia relativa, passaremos a fazer algumas considerações tomando por base os resultados a que chegamos até agora".[16]

Não só não é seu propósito expor, naquele instante, a teoria da aparência; não se trata de um problema de oportunidade expositiva. Ele realmente não pode fazer isso, não tem condições objetivas para tal naquele momento. Seu objetivo, no primeiro livro d'*O capital*, é o estudo da produção capitalista; na verdade, quer estudar a produção da mais-valia. Assim, a problemática da *apropriação* está totalmente fora de seus propósitos nesse momento, salvo aquela que opõe capital e trabalho.

Por essa razão, para ele, até aquela parte de sua obra, há uma total identificação entre *produção* e *apropriação*. A apropriação é o que se pode observar diretamente da realidade; os preços de mercado, tal como ocorrem no dia a dia, determinam a apropriação e a distribuição do fruto da exploração entre os diversos capitais e entre suas frações. Por isso, se o autor quer estudar a produção e tratá-la separadamente da apropriação, deixando o estudo desta para depois, deve, necessariamente, supor que ambas são iguais, se identificam. Na verdade, o conceito de apropriação como algo diferente da produção só poderá ser entendido posteriormente. É por isso que, durante os livros I e II d'*O capital*, Marx fará a suposição de que os preços de mercado correspondem sempre à magnitude dos valores.[17]

Pelo fato de que ainda não introduziu o conceito de apropriação, o autor reluta em explicar a mais-valia extra, ainda que necessária para melhor compreensão da mais-valia relativa. Por isso, declara que não exporá a teoria da mais-valia extra, mas que apresentará, simplesmente, *algumas* observações sobre ela, *tendo por base as conclusões que já apresentara*.

A diferença entre produção e apropriação só surgirá quando o autor chegar a discutir a transformação dos valores em preços de produção. Só depois disso é que terá condições de estudar a forma como a mais-valia será repartida entre os diferentes capitais, entre as suas diversas frações. Só então poderia discutir adequadamente o problema da mais-valia extra. É verdade que ali, na discussão sobre os preços de produção, as diferenças entre produção e apropriação ocorrem entre ramos produtivos diferentes e que, na mais-valia extra, a diferença ocorre no interior do setor. No entanto, o próprio conceito de apropriação (diferindo de produção) só pode ser introduzido na análise naquele instante.

Por isso, no livro primeiro, quando Marx quer apresentar algumas considerações sobre a mais-valia extra, além de claramente advertir que se trata de algumas observações com base nas conclusões até ali alcançadas, deve apelar para

---

[16] *Ibid.*, p. 364.
[17] Daqui surgiu a ingênua interpretação de que, para Marx, o valor é norma de intercâmbio.

o trabalho potenciado como explicação do seu mecanismo. Mas, observando-se atentamente a passagem, percebe-se que o faz com muito cuidado: não afirma, de maneira categórica, que o trabalho mais produtivo se identifica com o trabalho potenciado; não declara que aquele *é* trabalho complexo. Não se vale do verbo ser, muito mais preciso e definitivo. Declara que o trabalho mais produtivo opera como, funciona como se fosse: "O trabalho de produtividade excepcional opera como trabalho potenciado..."[18]

O lugar adequado para expor a teoria da mais-valia extra seria o capítulo 10 do livro III; não antes. Lamentavelmente trata-se de um capítulo fragmentário, pouco elaborado, insuficiente e não isento de dificuldades teóricas, como é bem sabido. O tratamento que se dá ali à mais-valia extra e ao lucro extraordinário (manifestação mais concreta daquela) não é suficiente, e o exposto no livro primeiro aparece, para muitos, como se fosse a palavra definitiva sobre o problema.

6. O TRABALHO MAIS PRODUTIVO APARECE COMO POTENCIADO

Embora aceita a tese de que a mais-valia extra se explica por transferência, e não por ser potenciado o trabalho, temos de concordar que Marx tem razão em um aspecto mais. Observemos o assunto do ponto de vista estritamente individual, portanto da aparência; do ponto de vista do capital inovador. Imaginemos o seguinte exemplo, com taxa de mais-valia de 100%, representado no diagrama seguinte:

	Produção	Apropriação
Empresa inovadora	35h / 70h /	35h / 90h /
Empresas não inovadoras	50h / 100h /	50h / 90h /

Para produzir uma unidade da mercadoria, as empresas do setor, todas, gastavam cem horas de trabalho socialmente necessário, mais o consumo de capital constante que supomos igual para todas e inalterável depois da inovação (para maior facilidade, supomos igual a zero). A empresa inovadora, agora, gasta 70 horas, das quais 35 representam valor da força de trabalho; o novo valor social, suponhamos, é de 90 horas. Sua apropriação, ao vender a mercadoria (e aqui

---

[18] No original, em alemão, o verbo que utiliza não é o verbo ser, mas usa a palavra "*wirkt*", muito menos precisa e que parece bem traduzido na edição da Difel/Civilização. Na tradução francesa, revisada pelo próprio autor, aparece: "Le travail d'une productivité exceptionnelle compte comme travail complexe, ou crée dans un temps donné plus de valeur que le travail social moyen du même genre" (p. 237).

continuamos a supor correspondência perfeita entre valor e preço de mercado), seria de 90 horas.

Estritamente do ponto de vista individual da empresa inovadora, cada hora de trabalho representa para ela mais de uma hora; 70 horas permitem a apropriação de 90. O trabalho, no interior dessa empresa, *opera como se fosse* trabalho potenciado, se comparado com o das demais empresas do setor, e como se, para cada sete horas, se produzissem nove horas de valor. O trabalho mais produtivo *aparece* como se fosse potenciado ou como trabalho complexo. Mas essa aparência se esclareceria tão logo observássemos o conjunto do ramo considerado, e a maior apropriação surgiria, então, como resultado da transferência.

Por outro lado, na empresa inovadora, se cresce o valor "produzido" por hora de trabalho, o valor da força de trabalho, ao contrário de crescer na mesma proporção em que o trabalho se converte de simples em complexo, permanece constante. Na verdade, do ponto de vista do trabalhador, ele permanece o mesmo, desde que seu salário real permaneça constante e que não se alterem os preços dos produtos do seu consumo. Para o capital individual inovador, cresce a taxa de mais-valia: bastam 35 horas de trabalho para recuperar o valor pago para a força de trabalho.

7. Mais-valia extra *versus* lucros extraordinários

Analisemos, agora, outro aspecto da questão. A mais-valia extra é, de fato, sempre e totalmente apropriada pela empresa inovadora? Em termos mais precisos: qualquer que seja o preço de mercado, mesmo inferior ao correspondente ao valor, a inovação garante a apropriação de toda a magnitude da mais-valia extra por parte dessa empresa?

Devemos dizer inicialmente que a mais-valia extra, em um nível mais concreto de análise, quando realmente apropriada por um capital, a partir dos reais preços de mercado, converte-se em lucro extraordinário. É o conceito usado por Marx no capítulo 10 do livro III d'*O capital*.[19] Assim, o conceito propriamente da aparência é este, enquanto o de mais-valia extra é, na verdade, um passo intermediário necessário a partir da essência, contendo, portanto, elementos aparenciais. Assim, podemos reformular nossa pergunta. O lucro extraordinário apropriado pelo capital inovador é sempre exatamente igual à mais-valia extra?

Uma coisa é indiscutível. Partindo de uma determinada inovação, e dadas a magnitude da mais-valia extra e as perdas que isso significa para as empresas não inovadoras, qualquer que seja o preço de mercado, o diferencial de apropriação de mais-valia entre as empresas do setor, por unidade vendida da mercadoria, sempre vai permanecer o mesmo. No exemplo do nosso diagrama anterior, a

---

[19] Nas traduções brasileiras, a expressão escolhida foi "superlucro".

empresa inovadora se apropria de 15 horas a mais que uma não inovadora, se o preço corresponder ao valor social, e essa diferença, por unidade de mercadoria, se mantém mesmo que o preço de mercado seja maior ou menor (diferencial = [90 − 35] − [90 − 50] = 50 − 35 = 15).

Por outro lado, a magnitude da mais-valia extra, por unidade produzida, é a diferença entre a mais-valia apropriada pela empresa inovadora quando o preço corresponde ao valor e a mais-valia realmente produzida por ela (mais-valia extra = [90 − 35] − [70 − 35] = 20). A magnitude apropriada por unidade não será a mesma se o preço de mercado for maior ou menor que o correspondente ao valor.

Observemos, agora, a mais-valia extra da empresa inovadora em relação não a uma unidade da mercadoria produzida, mas a uma jornada de trabalho. A mais-valia extra da jornada (m_x) será a diferença entre a mais-valia realmente obtida pela inovadora, quando o preço corresponder ao valor social, e a mais-valia efetivamente produzida por ela, ou, o que é o mesmo, produzida na jornada normal de uma empresa no setor.

Sendo:
j = tamanho da jornada, em horas de trabalho;
V_s = valor social da mercadoria antes da inovação, igual ao valor individual de todas as empresas não inovadoras;
V_s' = valor social depois da inovação;
V_i' = novo valor individual da empresa inovadora.

Então, facilmente poderíamos mostrar que:

$$m_x - j \cdot V_s' \left[(1/V_i') - (1/V_s) \right]$$

É também fácil observar que, se o preço de mercado não corresponder ao valor, mas for menor, a mais-valia extra realmente apropriada, que chamamos de lucro extraordinário (l_x), será menor que a mais-valia extra da jornada (m_x).

O lucro extra será:

$$l_x = j \cdot P_m \left[(1/V_i') - (1/V_s) \right]$$

Onde:
P_m = valor realmente apropriado na venda da unidade da mercadoria, dado o preço de mercado (P_m);

Se $P_m < V_s'$, por exemplo, então $l_x < m_x$.

Em conclusão, a mais-valia extra, por jornada de trabalho, pode não ser totalmente apropriada pela empresa inovadora. Se o preço de mercado for inferior ao correspondente ao valor social da mercadoria, o lucro extraordinário apropriado pela empresa inovadora será menor que a magnitude da mais-valia extra.

E aqui chegamos a uma dificuldade. Vimos acima que a mais-valia extra não pode ser entendida como resultado do fato de que o trabalho de produtividade excepcional seja, realmente, idêntico a trabalho potenciado ou complexo, de maneira que ela só pode ser explicada por transferência. Assim, ela não pode ser definida pela produção. Agora, acabamos de mostrar que tampouco ela pode ser definida pela apropriação, pois pode ser maior que o lucro extraordinário apropriado.

Para dar conta da existência da mais-valia extra, que, em essência, consiste em uma forma particular da mais-valia, e não podendo apelar para os conceitos de *produção* ou *apropriação*, não temos outra alternativa que apelar para um conceito diferente e que não aparece no texto de Marx: o conceito de *geração*.[20]

Assim, a mais-valia extra é *gerada* na empresa inovadora, com magnitude determinada. Pode ou não ser apropriada inteiramente sob a forma de lucro extraordinário. Caso não seja totalmente apropriada, é porque o diferencial de valor foi transferido para outro setor da economia, graças ao fato de que o preço da mercadoria foi menor que o correspondente ao valor. A mais-valia extra não foi produzida pelo trabalho de produtividade excepcional, pois ele produz valor em quantidade igual ao trabalho normal; ela é produzida pelo trabalho das empresas não inovadoras que se veem obrigadas a transferir à inovadora (ou, em parte, a outros setores), graças à existência de um único preço de mercado para a mercadoria.

A ideia de *geração* de valor não aparece em Marx e nem poderia aparecer, pois ele não trabalha no nível de abstração correspondente e, por isso, não chega a analisar o fato de que o lucro extraordinário possa ser diferente, em magnitude, da mais-valia extra. No nível de abstração em que ele trabalha, a diferença entre eles é de pura forma, não existe diferença quantitativa.

8. Superlucros e lucros extraordinários

Posição similar à nossa, no que se refere ao mecanismo de existência da mais-valia extra – e oposta à ideia de que o trabalho de maior produtividade se identifica com o trabalho complexo –, é a defendida por Mandel.[21] Ele afirma que tal ideia contraria o espírito da própria teoria do valor de Marx:

---

[20] Para mais detalhes sobre o conceito de *geração*, veja-se o capítulo 3 do volume I deste livro, p. 77 e ss.
[21] Mandel, 1985.

Quando Marx afirma que as empresas que operam com uma produtividade abaixo da média obtêm menos do que o lucro médio, e que, em última análise, isso corresponde ao fato de que desperdiçaram trabalho social, tudo o que essa formulação quer dizer é que, no mercado, as firmas que funcionam melhor se apropriam do valor ou da mais-valia realmente produzida pelos operários daquelas empresas. Não significa absolutamente que estes tenham criado menos valor ou menos mais-valia do que o indicado pelo número de horas trabalhadas. Essa é a única interpretação de *O capital*, volume III, capítulo 10, que pode ser harmonizada com o texto como um todo e com o espírito da teoria do valor de Marx; e tal interpretação manifestamente simplifica o conceito de transferência de valor.[22]

O mencionado autor explicita a ideia de transferência, mas os argumentos adicionais que ele apresenta para sustentar sua postura não são para nós totalmente satisfatórios. E isso pela simples razão de que, na verdade, ele não está diretamente se referindo à mais-valia extra, mas aos *superlucros*. Refere-se às transferências de valor entre setores, e não, propriamente, na que ocorre no interior dos setores produtivos, entre as empresas de cada ramo. Estende, pouco depois, sua conclusão também para a mais-valia extra, mas só depois de apresentar seus argumentos sobre o assunto.[23]

O argumento que apresenta é de que, para Marx, as diferenças entre preços de produção e valores também se explicam por transferência.[24] Fora isso e talvez o único argumento mais pertinente para nós, e apresentado pelo autor um pouco mais adiante, seja aquele que afirma que a ideia de ser complexo o trabalho mais produtivo tem como consequência deslocar a criação do valor da esfera da produção para a da circulação.[25] Não só é um argumento mais pertinente para o que nos interessa como concordamos inteiramente com ele.

Dissemos que Mandel, ao discutir o problema da oposição trabalho complexo/transferência, estava se referindo aos superlucros. Que relação existe entre eles e a mais-valia extra? Obviamente que se trata de uma categoria mais concreta que esta e que tem como origem, como ele mesmo afirma, não só a mais-valia extra.[26] Outros elementos que permitiriam a apropriação, por certas empresas, de superlucros seriam: as rendas de monopólio; a possibilidade, em certos países ou regiões, de se pagar menos que o valor da força de trabalho; o acesso a matérias-primas mais baratas que o valor médio; a obtenção de um tempo de rotação inferior ao dos concorrentes; e, também, a capacidade que certas empresas ou setores têm de apropriar-se de transferências devido à maior produtividade, comparada com a de outros ramos.[27]

---

[22] *Ibid.*, p. 68-69.
[23] "Deveríamos acrescentar que Marx registra de maneira explícita o fenômeno da transferência de valor, não apenas entre ramos industriais... mas também no interior do mesmo ramo industrial" (*ibid.*, p. 69).
[24] Cf. *ibid.*, p. 65.
[25] Cf. *ibid.*, p. 67.
[26] Cf. *ibid.*, p. 52.
[27] Cf. *ibid.*, p. 52 e ss. Uma dificuldade que se apresenta é a questão da diferente produtividade entre setores e a composição orgânica como indicador dela. Deixamos para outra oportunidade essa discussão.

Assim, superlucro não seria o mesmo que lucro extraordinário. Enquanto que podemos reservar este último termo para a mais-valia extra, na medida em que é apropriada,[28] o superlucro inclui muito mais que isso: além do lucro extraordinário, todos os elementos acima indicados.

De todas as maneiras, fica claro que, seja entre setores ou no interior de cada um, Mandel sustenta a transferência de valor, e não a maior complexidade do trabalho, como explicação para a maior apropriação de lucro por parte de empresas mais produtivas. Por essa razão, ele se torna alvo da crítica de que seria adepto de uma visão excessivamente técnica e reificada da determinação da magnitude do valor e se defende dela:

> (...) sustentam que eu sou adepto de uma determinação 'reificada' do tempo de trabalho socialmente necessário, considerando-o determinado por um modo puramente técnico, isto é, independente das necessidades sociais ou do valor de uso. Isso não é verdade. Já em meu *Traité d'economie marxiste* (Paris, 1962), eu incluía exatamente esse aspecto das necessidades sociais (relação da demanda e oferta) na determinação dos preços de produção.[29]

Então, isso significa que, para Mandel, a demanda também interfere na determinação da magnitude do valor. Para ele, na verdade, uma mercadoria que não tivesse valor de uso e chegasse a ser invendável não teria valor;[30] ou, também, aquela parcela da produção da mercadoria, superior à que pudesse ser comprada por um preço correspondente ao valor, seria inútil e também não teria valor. Isso não seria cair no mesmo erro que ele aponta, e que já mencionamos, de deslocar a criação do valor da esfera da produção para a da circulação? Não nos obrigaria, por exemplo, a identificar total e completamente o valor com o preço de produção, quando este fosse inferior ao valor e quando a demanda só fosse suficiente, em magnitude, para permitir que o preço de mercado garantisse a taxa média de lucro?

Esta não é a oportunidade para uma discussão maior sobre o assunto,[31] mas digamos no mínimo que, se nas etapas iniciais do desenvolvimento mercantil é legítimo pensar que a criação do valor dependa também da circulação, isso é cada vez menos verdade quanto mais se desenvolvem as relações mercantis. No capitalismo avançado em que vivemos, em que essas relações estão plenamente

---

[28] Observe-se que, em parte, a mais-valia extra compensa o fato de que a composição orgânica da empresa inovadora pode ser superior à das outras empresas. Assim, só uma parte da mais-valia extra será lucro extraordinário, entendendo-se este como um diferencial a partir da taxa de lucro obtida pelas empresas não inovadoras.
[29] Mandel, 1985, p. 67.
[30] Cf. *ibid.*, p. 67.
[31] Neste aspecto, nossa posição é diferente da de Rosdolsky (que é sobre quem Mandel diz se inspirar, no que se refere à determinação do valor quando a demanda total é menor que a oferta total). Cf. Rosdolsky, 1978, p. 118 e ss.

desenvolvidas, já não podemos pensar assim. Uma mercadoria produzida de forma capitalista que não encontre mercado representa valor produzido que chega a ser desperdiçado. O valor foi produzido e, posteriormente, destruído.

As duas explicações para a mais-valia extra (transferência e trabalho potenciado) implicam duas diferentes interpretações sobre a teoria do valor de Marx: aquela mais rígida e atribuída por seus críticos a Mandel, e a outra, mais flexível. A que apela ao trabalho potenciado, em nossa opinião, atribui excessivo papel à circulação na determinação da magnitude do valor.

Fica a impressão de que Mandel, apesar de afirmar que o trabalho socialmente necessário também depende da demanda, ao explicar os superlucros pela ideia da transferência, e em todo o resto do capítulo do seu livro,[32] é adepto da visão mais rígida. Para nós, esta é a posição mais coerente com o espírito e com a construção da teoria do valor de Marx. Mas este é um tema para ser aprofundado em outra oportunidade.

---

[32] Cf. também, por exemplo, a seguinte passagem: "Todos os fenômenos suscitados pela concorrência de capitais e as relações da oferta e da demanda no mercado podem unicamente efetuar uma redistribuição dessa quantidade [da massa de mais-valia], sem aumentá-la ou diminuí-la" (Mandel, 1985, p. 68).

CAPÍTULO 6

OFERTA E DEMANDA E O VALOR EM MARX[1]

1. Introdução

Há muitos anos, iniciamos um trabalho para elaborar e apresentar da maneira mais didática possível uma interpretação sobre a teoria do valor de Marx que fosse capaz de dar conta do conjunto do pensamento desse autor e que fosse coerente com os termos explícitos de sua obra.

Por que é necessária uma interpretação? Por que não se pode simplesmente deixar que Marx fale por meio de suas próprias palavras?

As palavras de Marx têm sido tergiversadas, mal interpretadas, deformadas. Isso é o resultado da contaminação por parte de enfoques exóticos, particularmente do pensamento neorricardiano, que algumas vezes quis ou quer passar por marxista. A perspectiva subjetiva e marginalista também contribuiu para lançar confusão, quando procurou, e sempre o fez de maneira autoritária, apresentar sua crítica à teoria marxista do valor.[2] Nesse caso, pensamos especialmente na crítica elaborada por Böwm-Bawerk (1974), que, apesar de ser a mais considerada até nossos dias, padece de enormes debilidades e insuficiências, embora se apresente com uma linguagem tão incisiva que a faz parecer digna de respeito. Mais recentemente, a moda pós-moderna fez surgir autores que sustentam ridículas teses de que, se em algum momento pôde-se falar em valor-trabalho, hoje não se pode mais, como se fosse possível pensar o capital como um ser que, sendo puramente imaterial, um verdadeiro fantasma, fosse capaz de viver do ar, do nada. Todas as mencionadas perspectivas teóricas, como estratégias para se autoafirmarem, não tiveram alternativa senão deformar a teoria marxista, quando realmente foram capazes de entendê-la.[3]

É justamente por isso que faz falta uma interpretação atual da teoria marxista do valor. Precisa responder às objeções que lhe têm sido feitas; embora não seja indispensável que a resposta seja direta, não é necessário que seja dirigida

---

[1] Carcanholo, 2003a.
[2] Por crítica autoritária, entendemos aquela que procura incoerências e contradições em termos na teoria criticada, depois de atribuir-lhe perguntas ou aspectos que não lhe são próprias, mas originadas da perspectiva do próprio crítico.
[3] A crítica de Steedman (1985), de orientação neorricardiana, também é digna desse comentário. Autores como Napoleoni, Coletti e tantos outros também contribuíram para a má interpretação da teoria do valor de Marx. Cf. Garenani *et al.* (1979), Hilferding *et al.* (1974) e, também, Napoleoni (1976). Hilferding foi quem contestou a crítica de Böhm-Bawerk.

especialmente a cada um de seus críticos ou a cada uma das linhas dessa crítica. Exige-se, sim, que ela respeite o espírito geral da obra do autor e que atenda adequadamente, sem violentar os termos em que ele a apresentou, além de preencher aqueles inevitáveis vazios ou aquelas aparentes dificuldades que a teoria apresenta.

Nosso esforço de interpretação tem essa pretensão, embora seu resultado, até agora, talvez não se encontre totalmente isento de dificuldades. Conforme avançamos em nossa pesquisa, fomos tentando superá-las, o que aconteceu, por exemplo, com o problema da transformação do valor em preços de produção,[4] com o da relação entre o valor e o trabalho e com o do mecanismo de existência da mais-valia extra.[5] A sobrevivência de dificuldades não desmerece a tentativa de interpretação, a menos que ultrapasse o nível de simples dificuldade e torne-se algo total e absolutamente impossível de ser superado. Em outras palavras, que uma dificuldade não esteja superada não quer dizer que seja impossível superá-la. Caso seja identificada, haveria que demonstrar, sem sombra de dúvidas, essa impossibilidade, e isso não é fácil e talvez seja até mesmo não factível.

A permanência de dificuldades, o que faz é deixar uma determinada interpretação sujeita a dúvidas, mas não a destrói, sobretudo quando as demais interpretações apresentam tantos ou mais problemas que ela. No nosso caso particular, sobrevive, até hoje, com força, a dificuldade de enquadrar o conteúdo do capítulo 10 do livro III d'*O capital* de Marx, em particular no que se refere ao papel da oferta e da demanda na determinação do valor, dentro de uma perspectiva que seja coerente com a interpretação geral que vimos defendendo. Até agora havíamos nos recusado a aceitar o enfrentamento com tal dificuldade.

Restava-nos, pelo menos, o consolo de que, até quanto sabemos, ninguém foi capaz de superar o problema, qualquer interpretação da teoria marxista do valor em que esteja inserido. Parece até que existiria, em muitos intérpretes, a ideia de que o conteúdo daquele capítulo conteria muitas inconsistências e que, assim, seria incompreensível; no entanto, não se pode acreditar que muitos defensores de Marx se atrevam a expressar isso de maneira clara. E isso é assim, mesmo que as tais imaginadas ou verdadeiras inconsistências pudessem ser atribuídas ao caráter inconcluso daquele capítulo e dos que o cercam. De maneira informal, pode-se também ouvir afirmações de que o problema não existe e que são perfeitamente compreensíveis e sem maiores dificuldades, dentro da teoria de Marx, as palavras ali escritas. No entanto, a verdade é que, até agora, não é possível aceitar essas afirmações.

Chegou o momento de encararmos o problema. Pretendemos apresentar aqui, apesar das dificuldades, uma interpretação do conteúdo do capítulo mencionado da obra maior de Marx que atenda satisfatoriamente o espírito geral de

---

[4] Em particular com a dificuldade que se impõe com a impossibilidade das duas identidades fundamentais, explicada por nós nos capítulos 2 e 3 deste livro.
[5] Dificuldades estas também superadas no capítulo 3 deste livro.

sua teoria do valor, que seja coerente com a interpretação que vimos apresentando ao longo desses anos em nossos trabalhos e que preserve o máximo possível as palavras, mas, principalmente, as ideias que transparecem quando Marx discute o papel da oferta e procura.

Sabemos *a priori* que esta tentativa de interpretação encontrará mais opositores que defensores. Problemas mais simples que já enfrentamos na teoria de Marx e soluções muito mais evidentes que apresentamos tiveram esse destino. A questão em pauta, muito mais complexa – especialmente quando se requer atender o máximo possível as palavras de Marx que, em princípio, para nós, parecem contraditórias –, fará com que nossa interpretação, qualquer que seja, enfrente muito mais dificuldades.

Além disso, parece ter se generalizado a ideia de que é muito mais elegante ser contra que a favor: doutos senhores devem discordar, e não concordar. Assim seja! Pelo menos, nossa tentativa servirá para desafiar aqueles que pretendem inexistirem problemas no capítulo 10 do livro III d'*O capital* a colocar suas ideias no papel.

Vamos, pois, à nossa interpretação.

2. Esclarecimento sobre os conceitos necessários

Nas próximas linhas, apresentaremos os esclarecimentos necessários sobre alguns conceitos que são indispensáveis nesta tentativa de interpretar o capítulo 10 do livro III d'*O capital* de Marx, mas isso não significa que iremos defini-los. Em outras oportunidades explicamos por que, na teoria de Marx, não há espaço para definições. O que faremos aqui é uma descrição rápida e necessária para que haja um mínimo entendimento entre nós nesta tentativa de interpretação.

Como se sabe, na teoria de Marx, qualquer mercadoria é/tem valor, e ele é a expressão, nela, das relações sociais de produção mercantil, sob as que a mesma foi produzida. Embora, na análise posterior, o valor converta-se em ser com vida própria (o que temos chamado substantivação do valor), para o que nos interessa aqui ele deve ser visto como uma simples propriedade ou característica social da mercadoria. Essa característica adjetiva do produto do trabalho, no interior das relações mercantis, possui (o que pode ser facilmente demonstrado) dimensão quantitativa e, por isso, pode ser mensurada. A unidade de medida, dentro da teoria marxista, é, obviamente, o tempo de trabalho, embora se expresse, exteriormente, na superfície dos fenômenos, como quantidade de dinheiro, como preço.

Apesar de que, para Marx, a riqueza capitalista seja representada pela mercadoria (unidade de valor de uso e de valor, isto é, unidade de conteúdo e forma), como esta última (a forma) progressiva e permanentemente passa a predominar sobre o conteúdo e tende a dominá-lo de maneira cada vez mais significativa, a magnitude do valor deve ser tomada como a magnitude da riqueza capitalista.

Dessa forma, a magnitude do valor de uma mercadoria, medida obviamente em trabalho abstrato, deve ser considerada a magnitude da riqueza capitalista produzida quando da produção da mercadoria.

Assim, em qualquer mercadoria, ao lado de suas diversas dimensões – como por exemplo seu peso, volume, densidade, resistência –, existe uma, em especial, de caráter social e não físico, que conhecemos como valor, e cuja magnitude mensura a riqueza social que sua existência representa. É a magnitude da riqueza produzida quando de sua produção.

Até aqui não há muitas dificuldades, pois tudo isso é mais ou menos aceito como diretamente derivado da teoria de Marx, salvo nas interpretações mais ingênuas ou mecânicas, ou, ainda, nas interpretações manchadas de ecletismo, com origem ricardiana ou neoclássica.

Na sociedade capitalista, quando a produção mercantil já se encontra suficientemente estendida, no nosso entendimento, o valor, em sua magnitude, define-se no instante de sua produção. É verdade que existem respeitáveis intérpretes com opinião diversa, que fazem o valor produzido depender inclusive do tamanho da demanda social (em relação à oferta total), de maneira que, se aquela é menor que esta, consideram que houve trabalho desperdiçado, e, por isso, não haveria, nessa exata medida, valor produzido correspondente ao excesso da oferta. Por mais respeitáveis que sejam suas interpretações, devem ser descartadas por derivarem de uma concepção estática do valor. Estática no sentido de negar seu desenvolvimento histórico, como se ele não se desenvolvesse e como se, dependente do mercado em suas etapas iniciais[6] de desenvolvimento, ele não chegasse a declarar sua independência, nesse sentido, na fase capitalista. O próprio Marx é muito claro a respeito e afirma que o valor fica determinado pela produção quando as relações mercantis encontram-se estendidas:

> Só com a troca, adquirem os produtos do trabalho, como valores, uma realidade socialmente homogênea, distinta da sua heterogeneidade de objetos úteis, perceptível aos sentidos. Esta cisão do produto do trabalho em coisa útil e em valor só atua, na prática, depois de ter a troca atingido tal expansão e importância que se produzam as coisas úteis para serem permutadas, considerando-se o valor das coisas já por ocasião de serem produzidas.[7]

Na verdade, quando a oferta é maior que a demanda, não é que o valor produzido seja menor que a quantidade de trabalho abstrato realmente gasto na produção; não é que o trabalho privado não tenha sido reconhecido como

---

[6] Marx, referindo-se ao avanço ou desenvolvimento que significa a forma total ou extensiva do valor em relação à forma simples, afirma: "Desaparece a relação eventual de dois donos individuais de mercadorias. Evidencia-se (agora e não antes, deveríamos agregar...) que não é a troca que regula a magnitude do valor da mercadoria, mas, ao contrário, é a magnitude do valor da mercadoria que regula as relações de troca" (Marx, 1980-1981, l. I, v. I, cap. 1, p. 72).

[7] *Ibid.*, p. 82.

social. O valor foi produzido, mas pode não ser apropriado por ninguém, por ter sido destruído ou por não ser aproveitado. Pode parecer pouco significativa a diferença, mas para certos propósitos ela é fundamental. Uma coisa é importante dizer aqui, embora devesse ser de conhecimento geral: para Marx, o valor não determina, pelo menos diretamente, o preço da mercadoria, ou, em outras palavras, o valor não é norma de intercâmbio. Qualquer que seja o preço de uma mercadoria no mercado, mais alto ou mais baixo, em nada altera seu valor, definido na produção.

Assim, a magnitude do valor de uma mercadoria, a quantidade de trabalho abstrato necessário para sua produção,[8] mostra ou mede a grandeza da riqueza social que ela representa. Mas há aqui uma dificuldade, e é a seguinte: a grandeza por ela representada do ponto de vista global,[9] da sociedade como um todo, pode diferir (e isso é o que normalmente ocorre) daquela que realmente ela representa para o seu possuidor, desde que ele deseje trocá-la no mercado.[10]

Assim, há aqui uma diferença entre o que é o valor para a sociedade como um todo (de um ponto de vista global) e o valor para um indivíduo qualquer. Para este, dentro de uma relação mercantil, o valor lhe aparece diferente do que de fato é; o valor para ele, ou para qualquer outro indivíduo, difere da magnitude do valor produzido. Trata-se da aparência que necessariamente surge para o indivíduo a partir do ponto de vista do ato individual e isolado. E este não é o único momento em que, para Marx, o ponto de vista global e o ponto de vista do ato individual e isolado produzem perspectivas diferentes.[11]

Isso significa que para o valor existe uma essência que difere da aparência (distinta do valor de troca)? Exatamente isso. Para o indivíduo ou para o mercado, o valor (e não falamos aqui do valor de troca) aparece como se tivesse magnitude diferente do verdadeiro valor produzido (poder original de compra). Trata-se de uma pura aparência, que é percebida desde o ponto de vista do ato individual e isolado. No entanto, lembremos que, para a dialética marxista, a aparência não é fruto de um engano do observador, mas uma das duas dimensões da realidade. A aparência é real tanto quanto a essência, embora se explique e determine-se por esta última.

Insistamos, pois é muito importante: isso significa que, para a mesma mercadoria, podemos haver duas diferentes magnitudes de valor? Exatamente.[12] E é por isso que falamos de valor produzido (ou simplesmente valor), por um lado, e, por outro, de valor apropriado. Mas o valor, na aparência, é exatamente esse

---

[8] Ou, o que é a mesma coisa, o trabalho socialmente necessário.
[9] Na Introdução ao volume I do livro *Capital: essência e aparência*, chamamos essa magnitude de *poder original* de compra da mercadoria.
[10] Nessa Introdução, chamamos essa grandeza de poder real de compra da mercadoria.
[11] Veja-se, por exemplo, o capítulo 21 do livro I d'*O capital*, a propósito da reprodução simples.
[12] Na verdade, na Introdução do volume I, falamos de três diferentes poderes de compra de uma mercadoria: o poder original, o poder real e o poder efetivo. O valor, na essência, é rigorosamente o poder original de compra. O poder efetivo varia com as flutuações circunstanciais da oferta e da demanda.

valor real que surge para o indivíduo como o verdadeiro valor da mercadoria de sua propriedade. É justamente esse valor real que, para os agentes econômicos em suas ações, se manifesta como ponto de referência a partir do qual podem os preços ser considerados altos ou baixos; as mercadorias, em comparação com esse valor, apresentam-se como caras ou baratas.

Embora o valor apropriado não seja conceito diretamente observável a partir dos fenômenos (ali o que se vê é, concretamente, o preço de mercado), aproxima-se mais da aparência se comparado com o conceito simples de valor. Situa-se entre este último e a superfície dos fenômenos.

Em resumo, a magnitude de valor de uma mercadoria de posse de um determinado indivíduo representa o esforço que a sociedade foi obrigada a realizar para a produção desse particular valor de uso. Ela se determina pela quantidade de trabalho abstrato que foi gasto na sua produção.[13] Caso esse indivíduo queira trocá-la, e se não tiver havido mudança na produtividade do trabalho no setor em particular, mede a riqueza produzida nesse instante. No entanto, a riqueza que ela representa para seu possuidor mede-se pela capacidade que a mercadoria possui de, no mercado, apropriar-se de valor sob a forma de outra mercadoria ou de dinheiro, eliminando-se as circunstanciais flutuações da oferta e da demanda.

Obviamente que, havendo uma mercadoria cujo valor apropriado seja maior que a magnitude do seu valor, existirão outras mercadorias que compensem essa diferença, de maneira que seus valores devem ser maiores que seus correspondentes valores apropriados, numa magnitude igual. O que aparece como ganho, de um lado, deve aparecer como perda de outro. O que há, na verdade, é uma transferência de valor entre os possuidores de tais mercadorias. Em consequência, no total da economia, o valor total, resultado da produção, não pode ser diferente do valor total apropriado, salvo pelos desperdícios que inevitavelmente se produzem no mercado capitalista.

Assim, o que estamos chamando de valor apropriado de uma mercadoria é, na verdade, a capacidade de apropriação de valor, no mercado, nas condições concretas do instante do intercâmbio, abstraindo-se as normais flutuações do mercado, por parte de seu possuidor, na forma de outra mercadoria ou de dinheiro. Essa capacidade de apropriação ou esse valor apropriado, passaremos a chamá-lo "valor social" ou "valor de mercado",[14] na terminologia que Marx utiliza no terceiro livro d'*O capital*. Esses termos ficam justificados porque, para o possuidor da mercadoria, é o valor que lhe *aparece* imposto pelo mercado ou pela sociedade. Veremos, posteriormente, que o conceito de valor social ou de mercado ganhará uma nova determinação e se apresentará como algo, em certo sentido e até certo ponto, diferente. No entanto, do ponto de vista da nossa exposição, convém adiar um pouco esse aspecto.

---

[13] Ou melhor, que seja gasto na sua reprodução ou, o que é o mesmo, na produção de igual objeto, nas condições dadas das forças produtivas.

[14] Que é igual ao que chamamos na Introdução do volume 1 de poder de compra real.

Destaque-se mais uma vez o fato de que, na hora exata da troca, dependendo de circunstanciais flutuações da oferta e da demanda, a apropriação efetiva por parte do proprietário de uma mercadoria poderá ser diferente desse valor de mercado,[15] mas, nesse caso, ficará claro que a mercadoria estava cara ou barata, pois o ponto de referência do mercado é o valor social.

Entendido da maneira descrita como valor apropriado, o conceito de valor social difere do apresentado por Marx no livro I d'*O capital* (no capítulo 10: "Conceito de mais-valia relativa"). Ali o autor se refere não a valor apropriado, mas a valor produzido, de maneira que o valor social identifica-se com a média aritmética ponderada dos valores individuais, independente das condições do mercado. O problema é que Marx, ali, o trata provisoriamente e com relutância.[16] E não poderia ser de outra maneira: naquele livro, Marx identifica, por razões metodológicas, apropriação com produção. É só no livro III d'*O capital* que ele poderá pensar o conceito de valor social de maneira mais concreta, identificando-o com valor apropriado.

3. Precisão sobre o conceito de valor de mercado do capítulo 10 do livro III

A chave para nossa interpretação do capítulo 10 do livro III d'*O capital* de Marx está justamente em precisar o conceito de valor de mercado. E é aqui que seguramente existirão muitas objeções.

Vamos, então, entender como *valor de mercado normal* ou *valor social normal* a magnitude do valor apropriado na venda de uma mercadoria (eliminadas as normais flutuações circunstanciais da oferta e da demanda), desde que essa magnitude esteja compreendida no intervalo entre o preço de produção individual maior e o menor, existentes no ramo produtor dessa mercadoria.

Quando o valor de mercado ultrapassa aqueles limites, seja para mais ou para menos, ele será chamado de *valor de mercado monopólico* ou *valor social de monopólio*. Isso porque a forte transferência que então ocorre, seja para o interior ou para o exterior do ramo de que se trate, só pode ser o resultado da existência de um monopólio de grande poder, situado no ramo ou fora dele. É possível, também, que seja o resultado da existência somente de pequenos produtores no interior do ramo, no seio de uma economia com predomínio do capital. Nesse caso, o setor considerado produzirá fortes transferências do valor ali produzido para o resto da economia, configurando-se, assim, o monopólio do capital sobre o não capital ou do grande capital sobre o pequeno capital.

---

[15] E é o que normalmente ocorre.
[16] Cf. o cap. 10 do livro I d'*O capital* (Marx, 1980-1981 – "Conceito de mais-valia relativa") e o capítulo 5 deste livro.

É verdade que, mesmo quando o valor apropriado pelo ramo econômico encontra-se dentro dos limites de seus preços de produção individuais, mas diferente do preço de produção médio, isso só ocorre pela existência de monopólio. No entanto, nesse caso, o grau de monopólio não é tão elevado, e, por isso, reservaremos a expressão *valor de mercado monopólico* para o caso mencionado no parágrafo anterior.[17]

Finalmente, ainda uma questão de terminologia: para maior simplicidade, *o valor de mercado normal* ou *valor social normal* será chamado doravante apenas como *valor social* ou *valor de mercado*. São esses, de fato, os termos efetivamente utilizados por Marx, pouco esclarecidos por ele, e aos quais atribuímos aqui conteúdo mais preciso. Essa interpretação será a que nos vai permitir entender, de maneira integral e quase sem dificuldades, o texto do referido capítulo 10. Com ela, além disso, desaparece a disputa teórica de saber se, pelo texto desse autor, o valor social ou de mercado se determina por média aritmética ponderada ou pela moda. Essa dificuldade perde totalmente o sentido.

4. Análise detalhada do conteúdo do capítulo 10

Passaremos, então, a analisar o texto de Marx contido no capítulo 10 do livro III d'*O capital* a fim de verificar até que ponto, a partir da nossa perspectiva, ele se apresenta coerente e sem imprecisões; lembrando que, para nós e até aqui, o valor social é o valor apropriado na venda de uma mercadoria dentro dos limites extremos fixados pelo mais alto e pelo mais baixo preço de produção individual do ramo de atividade, abstraindo-se as normais flutuações do mercado. Analisaremos todas as passagens que tenham implicações para a nossa interpretação.

Primeira consideração:

Marx inicia o capítulo mantendo sua pressuposição metodológica anterior de que os preços de mercado correspondem aos valores. Chega a chamar o preço nesse nível de preço-valor,[18] mas também admite a terminologia que preferimos para tais preços, por mais explícita, embora menos sintética, que é a de *preços correspondentes aos valores*, "A fim de que os preços por que se trocam as mercadorias *correspondam* aproximadamente aos valores",[19] ao falar em *correspondência*.

Na sua primeira manifestação sobre o valor de mercado, afirma: "Releva considerar como valor de mercado o valor médio das mercadorias produzidas num ramo, ou o valor individual das mercadorias produzidas nas condições médias do ramo e que constituem a grande massa de seus produtos".[20]

---

[17] Assim, tanto o valor social normal quanto o de monopólio de uma mercadoria constituem seu poder real de compra, como o chamamos na Introdução do volume 1.
[18] Cf. Marx, 1980-1981, l. III, v. IV, cap. 10, p. 198.
[19] *Ibid.*, p. 201
[20] *Ibid.*, p. 202.

Parece indiscutível, em primeiro lugar, que o autor simplifica aqui sua análise, pois está se referindo a um setor econômico no qual a média e a moda dos valores individuais coincidem. Por outro lado, é justamente a suposição inicial de correspondência entre preço e valor que permite entender essa afirmação relativa à ideia de valor de mercado. Só com tal pressuposto o valor de mercado será igual ao valor médio produzido.

Finalmente, nesta primeira consideração, convém esclarecer que Marx assinala, um pouco mais à frente, que tudo que disse sobre o valor vale também para o preço de produção[21] no nível correspondente de abstração, e, assim, poderíamos reescrever a citação anterior, para um nível mais concreto de análise, da seguinte maneira: "Releva considerar como valor de mercado o valor *preço de produção* médio das mercadorias produzidas num ramo, ou o valor *preço de produção* individual das mercadorias produzidas nas condições médias do ramo e que constituem a grande massa de seus produtos".[22]

Segunda consideração:

Observemos uma segunda passagem escrita por Marx, no capítulo objeto de nossa análise: "Só em conjunturas excepcionais as mercadorias produzidas nas piores condições ou as produzidas nas condições mais favoráveis regulam o valor de mercado, que constitui por sua vez o centro das flutuações dos preços de mercado".[23]

Essa passagem corresponde ao mesmo parágrafo da anterior. Ela indica, ao contrário do que havíamos sustentado anteriormente, que o *valor de mercado* não pode ser entendido como idêntico ao valor apropriado, pois os preços de mercado flutuam em seu entorno. Isso destruiria, de imediato, nossa tentativa de interpretação. No entanto, observemos o que segue.

O autor refere-se a conjunturas excepcionais, e só a elas. Essas conjunturas, obviamente, só podem significar muito mais do que simples circunstâncias de divergência oferta/demanda. Estas últimas permitiriam flutuações dos preços de mercado em torno do valor de mercado, mas não a determinação dele. As circunstâncias excepcionais, então, só corresponderiam a situações em que a divergência do preço de mercado em relação ao preço correspondente ao valor (ou melhor, ao preço de produção) é significativa e, sobretudo, por período prolongado. Haveria uma divergência com certa estabilidade. Seria o caso de graves desastres naturais, guerra etc. Dessa maneira, o valor de mercado seria um valor apropriado diferente do produzido, mas aquele que em média é apropriado,

---

[21] "O que dissemos do valor de mercado estende-se ao preço de produção quando o substitui" (*ibid.*, p. 202-203). Devemos reconhecer que há aqui uma inconsistência, pois o adequado, para nossa interpretação, seria que ele afirmasse: "O que dissemos do valor de mercado estende-se ao preço de produção quando o substitui". De todas as maneiras, independente da nossa perspectiva, a frase de Marx apresenta, indiscutivelmente, problemas, pois ele deveria referir-se ao par valor de mercado/preço de produção de mercado, ou, como preferimos, valor/preço de produção.

[22] *Ibid.*, p. 202.

[23] *Ibid.*, p. 202.

eliminando-se as flutuações do mercado do dia a dia, abstraindo-se, portanto, as variações absolutamente circunstanciais e pouco significativas das magnitudes da demanda e da oferta. Ele teria uma permanência maior que o simples valor apropriado, diferente do produzido, determinado pelas frequentes variações dos preços de mercado como resultado da relação oferta/demanda. O valor de mercado seria o valor apropriado, eliminando-se as flutuações circunstanciais, mas que permitiriam uma divergência com o valor (preço de produção) em razão de conjunturas excepcionais ou da existência de monopólios com certa estabilidade.

Assim, nosso conceito de *valor de mercado normal* ou *valor social normal* recebe uma nova determinação: ele não é exatamente o valor apropriado efetivamente no mercado, mas o valor que normalmente se espera que seja apropriado no mercado, se dele se eliminam as pequenas flutuações do dia a dia. Assim, é possível conciliar nossa ideia inicial com as exatas palavras de Marx, no controverso capítulo que nos interessa.

Terceira consideração:

Há outra passagem do capítulo que deve ser analisada. Trata-se de um momento em que Marx parte de uma circunstância na qual o preço de mercado corresponde à média dos preços de produção individuais do ramo e que, portanto, as empresas com preços de custos mais elevados (as menos eficientes) obviamente não podem se apropriar de toda a mais-valia contida nas mercadorias que produzem. E ele prossegue a análise:

> Se a procura, entretanto, é tão forte que não se contrai, quando o preço se regula pelo valor preço de produção individual das mercadorias produzidas nas piores condições, determinam estas o valor de mercado. Isto só é possível quando a procura está acima ou a oferta está abaixo do nível ordinário. Finalmente, se a massa das mercadorias produzidas é maior que a que se pode escoar aos valores preços de produção médios de mercado, regulam o valor de mercado as mercadorias produzidas nas melhores condições. É possível, por exemplo, que essas mercadorias se vendam pelo valor preço de produção individual ou quase, podendo então acontecer que as mercadorias produzidas nas piores condições nem realizem o preço de custo, enquanto as que estavam em situação média realizam apenas parte da mais-valia nelas contida.[24]

Ao que parece, o autor está, aí, referindo-se às "conjunturas excepcionais" mencionadas anteriormente, nas que a divergência entre oferta e demanda é muito significativa e por período prolongado. Isso pode ser interpretado assim em razão da sua afirmação de que "a procura está acima ou a oferta está abaixo do nível ordinário"; caso contrário, o normal seria referir-se a flutuações da oferta ou da demanda. Além disso, as duas passagens seguintes seriam incoerentes com a anterior:

---

[24] *Ibid.*, p. 202-203. Aqui, da mesma maneira que antes, substituímos valor por preço de produção.

Para que o preço de mercado de mercadorias idênticas, mas produzidas em condições individuais diversas, corresponda ao valor de mercado, dele não se desvie nem para cima nem para baixo, é necessário que a pressão exercida pelos diferentes vendedores seja bastante para lançar no mercado a quantidade de mercadorias exigida pelas necessidades sociais, ou seja, a quantidade que a sociedade é capaz de pagar ao valor de mercado. Se a massa de produtos ultrapassar essas necessidades, teriam as mercadorias de se vender abaixo do valor de mercado; e, ao contrário, acima desse valor, se a massa de produtos não for suficiente, vale dizer se a pressão da concorrência entre os vendedores não for bastante para compeli-los a levarem ao mercado essa massa de mercadorias. Se variar o valor...[25]

Por consequência, se a oferta e a procura regulam o preço de mercado, ou, antes, os desvios que os preços de mercado têm do valor de mercado, por outro lado, o valor de mercado rege a relação entre a oferta e a procura ou constitui o centro em torno do qual as flutuações da oferta e da procura fazem girar os preços de mercado[26] (Marx, 1981, l. III, v. IV, cap. 10, p. 205).

Destaque-se aqui, em apoio à nossa tese, um aspecto que pode ser significativo: Marx, quando fala das variações de preço devido à oferta/demanda, não se refere a que a produção de determinada mercadoria seja maior ou menor que a demanda por ela, mas refere-se à pressão exercida pelos produtores sobre o mercado para lançar mais ou menos produtos ou à pressão da concorrência entre os vendedores. Nesse caso, estaria se referindo a desajustes oferta/demanda ou flutuações, de maneira que o que se altera são os preços de mercado em relação ao valor de mercado, ao contrário das conjunturas excepcionais em que a divergência oferta/demanda seria mais significativa e resultado de produção maior ou menor que a procura normal.

Quarta consideração:

Até agora, vimos que a relação oferta/demanda, fruto de conjunturas excepcionais, pode fazer variar o *valor de mercado*, de maneira que ele seja maior ou menor que a média dos preços de produção individuais, aproximando-se mais ou menos dos níveis extremos determinados pelas condições das empresas mais e menos eficientes do ramo.

Inexistindo conjunturas excepcionais e, portanto, sem que existam divergências maiores ou permanentes entre oferta e demanda, o *valor de mercado* de

---

[25] *Ibid.*, p. 204-205.
[26] *Ibid.*, p. 205. Convém destacar o que parece ser um erro na edição da Difel (Civilização Brasileira), no texto imediatamente anterior a esse. Diz a tradução da Difel (Civilização Brasileira):
"Se variar o valor de mercado, variarão também as condições em que pode ser vendida a massa global de mercadorias. Caindo o *preço de mercado*, aumenta em média a necessidade social (que aqui significa sempre procura solvente), que poderá, dentro de certos limites, absorver quantidades maiores de mercadoria. Subindo o valor de mercado, contrai-se a necessidade social da mercadoria, absorvendo-se menores quantidades dela. Por consequência,"... (*ibid.*, p. 205)
A expressão "preço de mercado" sublinhada na citação, aparece como "valor de mercado" e como "valor comercial", respectivamente nas traduções para o espanhol da Siglo XXI e da FCE.

uma mercadoria qualquer, e supondo-se também a inexistência de monopólios, fica determinado precisamente pela média aritmética dos preços de produção individuais dos exemplares produzidos da mesma. Quando, no ramo correspondente, a média e a moda desses preços de produção coincidem, o *valor de mercado* será igual, então, ao preço de produção individual das mercadorias produzidas pelas empresas com eficiência média. No entanto, se a média e a moda não coincidem e prevalecem as empresas mais eficientes, o *valor de mercado* ficará mais próximo do menor preço de produção individual existente e, assim, será inferior ao das empresas de eficiência média. Ao contrário, prevalecendo as empresas menos eficientes, o *valor de mercado* se situará mais próximo do mais elevado preço individual de produção, embora nunca se identifique com ele, por existirem empresas mais eficientes. Isso, pelo menos, é o que poderíamos esperar do que concluímos até aqui.

No entanto, o texto de Marx, em determinada passagem, parece sugerir que nos enganamos no que se refere à ideia que ele tinha a respeito do assunto:

> Ao contrário, admitamos que, sem variar a totalidade das mercadorias trazidas ao mercado, o valor das mercadorias produzidas nas condições mais desfavoráveis não se compense com o valor das produzidas nas melhores condições, de modo que a porção produzida nas condições mais desfavoráveis constitua magnitude de maior peso tanto em relação à massa intermediária quanto ao outro extremo; nessas condições, a massa produzida nas condições mais desfavoráveis rege o valor de mercado ou o valor social.
> Suponhamos finalmente que a massa de mercadorias produzidas nas condições mais favoráveis ultrapasse a das produzidas nas mais desfavoráveis e, por isso, constitua magnitude de maior peso que a das produzidas nas condições intermédias; então, a massa das produzidas nas condições mais favoráveis rege o valor de mercado.[27]

Imediatamente após essa última passagem, e no mesmo parágrafo, nosso autor ressalta que não está tratando da determinação dos preços de mercado, alterados pelas permanentes flutuações do mercado (da oferta e da demanda), mas do valor social:

> Estamos abstraindo da hipótese de abarrotar-se o mercado, quando a massa produzida nas condições mais favoráveis regula o preço de mercado; mas agora não estamos tratando do preço de mercado naquilo que difere do valor de mercado, e sim das próprias determinações diversas desse valor.[28]

Assim, pelo visto, parece que nossa interpretação não seria compatível com as palavras de Marx. No entanto, nos três parágrafos imediatamente seguintes,

---

[27] *Ibid.*, p. 207.
[28] *Ibid.*, p. 207.

ele vai esclarecer que o valor de mercado não vai se igualar nem ao individual mais elevado, no primeiro caso, nem ao menor, no segundo caso, salvo quando a conjuntura for excepcional. Sobre o último afirma: "Excetuado o caso em que a oferta predomina muito sobre a procura, o valor de mercado não coincide com o valor individual das mercadorias produzidas nas melhores condições".[29]

Nesse caso, nas passagens anteriores, a utilização do verbo *reger*, sublinhado por nós, não parece ter sido no sentido de "igualar-se", mas teria um conteúdo menos intenso. Dessa maneira, nossa interpretação parece adequar-se ao sentido do texto de Marx.

Quinta consideração:

Continuando nossa análise e dentro dessa trajetória de raciocínio, podemos observar que há uma passagem que pode deixar maiores dúvidas e que aparece pouco depois da última citação:

> Além de satisfazer uma necessidade, a massa de mercadorias [produzida] a satisfaz em sua dimensão social. *Se a quantidade é maior ou menor que a procura, o preço de mercado se desvia do valor de mercado*. Primeiro desvio a considerar: se a quantidade é de menos, regula o valor de mercado a mercadoria produzida nas piores condições, se é de mais, a produzida nas melhores; um dos extremos regula o valor de mercado, embora se devesse esperar outro resultado segundo a mera relação entre os volumes produzidos nas diferentes condições. À medida que aumenta a diferença entre procura e quantidade produzida, tende o preço de mercado a desviar-se mais do valor de mercado, para cima ou para baixo.[30]

Qualquer que possa ser a interpretação dessa passagem, parece haver uma contradição em termos no interior dela. Por um lado, ou é o preço que se desvia do *valor de mercado*, como se afirma no início da citação, na parte sublinhada por nós ("Se a quantidade é maior ou menor que a procura, o preço de mercado se desvia do valor de mercado"); ou, por outro, o desvio é do valor de mercado em relação ao preço de produção médio do ramo ou em relação ao preço de produção individual das mercadorias produzidas em condições médias. Não acreditamos que possam existir dúvidas sobre a existência dessa contradição em termos, nas palavras de Marx. E, destaque-se, não se trata de um erro de tradução; o erro parece estar no próprio original.[31]

---

[29] Ibid., p. 209.
[30] Ibid., p. 209-210.
[31] Claus Germer, com seu profundo conhecimento de Marx e seu domínio do alemão, nos ajudou nisso. A versão original é a seguinte (p. 195 do original): *"Die Warenmasse befriedigt nicht nur ein Bedürfnis, sondern sie befriedigt es in seinem gesellschaftlichen Umfang. Ist dagegen das Quantum kleiner oder größer als die Nachfrage dafür, so finden Abweichungen des Marktpreises vom Marktwert statt. Und die erste Abweichung ist, daß, wenn das Quantum zu klein, stets die unter den schlechtesten Bedingungen produzierte Ware den Marktwert reguliert, und wenn zu groß, stets die unter den besten Bedingungen produzierte; daß also eins der Extreme den Marktwert bestimmt, trotzdem daß nach dem bloßen Verhältnis der Massen, die unter den verschiednen*

Analisemos com calma a mencionada passagem. Em primeiro lugar, o autor está se referindo àquela massa de mercadorias produzida normalmente. Ela é maior ou menor que a demanda, não de maneira circunstancial. Ele é explícito nesse aspecto ao afirmar, pouco antes, no mesmo parágrafo, o seguinte: "Admitamos que essa massa seja a quantidade normal da oferta, abstraindo da possibilidade de parte das mercadorias produzidas retirar-se temporariamente do mercado".[32]

Assim, não se trata de uma oferta que, por alguma circunstância, seja eventualmente maior ou menor que a normal. Em outras palavras, não está se referindo a uma circunstancial flutuação da oferta. Por essa razão, deveria referir-se, no início, não aos desvios do preço em relação ao *valor de mercado*, mas do *valor de mercado* ou mesmo do preço em relação ao *valor*.

Ao final da passagem citada, aí sim, é possível aceitar a afirmação: "À medida que aumenta a diferença entre procura e quantidade produzida, tende o preço de mercado a desviar-se mais do valor de mercado, para cima ou para baixo".[33]

Isso é perfeitamente aceitável para nossa interpretação na medida em que, aumentando excessivamente a diferença entre oferta e procura, o preço pode ultrapassar, para cima ou para baixo dependendo do caso, o correspondente ao *valor social normal* e situar-se no nível ou flutuar em torno ao correspondente ao que chamamos *valor social de monopólio*. Como se recordará, para simplificar chamamos o *valor social normal* de *valor social*.

---

[32] *Bedingungen produziert sind, ein andres Resultat stattfinden müßte. Ist die Differenz zwischen Nachfrage und Produktenquantum bedeutender, so wird der Marktpreis ebenfalls noch bedeutender vom Marktwert nach oben oder nach unten abweichen".*
Segundo Germer, a tradução da Nova Cultural tem algumas vantagens, embora, do ponto de vista do que nos interessa, não altera muito a questão. Essa tradução é a seguinte (Marx, 1986, capítulo 10, p. 143): "A massa de mercadorias não apenas satisfaz a uma necessidade, mas a satisfaz em sua extensão social. Se, entretanto, o *quantum* é menor ou maior do que a procura por ele, ocorrem desvios do *preço de mercado* em relação ao valor de mercado. E o primeiro desvio é este: se o *quantum* é pequeno demais, é sempre a mercadoria produzida sob condições piores que regula o *valor de mercado*, e, se é grande demais, é sempre a produzida sob condições melhores que o faz; portanto um dos extremos determina o *valor de mercado*, embora, pela mera proporção entre as massas que são produzidas sob as diferentes condições, outro resultado devesse ter lugar. Se a diferença entre a procura e o *quantum* de produtos for ainda maior, o *preço de mercado* desviar-se-á ainda mais do *valor de mercado*, para cima ou para baixo".
Marx, 1980-1981, l. III, v. IV, cap. 10, p. 209. O início do parágrafo é o seguinte: "Na análise acima sobre o valor de mercado, supusemos que permanece a mesma, é dada, a massa das mercadorias produzidas, que só variava a relação entre os componentes dessa massa, produzidos em diferentes condições, e que por isso se regulava de maneira diferente o valor de mercado dessa massa de mercadorias. Admitamos que essa massa seja a quantidade normal da oferta, abstraindo da possibilidade de parte das mercadorias produzidas retirar-se temporariamente do mercado. Se continua normal a procura dessa quantidade, será a mercadoria vendida pelo valor de mercado, qualquer que seja dos três casos investigados o que regula o valor de mercado. Além de ..."

[33] *Ibid.*, p. 209-210.

Assim, nossa interpretação ficaria total e plenamente satisfeita, e, além disso, o texto de Marx se isentaria completamente de inconsistência com uma pequena alteração, que seria a de substituir, na passagem sublinhada por nós, o termo *valor de mercado* simplesmente por *valor*. Isso poderia nos sugerir a existência de um equívoco na redação do original, e não algo mais substancial.

Vejamos, então, com a redação alterada segundo o anterior, o significado da citação, do ponto de vista de nossa interpretação. De fato, se a oferta, no nível do valor, supera de maneira regular e persistente a demanda, deve existir, no setor, um número suficiente de empresas, em geral de menor porte e menor poder econômico, que, utilizando tecnologia menos eficiente (e por isso com preço de custo maior que a média), se dispõem a permanecer produzindo, mesmo não obtendo a taxa média de lucro e até trabalhando com uma receita pouco superior ao seu preço de custo. Se o número das empresas menos eficientes existente no setor não for suficiente, os preços de mercado serão atrativos de maneira a incentivar o ingresso de novos capitais pouco exigentes. Assim, os preços de mercado da mercadoria correspondente deverão flutuar em torno do menor preço de produção do setor (que, por isso, é o *valor social*), garantindo, assim, a taxa média de lucro exclusivamente para as empresas mais eficientes. Esse caso se explica por inexistir, no setor, nível significativo de dificuldade de ingresso de novas empresas com pouco poder de mercado.

Por outra parte, devemos agora considerar o caso oposto, isto é, quando, de maneira regular, a oferta não atende suficientemente a demanda global de uma determinada mercadoria. Esse é o caso de um setor que apresenta dificuldades para o ingresso de novas empresas, especialmente daquelas menos eficientes. Nessas condições, mesmo as de maior preço de custo estarão em condições de exigir a taxa média de lucro, fazendo com que os preços de mercado flutuem em torno do maior preço individual de produção. Caso se situe por cima deste último, as dificuldades de entrada de novas empresas pouco eficientes se reduz, e a oferta tende a aumentar. Em um setor com estas características, o *valor social normal* tenderá a igualar-se com o maior nível do preço individual de produção do ramo.

Sexta consideração:

Finalmente, analisemos uma última passagem problemática do capítulo sob nossa consideração. Ela é a seguinte:

> Oferta e procura supõem a transformação do valor em valor de mercado, e, na medida em que ocorrem em base capitalista, sendo as mercadorias produtos do capital, supõem processos de produção capitalistas, portanto relações bem mais complexas que a compra e venda simples de mercadorias. Não se trata aí da conversão formal do valor das mercadorias em preço, isto é, de simples mudança de forma; trata-se de determinados desvios quantitativos que os preços de mercado têm dos valores de mercado e ainda dos preços de produção.[34]

---

[34] *Ibid.*, p. 219-220.

Esta última citação pode ser entendida da seguinte maneira. Primeiramente, quando no início o autor se refere a oferta e demanda, não estaria se referindo a simples flutuações da oferta ou da demanda, mas de situações mais estruturais, e, portanto, o que ficaria determinado pela relação entre elas não seria o preço de mercado, mas o valor de mercado. Isso, na verdade, reforça em muito a interpretação que procuramos expor neste trabalho. No entanto, no final dessa passagem haveria uma dificuldade. Os desvios quantitativos não seriam dos *preços de mercado* em relação aos *valores de mercado* e aos *preços de produção*, mas em relação aos valores e aos preços de produção. Haveria aqui uma inconsistência entre as palavras de Marx e nossa interpretação.

5. A MODO DE CONCLUSÃO

Nossa interpretação, apresentada nas linhas anteriores, pressupôs um particular entendimento do conceito de valor social ou valor de mercado que se diferencia, em muito, do que aparece no livro I, capítulo 10 ("Conceito de mais-valia relativa") como valor social.

Ali, a magnitude do valor social é apresentada como a magnitude média dos valores individuais produzidos, de maneira que o valor social deve ser calculado como a média aritmética ponderada dos valores individuais determinados pelas condições das diversas empresas do setor. No livro I d'*O capital*, seu autor não poderia discutir questões relacionadas com a apropriação do valor, pois considera como idênticos produção e apropriação, preocupado que está, nesse livro, com a *produção* da mais-valia. A preocupação com a distribuição tem lugar ali exclusivamente no que se refere à relação burguesia/proletariado, na medida em que essa distribuição determina a mais-valia produzida. Assim, no primeiro livro da obra mencionada cabe, no máximo, a discussão sobre as formas salariais.

Por isso, no livro I d'*O capital*, não há lugar para a discussão sobre o papel da oferta/demanda na determinação dos preços, pois ele está relacionado com o âmbito da apropriação de mais-valia por parte das diferentes frações da burguesia e com a diferencial apropriação de valor por parte dos diferentes setores econômicos e das diferentes empresas dentro desses setores. Esse é tema do livro III da mencionada obra.

Especificamente no capítulo 10 do livro III, reaparece o conceito de valor social, valor de mercado ou valor mercantil. Ali, como o próprio autor afirma em seu capítulo inicial, as categorias "aproximam-se gradualmente da forma como aparecem... na consciência dos agentes econômicos". Mas agora o conceito de valor social passará a referir-se a *valor apropriado,* e não *produzido*, e a discussão sobre o papel da oferta e da demanda necessariamente deve ser travada.

Dessa maneira, na nossa interpretação e em um nível mais concreto de análise, o *valor social* deve ser entendido como o valor apropriado (dadas as condições concretas do particular ramo de atividade econômica e abstraindo-se as flutuações conjunturais da oferta e da demanda) dentro dos limites estabelecidos pelos valores individuais extremos do ramo respectivo. Se o valor apropriado, nessas condições, ultrapassar esses limites, ele se configura não como valor social, de mercado ou mercantil, mas como *valor social de monopólio*, de *mercado monopólico* ou *mercantil monopólico*.

Entendido o valor social dessa maneira, é perfeitamente compreensível o capítulo 10 do livro III d'*O capital* de Marx e, em particular, o papel da oferta e da demanda. Muito pouco restaria, assim, de incoerente no texto de Marx referente àquele capítulo; na verdade, quase nada.

Aceita a nossa interpretação, a oferta e a demanda em nada afetariam (pelo menos diretamente) a magnitude do *valor* de uma mercadoria qualquer ou, em outras palavras, a magnitude da riqueza produzida representada por ela e medida pelo seu valor. Divergências significativas entre a magnitude da oferta e da demanda no nível do valor fazem com que o *valor social* divirja da *magnitude do valor*, representando na verdade divergência entre valor apropriado e produzido. Finalmente, as flutuações circunstanciais da oferta/demanda são responsáveis pelas flutuações dos preços de mercado em relação àqueles correspondentes ao valor social.

Além da interpretação sobre o conteúdo do capítulo 10 do livro III d'*O capital*, há em nossa análise um resultado que nos parece de importância. Trata-se do significado do conceito de valor na sua *dimensão aparencial*. Não estamos nos referindo ao valor de troca ou aos valores de troca de uma mercadoria (ou seja, às proporções de troca entre elas e as demais existentes na economia), forma de manifestação fenomênica do valor. Para a análise que apresentamos acima, o preço de mercado – circunstancial e sujeito a frequentes flutuações – não representa a verdadeira aparência do valor, embora seja sua manifestação.

Para os agentes econômicos, o valor de uma mercadoria aparece como o poder de "compra" ou de troca *normal* que ela possui sobre o dinheiro. Abstraem-se as flutuações circunstanciais. É por isso que tais agentes são capazes de considerar alto ou baixo o efetivo preço de mercado.

Assim, as mercadorias apresentam-se como caras ou baratas. Mas em relação a quê? Qual é o ponto de referência? A resposta é justamente o *valor na sua dimensão aparencial*. Não o valor produzido e representado pela mercadoria, mas o valor normalmente apropriado quando se decide sua venda. Por isso, o valor, *na sua dimensão aparencial*, é o *valor social,* de *mercado* ou *mercantil,* discutido acima. Na sua dimensão essencial é simplesmente o *valor*, o valor determinado pela produção.

O que acabamos de dizer é que a expressão "valor" é, na verdade, usada em dois diferentes sentidos: para expressar a unidade essência e aparência do valor e para referir-se especificamente à dimensão essencial. Dessa maneira, poderíamos graficamente mostrar:

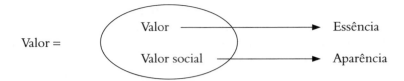

O VALOR é a unidade dialética que compreende a essência e a aparência, sendo o "valor", determinado na produção, sua dimensão essencial; e o "valor social" da mercadoria, sua dimensão aparencial e determinada pela produção e também pela circulação (pelas condições concretas do ramo específico e em relação à economia como um todo).

CAPÍTULO 7

RIQUEZA FICTÍCIA E A GRANDE DEPRESSÃO DO SÉCULO XXI
(SOBRE AS CATEGORIAS TEÓRICAS DE CAPITAL FICTÍCIO E LUCROS FICTÍCIOS)[1]

1. INTRODUÇÃO

O grande capital chegou a acreditar ter encontrado uma forma de produção de riqueza econômica diferente da que exige o uso da natureza e do trabalho produtivo. E deu no que deu.

A verdade é que, a partir dos anos 1980, o capital e seus ideólogos, e entre eles também os economistas, passaram a acreditar terem encontrado, na prática, uma fórmula mágica para garantir a geração de riqueza econômica sem necessidade de utilização do trabalho humano. Alguns chegam a pensar até que o capital terminaria não mais necessitando da força de trabalho para produzir excedente econômico, de maneira a garantir a rentabilidade exigida por ele. O trabalho teria, portanto, perdido a centralidade; a tecnologia, a informação e o domínio do conhecimento foram alçados à categoria de entes mágicos capazes de tudo e objeto de adoração. Finalmente o capital não precisaria mais sujar as mãos na produção para realizar-se como ser capaz de, por si mesmo, gerar lucros, lucros elevados. Também a natureza seria secundária.

E, de fato. Na realidade, o capital "financeiro", de certa maneira, foi capaz dessa proeza. Do final dos anos 1970 para cá, não só dominou o cenário capitalista como superou os investimentos produtivos no que se refere à capacidade de *apropriação* de lucros.

O capital se lançou freneticamente na especulação e encontrou aí o remédio para a baixa rentabilidade que foi forçado suportar durante a década de 1970. Assim, a especulação não foi um desvio do sistema, um defeito seu, mas uma tentativa de solução, um remédio para a enfermidade estrutural do capitalismo: a tendência à queda da taxa de lucro.

Durante certo tempo, a mágica funcionou e houve uma real e significativa recuperação da taxa de rentabilidade do grande capital, e os dados empíricos disponíveis são claros nesse sentido. Mas deu no que deu. A depressão do início do século em que vivemos e as sucessivas crises econômicas e financeiras que o mundo atual padece constituem o preço que se paga pelo período de orgia espe-

---
[1] Este texto foi escrito especialmente para este livro.

culativa, e esse preço é e continuará sendo muito alto, embora seja pago principalmente por aqueles que em nada se beneficiaram com ela.

O que assistimos atualmente no mundo capitalista é muito mais do que uma simples sucessão de crises financeiras, ou creditícias. Vivemos o que alguns chamamos de a Grande Depressão do Século XXI. Não se trata de elementares crises cíclicas, das que em algum tempo o sistema consegue se repor e volta a funcionar normalmente. Não se trata tampouco do resultado de um período de desregulação do capital especulativo, em que alguns governos poderosos do mundo praticaram uma política irresponsável. Estamos diante de algo muito mais importante. Assistimos, na atualidade, ao início do processo de colapso de uma etapa específica do capitalismo. A crise financeira iniciada nos Estados Unidos da América no setor imobiliário dos *subprime,* em 2008, e que se estendeu a todo o sistema financeiro e ao setor da economia real e, além disso, a crise por que passa o mundo europeu na segunda década do século constituem o princípio desse processo.

Classificar a crise atual como uma crise de sobreprodução ou sobreacumulação é praticamente não dizer nada. Se for efetivamente isso o que ocorre, quais são as causas desse fenômeno? Que razões existiram ou existem para que ele tenha ocorrido? Consideramos que o apelo à ideia do subconsumo, ao mesmo tempo em que é muito fácil, não é mais do que o resultado de simples ingenuidade teórica, estranha à teoria dialética do valor de Marx.

2. Interpretação marxista e teoria do valor

Pretendemos que nossa análise sobre a realidade atual da economia capitalista baseie-se rigorosamente sobre a perspectiva marxista e explicitamente sobre sua teoria do valor. O que significa partir dessa perspectiva e dessa teoria?

Em primeiro lugar, significa distanciar-se daquelas interpretações que destacam como causa das crises financeiras o defeito que padeceria o sistema de, em certos momentos, apresentar uma excessiva voracidade por parte de capitais, o que comprometeria o normal funcionamento do mercado. Ao lado desse defeito se somaria, para elas, uma política permissiva por parte dos governos ao não regular suficientemente os movimentos e a lógica desse capital especulativo e rentista. Isto é, partir da perspectiva marxista significa recusar o voluntarismo estatal próprio de qualquer tipo de visão keynesiana.

Uma interpretação de tipo keynesiano padece de um defeito similar ao que é próprio do neoliberalismo, só que em sentido inverso. Enquanto este último apresenta uma fé cega no mercado, como se ele fosse capaz de tudo, o keynesianismo, no extremo oposto, joga toda sua convicção religiosa na capacidade todo-poderosa do Estado. A perspectiva de Marx, ao contrário, sustenta não só a existência de contradições internas e inerentes à sociedade capitalista como, também, que essas contradições se agravam com o tempo; que seu antagonismo inevitavelmente torna-se cada vez mais agudo. Assim, a intervenção do Estado, como instância contraditória, mas capaz de representar os interesses globais do capital, embora possa atenuar temporariamente a intensidade e as consequências das crises para o capital, especialmente nos seus momentos mais agudos, não é suficientemente poderosa para evitar o processo de agravamento do antagonismo das contradições inerentes ao sistema.

Entender a atual depressão e as sucessivas crises desde uma perspectiva realmente marxista pressupõe identificar as contradições presentes na atual etapa do capitalismo e especialmente destacar a contradição principal que explica o desenvolvimento dessa etapa. Para isso, não temos outro remédio senão nos utilizar da teoria dialética do valor, entendida não como uma simples teoria dos preços (o que não passa de um erro elementar), mas como uma teoria da riqueza capitalista e, em sentido mais amplo, como uma teoria científica do funcionamento dessa sociedade. Exige também, e isso é fundamental, uma compreensão adequada da dialética dos conceitos de capital fictício e lucros fictícios, conceitos estes que não são mais do que derivações necessárias da mencionada teoria do valor.

Uma questão central para entender o capitalismo em geral, desde o ponto de vista dessa teoria, é a contradição produção *versus* apropriação de riqueza. E isso não só no que se refere à relação entre capital e trabalho, mas também em relação à redistribuição do excedente-valor (do qual a mais-valia é uma parte) entre os não trabalhadores e entre as diversas frações ou formas autonomizadas do capital. E é justamente isso que nos permite caracterizar a atual etapa capitalista como especulativa e parasitária, presidida pela insuficiente capacidade do capital produtivo de gerar o necessário excedente econômico real para atender às exigências de remuneração do chamado capital "financeiro" e do capital em seu conjunto. E isso apresenta não só consequências na relação intracapitalista, mas também na que existe entre o capital e o trabalho.

É por tudo isso que nos parece indispensável entender com certa profundidade a natureza da riqueza econômica na sociedade capitalista, as determinações de sua produção e de sua apropriação e a natureza do capital e dos lucros fictícios – estes últimos, capazes de nos permitir compreender a dialética do que, de modo eufemístico, se chama capital financeiro.

3. Qual é a natureza da riqueza capitalista?

Sem dúvida nenhuma que a riqueza econômica de qualquer sociedade, em qualquer época histórica, está formada pelo conjunto de bens materiais, cuja origem é dupla: a natureza e o trabalho humano, entendido este como a ação humana consciente de transformação da natureza, adaptação dela às necessidades de cada um e do conjunto social. A riqueza disponível está formada pelo produto anterior acumulado na forma de edifícios e instalações, máquinas e equipamentos, veículos, instrumentos, matérias-primas e matérias auxiliares estocadas, bens duráveis de consumo, alimentos e uma grande variedade de outros bens de consumo produzidos anteriormente.[2] Todos esses bens constituem riqueza econômica, sejam eles destinados ao consumo ou à produção de novos bens.

A isso é necessário somar-se, também, o fluxo produtivo social, os bens que no dia a dia vão sendo produzidos e consumidos ou estocados normalmente; e aqui não podemos nos esquecer dos serviços, que são bens cujo consumo é simultâneo com a produção, como são o transporte, a educação, os serviços de saúde e tantos outros. Estes constituem verdadeira riqueza produzida, embora não se apresentem como riqueza de natureza físico/material, se é que se pode empregar com propriedade essa expressão.

O anterior é mais ou menos o óbvio, e a isso se limita, por exemplo, a visão de David Ricardo sobre a natureza da riqueza. No entanto, e por outro lado, a genialidade de Adam Smith permitiu-lhe observar, e em momento anterior a Ricardo, que na sociedade mercantil e, particularmente, na sociedade capitalista a riqueza apresenta também outra natureza. A riqueza econômica, para Smith, é uma relação social de poder, de domínio; de domínio sobre trabalho alheio, de dominação sobre seres humanos.[3] Reafirmemos: apresenta-se *também* como uma relação social. Também?

Para Smith, a riqueza mercantil tem duas naturezas. É o conjunto dos bens úteis e uma relação social.

Como é possível que o pensamento smithiano, limitado por desconhecer a perspectiva dialética, possa admitir a existência dessa dupla determinação: materialidade por um lado e, por outro, relação social? Ele encontra uma saída: afirma que a riqueza mercantil não é dupla, não é ao mesmo tempo as duas coisas. É uma ou outra, dependendo da intenção do seu proprietário. Pensamento não dialético, sim, mas, apesar disso, capaz de alcançar dimensões profundas da realidade, embora com limitações.

Essas conclusões de Adam Smith encontraram em Marx terreno fértil. Para sua perspectiva dialética, a riqueza capitalista devia ser *ao mesmo tempo* as duas coisas: a dimensão "material" e a social. Ao mesmo tempo!

Para Karl Marx, a riqueza mercantil e particularmente capitalista é a unidade contraditória dessas duas dimensões, desses dois polos; do conteúdo material[4]

---

[2] Na sociedade atual, uma forma significativa de riqueza, algumas vezes não lembrada, está constituída pela força de trabalho qualificada.

[3] Smith, 1983, cap. 1, p. 45-46; e cap. 5, p. 63-64.

[4] Muitos podem entender que a expressão "conteúdo material" faz referência à materialidade, a uma dimensão físico/material da riqueza, e que os serviços não poderiam ser considerados dentro dela. Grande erro; por conteúdo material, Marx entende aquela determinação que a riqueza capitalista tem em comum com a riqueza em qualquer forma de sociedade. E, para não confundir ainda mais o problema, comparando a riqueza capitalista com a forma mais primitiva de riqueza de sociedades anteriores, pensemos na riqueza em uma sociedade pós-capitalista, socialista, em que os serviços terão peso significativo. Esse erro de muitos os faz mal interpretar importantes passagens dos textos de Marx, inclusive ou especialmente os dos *Grundrisse*. A característica básica que diferencia a mercadoria-serviço daquela do outro tipo consiste no fato de que ela deve ser consumida no mesmo instante de sua produção. Obviamente que esse consumo pode ser individual ou produtivo.

e da forma social; da "materialidade" e da relação social de domínio sobre seres humanos. Do que chama valor de uso e do que chama valor.[5]

As duas dimensões, esses dois polos relacionam-se entre si intimamente, mas não o fazem de uma maneira estática ou definitiva. Na medida em que a sociedade mercantil avança, se desenvolve, a dimensão social da riqueza vai adquirindo cada vez mais importância, impondo-se sobre o valor de uso. Se a lógica do produtor inicialmente, nos momentos iniciais dessa forma social, está muito mais ligada à "materialidade" do produto (lembrem-se, por exemplo, do caso das corporações de artesãos na Idade Média), conforme se desenvolvem as relações mercantis, conforme avança a sociedade mercantil, mais e mais importante se torna a dimensão social da riqueza. O produtor cada vez mais está subordinado à lógica do dinheiro, do valor, e não à materialidade do produto. Esta só é relevante para ele, a partir de certo momento histórico, na medida em que significa mais dinheiro.

O produtor de determinada mercadoria, quando a produz, não está pensando na satisfação que ela poderá proporcionar para quem a consumir; só pensa no dinheiro que pode chegar a obter. Ou melhor, só pensa na mencionada satisfação na medida em que isso possa aumentar a quantidade de dinheiro, de lucro que possa obter. E é com o dinheiro que encontra a maneira de exercer seu poder sobre trabalho alheio, sobre os demais seres humanos. Só pensa no seu interesse pessoal, e Adam Smith já dizia isso quando se referia ao interesse do padeiro, do açougueiro etc.: "Não é da benevolência do açougueiro, do cervejeiro ou do padeiro que esperamos nosso jantar, mas da consideração que eles têm pelo seu próprio interesse. Dirigimo-nos não à sua humanidade, mas à sua autoestima, e nunca lhe falamos das nossas próprias necessidades, mas das vantagens que advirão para eles".[6]

Na sociedade mercantil, a riqueza é cada vez mais relação social e cada vez menos "materialidade"; no capitalismo, aquela dimensão passa a dominar esta última. Há, de fato, um verdadeiro processo de desmaterialização[7] da riqueza que se inicia com o surgimento das relações mercantis e se desenvolve freneticamente no capitalismo. É por essa mesma razão que a magnitude ou grandeza da riqueza capitalista, dessa riqueza substantiva que se apresenta desmaterializando-se cada vez mais, deve ser medida por sua forma social, pelo valor. A magnitude do valor, determinada pela quantidade de trabalho abstrato, passa a ser a medida da grandeza dessa riqueza, que é substancialmente domínio sobre trabalho alheio. De fato, a materialidade da riqueza capitalista, ou melhor, sua substância real, se configura realmente como quantidade de trabalho socialmente necessário para a reprodução dessa "materialidade", como quantidade de trabalho abstrato. Fora dessa substância não há riqueza capitalista real.

---

[5] O valor é, de fato, como sabemos, a relação social mercantil expressa como propriedade social da mercadoria. Assim, confundir valor e valor de troca ou exemplificá-lo como uma certa quantidade de dinheiro é um grave erro.

[6] Smith, 1983, cap. 2, p. 50.

[7] Insistimos que não estamos nos referindo especificamente à determinação físico/material, mas ao chamado "conteúdo material" que envolve também os serviços.

O processo mencionado de desmaterialização fica mais fácil de ser observado no dinheiro, e não nas mercadorias. O dinheiro, no capitalismo, se faz cada vez mais desmaterializado: do ouro e da prata ao dinheiro de papel, ao dinheiro de crédito, aos cartões de crédito e dinheiro virtual. Tal processo também está presente no capital; se antes a imagem de capital em nossas mentes era a de uma fábrica ou de um grande comércio, hoje, cada vez mais, pensamos no capital "financeiro". Este último não possui materialidade, não posso vê-lo, tocá-lo. Onde está? No banco? Vou lá e não o vejo.

Apesar desse processo de desmaterialização, a riqueza na sua dimensão social sempre tem por detrás o seu conteúdo material: a substância valores de uso. Sempre? Na verdade, a sociedade capitalista avançada tem a curiosa capacidade de produzir riqueza fictícia. O que é isso? É o que veremos a seguir.

4. A RIQUEZA FICTÍCIA

No capitalismo, os diferentes agentes econômicos (famílias, indivíduos, empresas de todos os tipos e também o Estado) são detentores de patrimônio, patrimônio este que pode ser medido em valor e cuja expressão no mercado aparece como certa magnitude monetária. Tal patrimônio, ou riqueza patrimonial, está constituído por ativos reais (imóveis, automóveis e outros tipos de bens) e títulos (ações, debêntures etc.) e também dinheiro, seja na forma de bilhetes (que são títulos) ou moedas, seja na forma de depósitos bancários. Além disso, esses agentes são beneficiários de rendimentos anuais também medidos em valor, expresso em dinheiro.

Normalmente, em uma sociedade capitalista avançada, a soma total em valor do patrimônio do conjunto dos agentes da economia, isto é, a riqueza patrimonial social, é superior ao total em valor do estoque da riqueza real capitalista existente. Isso é, justamente, o que nos sugere preliminarmente essa noção de riqueza nominal ou fictícia (riqueza capitalista fictícia) e que nos permitirá entender posteriormente o conceito de capital fictício.

Assim, uma coisa é a riqueza patrimonial da sociedade, outra é a riqueza real. E há, de fato, certo descolamento entre as duas magnitudes: a magnitude da riqueza patrimonial e a riqueza real. Aquela, a riqueza patrimonial, é como uma nuvem que paira por cima da real, e só em parte é simples reflexo desta última. Sua outra parte, a riqueza nominal, não possui substância, não possui correspondência com a materialidade.

É possível, já neste momento da nossa exposição, dar uma ideia das razões desse descolamento?

Neste instante, daremos uma única indicação, uma única razão, das que existe, de por que se produz tal descolamento. Trata-se do fenômeno que ocorre circunstancialmente de valorização especulativa de bens raízes. Talvez esse seja o exemplo mais simples de se entender a distância que se produz entre as duas formas de riqueza.

A valorização especulativa e mais ou menos sustentada de um determinado apartamento, por exemplo, faz com que seu proprietário passe a ver-se, e também ser visto no mercado, como mais rico que antes. Seu patrimônio incrementou-se na exata medida da valorização especulativa, e esse incremento se manterá enquanto a especulação mantiver o preço do imóvel elevado. Observe-se que, caso seu proprietário venda esse imóvel e enquanto o preço de mercado seguir sem alteração, o comprador, a outra parte da operação comercial, não terá transferido valor ao vendedor, uma vez que o seu patrimônio (o do comprador) continuará exatamente igual ao anterior à sua compra: antes em dinheiro, agora em imóvel valorizado pela especulação.

Essa riqueza adicional, fruto da especulação e que passa a fazer parte do patrimônio daquele proprietário que teve o valor do seu imóvel elevado especulativamente é o que podemos chamar de *riqueza fictícia*.[8] É parte da riqueza patrimonial, mas não da riqueza real, substantiva. Na verdade, deveríamos chamá-la de riqueza fictícia/real, uma vez que se trata de uma riqueza que, embora não possua correspondente real se observada do ponto de vista da totalidade da economia, é reconhecida no dia a dia do mercado como riqueza verdadeira, da mesma maneira que qualquer outra. Nesse nível, o dos atos individuais no mercado, a riqueza fica indiferenciada, importando somente sua magnitude que fica expressa como quantidade de dinheiro.

Observe-se que se trata de uma riqueza reconhecida pelo mercado, mas que não tem como origem nem a natureza, nem o trabalho. É valor, mas não produto do trabalho humano. Como isso é possível? Trata-se de uma violação da teoria marxista do valor? Obviamente que não. É perfeitamente compreensível por ela. Apesar dessa dialética fictício/real, já que a riqueza fictícia é *ao mesmo tempo* as duas coisas, por simplicidade será chamada de riqueza fictícia.

---

[8] Há uma objeção ao fato de que essa valorização crie riqueza fictícia. Surge da ideia correta de que, se um bem é vendido por um preço superior ao seu valor, o que há é transferência de valor e não criação de riqueza fictícia. Já tivemos oportunidade de mostrar em outro trabalho (cf. Carcanholo & Sabadini, 2009, p. 41-65) que essa objeção não tem fundamento, pois títulos ou bens raízes sobrevalorizados se mantêm no patrimônio do agente comprador enquanto a especulação mantenha elevado o seu preço. No caso dos bens de consumo, por exemplo, utilizados ou consumidos esses bens, eles deixam de fazer parte do patrimônio do comprador e aí sim se aplica a ideia da transferência de valor.

Sem dúvida, e de outro lado, uma parte da riqueza patrimonial dos agentes é diretamente riqueza real e não pode ser considerada riqueza fictícia. É o caso propriamente do imóvel de propriedade de um indivíduo. Desprezada a valorização especulativa, o patrimônio do seu proprietário corresponde diretamente à riqueza real. Só o valor adicional de seu patrimônio correspondente à valorização especulativa é, como vimos, riqueza fictícia.

Insistamos no fato de que a forma descrita de existência de riqueza fictícia na sociedade capitalista é só uma de suas formas. Outra forma está constituída pelo dinheiro nas mãos do público e das empresas privadas além dos depósitos bancários, deduzidos sua dívida.[9] Posteriormente veremos outras formas.

Da mesma maneira que, para o caso de um agente individual (pessoa física), o patrimônio de uma empresa, constituído pelo valor real em trabalho das mercadorias de sua propriedade (edifícios, materiais, equipamentos, instalações etc.), é diretamente riqueza real. A valorização especulativa desse patrimônio constitui riqueza fictícia e, nesse caso, constitui *capital fictício*, pois se trata de um valor existente dentro do processo de valorização, no interior da circulação que determina a existência de capital.

Estamos aqui frente a uma das origens do capital fictício, mas se trata somente de uma delas e, na verdade, não da principal. Assim, visualizamos pela primeira vez a existência dessa categoria extremamente abstrata: o *capital fictício*.

5. O CAPITAL ILUSÓRIO E O FICTÍCIO[10]

O sistema de crédito existente em qualquer sociedade capitalista possui a curiosa capacidade de produzir outra forma de riqueza fictícia, de capital fictício. Vejamos como ocorre isso.

O ponto de partida para se entender a questão é perceber que a existência do crédito e do pagamento dos juros, quando prática generalizada na sociedade (o que ocorre em qualquer espaço em que o capitalismo já se encontre em estágio pelo menos relativamente avançado), produz uma ilusão nos agentes econômicos. Essa ilusão consiste em acreditar-se que qualquer rendimento regular recebido por alguém tem como origem a existência de um capital.

A ideia, quando generalizada a prática da cobrança de juros, é a de que, se qualquer quantidade de dinheiro gera ao seu proprietário (ou no mínimo pode

---

[9] A riqueza, aqui, aparece como se existisse duas vezes: como dinheiro circulante e, por outro lado, como mercadorias que podem ser compradas com ele.

[10] Nossa pesquisa teórica sobre o capital fictício prolongou-se no tempo. Há vários anos, vimos pensando nessa categoria tão pouco tratada por Marx n'*O capital*. Como se poderá notar nas próximas linhas, em uns poucos aspectos (não muitos) nossas conclusões de hoje diferem das emitidas em trabalhos anteriores. No entanto, a leitura deles não deve ser considerada sem interesse, pois podem ser encontradas dimensões e aspectos não tratados aqui ou tratados com menos profundidade sobre o tema do capital fictício.

gerar) mais dinheiro, os juros – e, nesse caso, aquela quantidade de dinheiro se converte em capital a juros –, todo tipo de rendimento regular é visto como uma receita que parece provir de um *capital a juros*; qualquer rendimento regular aparece aos olhos do mercado como juros de um capital realmente existente. Quando resultado de um não capital, a sociedade está produzindo a ilusão da existência de capital; é o *capital ilusório*.

Marx se refere a essa questão n'*O capital*: "A forma do capital produtor de juros faz que toda renda monetária determinada e regular apareça como juro de um capital, derive ela ou não de um capital (...) Todavia, essa ideia (a de ser capital) é puramente ilusória, excetuando o caso em que a fonte (...) seja diretamente transferível ou assuma forma em que se torne transferível".[11]

E, referindo-se mais especificamente à dívida pública: "Mas, em todos esses casos, o capital – considera-se rebento (juro) dele o pagamento feito pelo Estado – permanece ilusório, fictício. A soma emprestada ao Estado não existe mais... Não obstante, conforme logo veremos, esse capital fictício possui movimento próprio".[12]

As concessões do Estado a particulares, quando gratuitas, constituem mecanismo de produção de capital ilusório. Em nosso país, as concessões do direito de utilização de frequências de rádio e televisão, gratuitas como forma de remunerar apoio político, são ou eram (parece ter havido modificação nas condições da concessão) típicas desse mecanismo. Outro exemplo, no Brasil, mas que parece já não operar dessa maneira, era a concessão do direito de constituir um cartório de títulos e documentos, concessão esta que se fazia de maneira perpétua, passando de pai para filho desde que formado em Direito. Essas concessões tinham ou seguem tendo a capacidade de criar capital como por arte de mágica: é o capital ilusório.

Esse tipo de capital, embora existindo de maneira mais ou menos ampla na economia capitalista, mas em magnitudes pouco significativas, não tem maior importância para a lógica da sociedade, salvo quando se converte no que se chama *capital fictício*. E, para essa conversão, simplesmente é necessário que a receita regular, origem da ilusão, seja representada por um título (documento que a acredite) e que esse título possa ser negociado no mercado, isto é, possa ser vendido a terceiros. Esse simples fato, que não é tão simples assim, produz uma transformação significativa, e esse capital fictício, forma adicional de existência de riqueza fictícia/real, passa a ter importância na sociedade capitalista.

No caso brasileiro, as concessões de rádio e televisão, na medida em que podem ser negociadas no mercado, constituem uma das formas de existência do capital fictício, além de outras, entre elas, como dissemos anteriormente, a resultante da valorização especulativa de ativos. Marx mostra a conversão do capital ilusório a fictício na citação anterior, que repetimos aqui: "Todavia, essa ideia (a

---

[11] Marx, 1980-1981, l. III, v. V, cap. 29, p. 534.
[12] *Ibid.*, p. 535. Trataremos da dívida pública e sua relação com o capital fictício posteriormente.

de ser capital) é puramente ilusória, excetuando o caso em que a fonte... seja diretamente transferível ou assuma forma em que se torne transferível".[13]

Dessa maneira, a ilusão desaparece e surge um novo conceito econômico, uma nova forma de capital. Isso significa que se trata de um verdadeiro capital? Trata-se de capital que não é ilusório, mas, na verdade, é e não é real. Como entender isso? Trata-se de um jogo de palavras? De fato, não. Para esclarecer o assunto, temos de entender a dialética envolvida nesse conceito.

Aquele título que acredita o direito de apropriação de um rendimento regular, título que pode ser vendido a terceiros, *aparece* para seu proprietário como um verdadeiro capital, como capital real. E de fato o é. É aceito como real no mercado, no dia a dia das transações comerciais. Trata-se de riqueza mercantil, mas de riqueza fictícia, fictícia/real. Por detrás dele não há substância real, não há riqueza previamente produzida; não há valor, não há excedente substantivo previamente produzido e que a ele corresponda. Assim, do ponto de vista global e não dos agentes econômicos que operam no dia a dia, corresponde à riqueza fictícia. Aparece somado ao patrimônio dos agentes, mas não constitui riqueza real para o conjunto da economia.

Assim, e em resumo, o capital fictício é real do ponto de vista dos atos mercantis do dia a dia, do ponto de vista do ato individual e isolado, mas é fictício do ponto de vista da totalidade da economia. Ele é e não é fictício; ele é e não é real. Essa é sua dialética.[14]

Há, no entanto, um aspecto adicional a ser ressaltado sobre a perspectiva da totalidade. É certo que o capital que consideramos é fictício por não corresponder à riqueza real produzida, no entanto ele tem existência como sujeito capaz de apropriar-se de excedente mercantil, de mais-valia. Assim, desse ângulo, podemos dizer que ele também é real.

Qualquer capital real, na sua existência, possui substância real produzida anteriormente e direito de apropriação sobre a mais-valia que será produzida. O capital fictício não possui substância real, mas possui esse direito de apropriação. Assim, e em resumo, mesmo do ponto de vista global, ele é fictício e real ao mesmo tempo. Real por possuir verdadeiramente uma das determinações do verdadeiro capital.

Não será demais relembrar, neste instante, o fato de que o ponto de vista do ato individual e isolado tem correspondência com a aparência da realidade, e o ponto de vista da totalidade e reprodução é a única que nos permite compreender a essência do real. Relembrar também que a aparência não resulta de erro de observação, como muitas vezes se considera, mas constitui uma das duas dimensões verdadeiras do real.

---

[13] *Ibid.*, p. 534.
[14] A ridícula ideia de "capital humano" tem origem nesse processo ilusório, só que nesse caso se trata de uma mistificação. Ver mais detalhes no pequeno apêndice deste texto.

A verdadeira existência do capital fictício, portanto, o fato de que não se trata do resultado de mera ilusão, se demonstra quando percebemos que seu movimento e sua ação na economia interferem verdadeiramente no processo de valorização, acumulação e reprodução do capital em geral, no funcionamento e na lógica da economia.

Em resumo, o capital fictício não apresenta correspondente substantivo, não contribui para a produção da mais-valia, embora exija remuneração, isto é, tenha direito de participar da mais-valia.

6. Formas de existência do capital fictício

O capital fictício constitui justamente aquela parte da riqueza nominal ou patrimonial, não constituída diretamente por bens reais, que se comporta como capital, isto é, que tem como objetivo a valorização, seja como resultado da especulação, seja meramente como capital rentista remunerado exclusivamente pelos juros. Ele apresenta várias formas além das já mencionadas até agora.[15]

Uma das formas do capital fictício que se encontra entre as mais importantes é a das ações. Nesse caso, no entanto, seria possível alegar que, por detrás do valor das mesmas, pelo menos por detrás de uma parte de seu valor, encontra-se o patrimônio real da empresa a que elas correspondam, e que fazem de seus detentores proprietários parciais dela. E é verdade; a soma do valor das ações de uma determinada empresa pode ser maior, igual ou mesmo menor que o valor do seu patrimônio real, e, nesse caso, uma das características básicas que determinam a existência do capital fictício, tal como o entendemos até agora, não estaria presente: a da não existência de riqueza substantiva que lhe corresponda do ponto de vista global da sociedade.

No entanto, não há dúvida de que Marx considera que as ações constituem, sim, capital fictício, e sua argumentação é muito clara: "Mas esse capital não existe duas vezes, uma como valor-capital dos títulos, das ações, e outra como capital efetivamente empregado ou a empregar naquelas empresas".[16] "Mas esses títulos constituem também duplicação em papel do capital real..."[17]

De fato, supondo (para facilitar) que o valor total das ações de uma empresa corresponda ao verdadeiro valor de seu patrimônio real, a riqueza aparece no mercado como duplicada.[18] A prova disso é que tanto o detentor das ações quan-

---

[15] As já mencionadas: a) a parcela do incremento do valor dos bens reais ou fiduciários (títulos) derivada da especulação; b) a capitalização de rendimentos regulares quando o direito sobre eles se apresenta como títulos negociáveis; c) o dinheiro e os depósitos bancários do público e das empresas bancárias, deduzidos suas dívidas.
[16] Marx, 1980-1981, l. III, v. V, cap. 29
[17] Ibid., cap. 30, p. 548.
[18] Pode aparecer triplicada, quadruplicada etc.

to a empresa podem utilizar-se do seu patrimônio inteiro como garantia para eventuais empréstimos bancários.

No caso de o valor total das ações da empresa ser superior ao valor efetivo de seu patrimônio, de fato estaríamos diante de dois tipos distintos de capital fictício. Cada uma das parcelas daquele valor, a que corresponde ao patrimônio real e a adicional, constitui um diferente tipo de capital fictício. Aquela parte do valor das ações que equivale ao valor do patrimônio substantivo constitui capital fictício por duplicar aparentemente a riqueza econômica da sociedade. A outra parte é capital fictício por nada ter de riqueza real, substantiva.

Essa diferença é extremamente significativa e importante. Por essa razão, faremos claramente a distinção, denominando a primeira parte de capital fictício de tipo 1 e a outra, capital fictício de tipo 2. Enquanto o tipo 1 apresenta riqueza substantiva por detrás e, de fato, contribui para a produção de mais-valia (ao menos quando se trata de empresa produtiva), o capital fictício do tipo 2 nada tem de substantivo por detrás e não contribui em nada para a produção e menos ainda para a de excedente econômico.

As diversas formas de existência do capital fictício se enquadram em um ou outro desses dois tipos. Em muitos casos, o montante de uma determinada forma desse capital é em parte de um e em parte do outro tipo.

7. Dinheiro

Na verdade, como já adiantamos, até mesmo o montante de dinheiro disponível nas mãos das empresas e dos consumidores constitui riqueza fictícia, capital fictício (se ela funciona como capital) do tipo 1. Isso ocorre quando o sistema monetário está baseado exclusivamente no papel-moeda e no sistema de crédito.

O possuidor do dinheiro ou o tem como parte do seu patrimônio ou é devedor da soma correspondente a alguém que o possuía como capital a juros. Esse valor constitui riqueza nominal, patrimonial. Outra coisa diferente é a riqueza substantiva constituída pelas mercadorias que serão adquiridas com o montante daquele dinheiro. Assim, a riqueza aparece como se existisse duas vezes: como direito do credor (ou, simplesmente, como patrimônio de seu possuidor) e como mercadorias a serem vendidas.

Vendidas as mercadorias, elas agora continuam aparecendo como riqueza duplicada: como riqueza substantiva nas mãos de quem as comprou (no caso de ter sido diretamente o possuidor do dinheiro inicial) e como riqueza em dinheiro de quem vendeu. Tudo isso significa que a operação de compra e venda não cria riqueza nominal adicional, duplicando aparentemente a riqueza existente. Significa que a soma de dinheiro nas mãos de seu possuidor, sim, é riqueza nominal preexistente e, no caso, capital fictício de tipo 1.

Assim, todo o dinheiro circulante e todo o dinheiro tido como patrimônio nominal, depositado em bancos, por exemplo, constituem capital fictício se destinado à valorização; sempre que seu objetivo seja incrementar-se. Logo, e atenção para isso, o capital-dinheiro, forma funcional do capital industrial, disponível para as empresas, constitui, de fato, capital fictício. "Com o desenvolvimento do capital a juros e do sistema de crédito, todo capital parece duplicar-se e às vezes triplicar-se em virtude das diferentes formas em que o mesmo capital ou o mesmo título de crédito se apresenta em diferentes mãos. A maior parte desse 'capital-dinheiro' é puramente fictícia".[19]

É possível que o montante de dinheiro disponível, seja dinheiro corrente/circulante, seja dinheiro de crédito, depositado nos bancos, exceda em magnitude o necessário para a circulação global, e isso ocorre frequentemente. Nesse caso, a diferença constitui capital fictício de tipo 2 (ou, pelo menos, riqueza fictícia). Na verdade, esse tipo de capital sempre aparece como um excesso de dinheiro disponível sobre a riqueza realmente existente de forma substantiva.

8. O CASO DAS DEBÊNTURES E O DO CRESCIMENTO DA DÍVIDA PÚBLICA

Uma vez que tratamos anteriormente do caso das ações de empresas, devemos agora nos deter no caso das debêntures, isto é, títulos emitidos por determinada empresa e vendidos no mercado. Trata-se de uma forma de obtenção de recursos por meio do crédito, uma forma de financiar-se. O comprador de debêntures se vê atraído pelo pagamento dos juros. É, portanto, proprietário de capital a juros. O lançamento de debêntures por parte de uma empresa significa criação de capital fictício?

As operações de crédito entre particulares, e, entre elas, a emissão de debêntures, não determinam a criação de novo capital fictício, embora elas, em si, o representem. A razão está no fato de que, se bem é verdade que o possuidor das debêntures, ou credor, apresenta os valores correspondentes como riqueza sua,[20] a empresa emissora das debêntures ou os devedores têm esses valores como dívidas. Não há nesse caso a duplicação da riqueza privada, do patrimônio global dos agentes privados econômicos, em razão da operação de crédito.

Vejamos a coisa mais de perto. Antes da compra das debêntures, o agente A possui capital fictício na forma de dinheiro (digamos, com valor igual a 1); a empresa C produz riqueza na forma de meios de produção (valor 1) que, posteriormente, serão vendidos à empresa B. Valor do patrimônio correspondente dos três em conjunto = 2.

---

[19] Marx, 1980-1981, l. III, v. V, cap. 29, p. 541.
[20] Com a compra das debêntures, seu patrimônio não se alterou: a parcela comprometida antes estava sob a forma de dinheiro e, depois, de títulos de crédito.

Depois da compra das debêntures, qual é a situação de cada um? O agente A possui agora capital fictício na forma de título emitido por B; B possui os meios de produção, pois comprou de C, mas deve a A o mesmo valor; C possui agora o valor de 1 em dinheiro, que antes estava nas mãos de A, que repassou a B e que, finalmente, chegou a C. Valor do patrimônio dos três em conjunto depois das operações = 2. Não houve um acréscimo no patrimônio desse pequeno conjunto de agente privados.

Comparemos com a venda de ações pela empresa B. A já possuía capital fictício na forma de dinheiro e, depois da compra de ações (valor = 1), continua com o mesmo valor, só que na forma de ações; a empresa B comprou os meios de produção e não deve nada, pois as ações vendidas são parte do seu capital; C possui agora dinheiro no valor de 1, como capital fictício. Patrimônio dos três antes das operações com o dinheiro = 2; depois = 3. Houve criação de capital fictício.

Assim, simples operações de crédito entre particulares não criam novo capital fictício. É necessário, no entanto, esclarecer algo significativo, já sugerido: um certo volume de capital a juros constitui sim capital fictício, mas seu movimento, de por si, não cria capital fictício adicional. Uma coisa é ser capital fictício, outra é criar novo capital desse tipo.

É o caso dos bancos quando criam crédito adicional, prática corrente neles; criam, desse modo, capital fictício adicional, e aqui não pode haver dúvida. Se efetivamente financiam a produção, criam capital fictício do tipo 1, e o mesmo ocorre quando descontam duplicatas. Quando financiam a especulação, geram capital fictício do tipo 2.

Por outro lado, vejamos o caso do Estado quando emite ou quando aumenta a dívida pública. A emissão cria capital fictício. O aumento da dívida pública correspondente a novos títulos vendidos pelo Estado a particulares, quando destinado a gastos correntes, pagamentos de juros e gastos militares ou similares, tem como consequência a criação de capital fictício de tipo 2.[21] E essa é uma das formas mais relevantes e de implicações mais significativas no capitalismo atual. Assim, o crescimento da dívida pública incrementa o volume total de capital fictício existente na economia.

Entendamos o assunto com calma. Se o incremento da dívida pública teve como objetivo o investimento por parte do Estado (novas estradas, novos edifícios públicos, qualquer que seja o seu destino – administração, saúde, educação segurança etc.), há crescimento do capital fictício de tipo 1. Facilmente isso seria entendido pensando na possibilidade de que o Estado pagasse os construtores ou produtores desses produtos diretamente com os novos títulos. A riqueza aparece duas vezes: uma nas mãos do Estado e outra nas mãos dos particulares. Se o paga-

---

[21] "Esses títulos de dívida [pública], emitidos em troca de capital originalmente emprestado e há muito despendido... servem de capital para os respectivos possuidores, na medida em que são mercadorias vendáveis e por isso podem ser reconvertidos em capital [substantivo]" (Marx, 1980-1981, l. III, cap. 30, p. 548).

mento aos construtores ou produtores for feito em dinheiro obtido pelo Estado pela venda a terceiros dos novos títulos, a situação em nada se altera.

A outra parte do crescimento da dívida pública, a que corresponde aos gastos correntes ou que não se destina a financiar nenhuma forma de riqueza real, substantiva, determina a criação de capital fictício de tipo 2. Os gastos em material de consumo, por exemplo, implicam a destruição das mercadorias compradas pelo Estado em razão da sua utilização, mas, ao mesmo tempo, os títulos correspondentes que permitiram ao Estado a compra desses materiais seguem nas mãos dos particulares. Esses títulos constituem riqueza patrimonial, mas não corresponderão a uma riqueza substantiva depois de consumidos esses bens.

O caso dos pagamentos de juros da dívida pública preexistente é até mais fácil de entender. Muitas vezes, esses juros são pagos somente em parte com *superavit* primário, isto é, poupança de receita pública reservada para atender a dívida pública. Para pagar a outra parte dos juros devidos, o Estado lança mão da venda ao público de novos títulos, aumentando a dívida. Nesse caso, claramente, o aumento da dívida implica a criação de capital fictício do tipo 2.

Outra forma de criação desse tipo de capital fictício (tipo 2) ocorre por meio dos gastos militares. Quando eles se realizam com fundos provenientes de receitas tributárias do Estado, constituem redução da mais-valia, do excedente, disponível para distribuir-se entre as frações do capital e os demais setores que dela se beneficiam. Quando se financiam com crescimento da dívida pública, criam capital fictício de tipo 2.[22] Essa forma é extremamente relevante nos dias de hoje em particular para os países mais poderosos, como Estados Unidos, Inglaterra etc.

Façamos agora um resumo sobre as formas de existência e os tipos de capital fictício. No que se refere à forma de sua existência, mencionamos a que corresponde ao capital ilusório, quando se apresenta como títulos que podem ser vendidos a terceiros. Essa forma constitui a menos importante de todas. Em seguida, nos referimos à valorização especulativa de ativos e, depois, mencionamos as ações. Mostramos, em seguida, que os meios circulantes e a parte em dinheiro do patrimônio dos agentes (quando operam como capital), incluindo o capital-dinheiro, constituem também capital fictício. As debêntures constituem capital fictício, embora seu lançamento não o crie adicionalmente. Finalmente, fizemos referência à dívida pública (o crescimento dela como importante origem de novo capital fictício). Por outra parte, as operações mencionadas que criam, na sociedade, capital fictício adicional são: a) a titularização do capital ilusório; b) a valorização especulativa de ativos, o crescimento da dívida pública e, mencionemos também, a emissão de dinheiro circulante adicional.

Cada uma das formas deve ser considerada, dependendo do caso, como capital fictício de tipo 1 ou 2. O importante é ter presente que o de tipo 1 apresenta correspondente substantivo, embora aparentemente duplique a riqueza.

---

[22] Atenção: quando o crescimento da dívida financia investimentos militares, como por exemplo a construção de uma base militar, a criação é de capital fictício de tipo 1.

Por outro lado, o de tipo 2 não só não tem correspondência real como em nada contribui para a produção ou comercialização da riqueza, embora tenha direito de participar da sua apropriação.

Além disso, é importante insistir no fato de que a riqueza nominal, ou o capital fictício, é considerada como riqueza real no dia a dia do mercado. Não há a menor possibilidade de que ela não seja reconhecida como real em algum momento, pois isso seria desconhecer o direito de propriedade. Ele não pode ser desconhecido, não pode ser destruído, exceto nas crises ou, mais singelamente, na deflação especulativa dos ativos.

9. A CONVERSÃO DO CAPITAL FICTÍCIO EM CAPITAL SUBSTANTIVO E VICE-VERSA

O capital fictício, seja do tipo 1 ou 2, nas mãos de um agente particular pode ser convertido em capital substantivo:

> Esses títulos de dívida [refere-se à dívida pública], emitidos em troca do capital originariamente emprestado e há muito tempo despendido, essas duplicatas em papel do capital destruído, servem de capital para os respectivos possuidores na medida em que são mercadorias vendáveis e, por isso, podem ser reconvertidos em capital.[23]

A qualquer momento, o detentor de um título que represente capital fictício, de qualquer dos dois tipos, encontrará no mercado a possibilidade de converter seu capital de fictício em substantivo, real. Pode convertê-lo, por exemplo, em uma fazenda, uma fábrica, um supermercado, um edifício. O capital fictício é reconhecido como riqueza pelo mercado como qualquer outro tipo de propriedade; ele não é fictício no dia a dia do mercado, é real.

Isso significa que, do ponto de vista global, o capital fictício pode converter-se todo em capital substantivo? A resposta é óbvia: não. A conversão que um agente qualquer realize em um determinado sentido constitui a outra cara da conversão oposta por parte de outro agente. Assim, o montante total do capital fictício não se reduz nessas condições. Podemos fazer, desse modo, uma analogia com o jogo singelo e elementar do "mico". Alguém sempre fica com o mico. Posso repassar para outro jogador a carta considerada mico, mas todo o tempo o mico estará nas mãos de alguém. No final do jogo, quem ficar com essa carta é o perdedor. No capitalismo, também. No momento da crise, quem fica com o mico? Normalmente o perdedor é o pequeno investidor, o cotizado de um fundo de pensão etc. Se por acaso o mico ficar nas mãos de um poderoso, um grande banco, o Estado procurará salvá-lo: *"too big, too fail"*.

---

[23] Marx, 1980-1981, l. III, cap. 30, p. 548.

É óbvio que, se todos os detentores de capital fictício desejarem ao mesmo tempo converter seu patrimônio em bens reais, não haverá riqueza substantiva disponível para isso. Mas é possível a conversão inversa? Isto é, é possível transformar capital real e substantivo em capital fictício? A reposta é positiva. É o que acontece, por exemplo, com o total dos gastos militares financiados com crescimento da dívida pública. Nesse caso, o trabalho gasto na produção é trabalho produtivo, e a riqueza real produzida transforma-se em fictícia, o mesmo acontecendo com o trabalho passado incorporado na produção bélica.

10. Os lucros fictícios

Voltemos ao nosso raciocínio inicial, em que se revela que o capitalismo produz riqueza fictícia. Isto é, voltemos à ideia da valorização fictícia de bens raízes ou fiduciários. Já vimos que essa riqueza fictícia, quando opera como capital (seja a juros ou especulativo), deve ser considerada capital fictício.

Consideremos que uma empresa obtete valorização do seu patrimônio por razões especulativas, seja de seus bens imóveis e demais bens reais, seja de seus títulos. Essa valorização vai aparecer, ao final do ano, como incremento dos seus lucros. Ao seu lucro operacional será somado o resultado dessa valorização especulativa para alcançar-se o total de seus lucros.

Observemos esse acréscimo em seus lucros. Eles têm origem na mais-valia? Eles são o resultado da exploração de trabalhadores produtivos de algum lugar da atividade econômica? Resposta: não. Por isso, devem ser considerados lucros fictícios. São fictícios por não terem origem na mais-valia ou em nenhuma forma de excedente mercantil e, portanto, não terem nenhuma correspondência com riqueza substantiva produzida. No entanto, do ponto de vista do dia a dia do mercado, do ponto de vista do ato individual e isolado, da aparência, eles são tão reais como qualquer outro tipo de rendimento; traduzem-se em certa quantidade de dinheiro contabilizado. Podem converter-se, sem problemas, em qualquer outra forma de riqueza substantiva, sejam bens imóveis, sejam bens de consumo ou outros quaisquer. No entanto, não têm correspondência substantiva do ponto de vista da totalidade. Se olharmos o total da economia, veremos que o total dos lucros,[24] incluindo os fictícios, é superior à magnitude do excedente produzido.

A dialética dos lucros fictícios é a mesma do capital fictício: é real do ponto de vista do ato individual e isolado e, ao mesmo tempo, fictício do ponto de vista da totalidade. Assim, eles são reais e fictícios ao mesmo tempo.

Não é fácil aceitar esse conceito.[25] E isso, em primeiro lugar, por não aparecer nos textos de Marx. E também por uma razão mais substantiva: para os que

---

[24] Entendidos no nível de abstração do primeiro capítulo do livro III d'*O capital*.
[25] "Demonstrar a existência dos lucros fictícios não é uma tarefa fácil, ou melhor, em certo sentido não é possível. Em primeiro lugar, entender sua existência pressupõe, a nosso juízo, além da já mencionada

estão convencidos da profundidade e realidade da teoria marxista do valor, aceitar que exista lucro que não tenha origem na exploração não é uma tarefa fácil. No entanto, é indispensável recordar o esforço que Marx realizou no livro III d'*O capital* para mostrar o processo de mistificação da origem da mais-valia, ou melhor, dos lucros do capital. Esse processo é muito profundo: implica que uma simples análise superficial do sistema capitalista, da aparência, mostra que os lucros não têm origem na exploração do trabalho.

E é necessário insistir mais uma vez que essa conclusão não é um simples equívoco do observador, do analista. Trata-se de uma conclusão que deriva diretamente da realidade, expressa o real. Somente que expressa a realidade exclusivamente em uma de suas duas dimensões: a aparência. É uma conclusão que deriva de uma perspectiva unidimensional da realidade. Ela não é errada em si, o erro está no fato de ser prisioneira da unidimensionalidade do real. Falta-lhe a perspectiva da outra dimensão: a da essência.

O ponto de vista do mercado, que só permite observar um indivíduo isolado ou um ato mercantil isolado, é fundamental nesse aspecto. Assim, não podemos negar que, do ponto de vista do dia a dia do mercado, do ponto de vista do ato individual e isolado, o lucro de um determinado empresário se deve à sua competência, à sua sagacidade. Mas isso não nega que a magnitude total do lucro econômico, disponível para ser distribuído entre seus beneficiários, seja, de fato, fruto da exploração do trabalho produtivo. Quando estudamos a transformação dos valores em preços de produção, vimos como a distância, a contradição, entre essência e aparência (valor e preço) é tão profunda. Ali, a aparência é resultado de processos de transferência de valor e, portanto, de redistribuição da mais-valia entre frações do capital e entre empresas ou agentes dentro dessas frações. A análise de Marx chega a mostrar isso com muita profundidade. É possível mostrar até por que a magnitude total da mais-valia difere da magnitude total do lucro, desde que ele esteja medido em preço de produção.

Os lucros fictícios constituem, em si, um passo adicional no processo de mistificação da origem do lucro capitalista. Eles não constituem resultado de transferência, mas da criação de riqueza fictícia. É pura fumaça do ponto de vista global. Explica-se pela capacidade que o capitalismo possui, capacidade esta já explicitada anteriormente, de produção de riqueza nominal ou fictícia.

A existência dos lucros fictícios não nega as determinações da teoria dialética do valor de Marx. Só mostra que a aparência, que é um dos polos da realidade, tem a capacidade de esconder com surpreendente intensidade a essência do sistema. É indispensável assinalar aqui que esse intenso descolamento entre a essência

---

perspectiva dialética das coisas, uma adequada interpretação da teoria do valor de Marx, algo pouco frequente. Em segundo lugar, pensar em uma demonstração empírica de sua existência é algo completamente fora da lógica científica; dentro da perspectiva dialética não tem sentido. Talvez o máximo possível seja descrevê-lo e sugerir formas de sua existência, além de, ao mesmo tempo, esclarecer sua dimensão teórica e sua relação com as demais categorias da teoria do valor" (Carcanholo & Sabadini, 2009, p. 47-48).

e aparência do excedente econômico capitalista não está isento de implicações na realidade. Não fosse isso, o apelo à dialética poderia, com razão, aparecer como mero ato de retórica ou como instrumento enganoso para explicar o inexplicável. A dialética não é nada disso.

As implicações da existência dos lucros fictícios, em particular quando são muito elevados (características da atual fase do capitalismo) são muito graves e têm consequências importantes para o funcionamento do sistema. Esse descolamento entre essência e aparência é o que, em última instância, leva a crescente antagonismo na contradição entre a produção e a apropriação do excedente econômico, que pode chegar (e de fato chega à etapa atual do capitalismo) a ser a contradição dominante. O surgimento de lucros fictícios em um determinado ano resolve temporariamente a contradição mencionada, mas a agrava depois, ao incrementar o volume de capital fictício ávido de excedente, para a produção do qual em nada contribui.

Atenção para esse fato, os lucros fictícios transformam-se imediatamente, se consideramos o total da economia, em novo capital fictício. É verdade que aquele que aufere certa magnitude de lucro fictício pode convertê-lo em riqueza real, mas a riqueza fictícia correspondente é transferida para alguém.

A mencionada dominância atual da contradição entre produção e apropriação do excedente, da mais-valia, é o que explica a presente etapa especulativa do sistema, etapa em que vivemos e que está em crise estrutural.

Para aceitar a existência e relevância do conceito de lucro fictício, também é necessário abandonar a visão mecanicista da teoria do valor, visão esta que entende este último conceito como se ele tivesse dimensão material. O valor é, na verdade, uma relação social expressa como propriedade dos produtos do trabalho que progressivamente se desmaterializa, como já sabemos. A perspectiva dialética da teoria do valor permite entender que o lucro é fruto da exploração, mas o capitalismo é capaz de produzir a ficção (que é real na aparência) do lucro descolado do trabalho. Mas essa ficção tem o seu preço na realidade.

O conceito de lucros fictícios chegou a ser utilizado por François Chesnais em artigo publicado na revista *Herramienta*,[26] mas sem aceitar o papel por nós atribuído de fator contratendente da queda da taxa de lucro, processo este que se iniciou ao final dos anos 1960. Hilferding também vislumbra o mencionado conceito, chamando-o lucros diferenciais.

> Os lucros ou prejuízos da especulação surgem, portanto, apenas das diferenças das valorizações correspondentes dos títulos de juros. Elas não são lucros, nem participação da mais-valia, mas nascem tão somente das oscilações das valorizações da participação da mais-valia que sai da empresa e cabem aos proprietários de ações, oscilações que, como ainda veremos, não precisam surgir da variação do lucro verdadeiramente realizado. São puros lucros diferenciais. Enquanto a classe capitalista

---

[26] Chesnais (2008).

como tal se apropria, sem compensação, de uma parte do trabalho do proletariado, obtendo dessa forma seu lucro, os especuladores ganham apenas uns dos outros. O prejuízo de uns é o lucro dos outros. *Les affaires, c'est l'argent des autres*.[27]

O que Hilferding não se dá conta nessa passagem é que os lucros fictícios de determinados agentes não significam prejuízos para outros. Enquanto se mantém a especulação e os títulos se encontrem sobrevalorizados, por exemplo, todos se consideram mais ricos e, no mercado, de fato o são. Ninguém tem prejuízo; alguns podem deixar de ganhar se vendem títulos antes da elevação dos preços ou se deixam de comprá-los. Os prejuízos só aparecerão nas crises, quando os títulos chegarem a se desvalorizar. Nesse momento perderão, em geral, os menos poderosos, os de menos informação. Mas isso é outra história.

Algo similar se pode dizer da valorização de bens reais, como os imóveis; não representam, em si, prejuízos para ninguém. O caso dos lucros fictícios provenientes da elevação da dívida pública é um pouco diferente. Em nenhum momento haverá prejuízo para os agentes privados, exceto quanto o Estado, por acaso, chegue a regatar os títulos no mercado com recursos provenientes de tributação, de *superavit* primário, o que quase nunca acontece. Nesse caso, o ônus fica dividido entre aqueles que pagarem impostos ou deixarem de receber dessa fonte: em geral, os assalariados.

Finalmente é necessário destacar que o acréscimo total de capital fictício do tipo 2 de uma determinada economia em grande parte se explica pelos lucros fictícios. Poucos devem ser os mecanismos de criação de novo capital fictício de tipo 2 que não a criação de lucros fictícios.

APÊNDICE – APONTAMENTOS SOBRE A RIDÍCULA IDEIA DE CAPITAL HUMANO

Como dissemos, a ideia de capital humano deriva da mesma ilusão provocada pelo capital a juros e dá nascimento ao capital ilusório. Só que aqui se trata de uma simples e pura mistificação produzida e mantida pelo pensamento neoliberal.

Em um excelente artigo de Alain Bihr denominado "A fraude do conceito de capital humano", publicado pelo *Le Monde Diplomatique* (Brasil) de 5 de dezembro de 2007, o autor identifica a origem da ideia: "Devemos a noção de 'capital humano' ao economista americano Theodor W. Schultz, que a inventou nos anos 1950. Ela foi popularizada por seu colega e compatriota Gary Becker."

E o autor continua, explicitando quando se difundiu: "Por muito tempo confinada ao círculo estreito dos economistas neoclássicos, a noção de 'capital humano' se difundiu a partir dos anos 80 para se tornar um dos conceitos favo-

---

[27] Hilferding, 1985, p. 139.

ritos dos teóricos dos 'recursos humanos' e das agências de recrutamento. Ela ocupa hoje um lugar privilegiado no vocabulário dos políticos..."

O sítio Golden Map[28] é mais explícito sobre o tema e mantém, também, uma atitude crítica sobre a ideia:

> O conceito de capital humano tem origem durante a década de 1950, nos estudos de Theodore W. Schultz, (1902-1998), que dividiu o prêmio Nobel de Economia de 1979 com Sir Arthur Lewis. O conceito foi desenvolvido e popularizado por Gary Becker e retomado, nos anos 1980, pelos organismos multilaterais mais diretamente vinculados ao pensamento neoliberal, na área educacional, no contexto das demandas resultantes da reestruturação produtiva. Deriva dos conceitos de capital fixo (maquinaria) e capital variável (salários). O "capital humano" (capital incorporado aos seres humanos, especialmente na forma de saúde e educação) seria o componente explicativo fundamental do desenvolvimento econômico desigual entre países.

Faz uma referência à passagem d'*O capital* que, embora mal citada e não localizada, por ser interessante, vale a pensa registrar:

> Economistas apologéticos (...) dizem: (...) a sua [do trabalhador] força de trabalho é, portanto, ela mesma, seu capital em forma-mercadoria, da qual lhe flui continuamente seu rendimento. De fato, a força de trabalho é a sua [do trabalhador] propriedade (reprodutiva, que sempre se renova), e não o seu capital. É a única mercadoria que ele pode e tem que vender continuamente, para viver, e que atua como capital variável apenas nas mãos do comprador, o capitalista. Que um homem seja continuamente compelido a vender sua força de trabalho, isto é, ele mesmo, para outro homem, prova, segundo esses economistas, que ele é um capitalista, porque constantemente tem "mercadorias" para vender. Nesse sentido, um escravo também é um capitalista, embora ele seja vendido por uma outra pessoa, mas sempre como mercadoria; pois é da natureza dessa mercadoria, o trabalho escravo, que seu comprador não só a faça trabalhar de novo a cada dia, mas também lhe dê os meios de subsistência que a capacitam a trabalhar de novo e sempre.[29]

Muito sugestivo: até os escravos possuíam ou possuem capital humano!

Melhor até que essa passagem encontra-se uma no livro III d'*O capital*, cap. 29, em que fica clara a relação entre a ridícula ideia de capital humano e a ilusão provocada pelo capital a juros, ilusão esta que dá origem ao capital ilusório. Além disso, localiza a origem da ideia (embora não da expressão "capital humano") não depois do século XVII (!):

> Chega-se a considerar o salário como capital que rende juro e, em consequência, a força de trabalho como capital que rende esse juro (...) O absurdo da concepção

---

[28] Disponível em: <http://pt.goldenmap.com/Capital_humano>
[29] Marx, 1980-1981, l. I, v. II, cap. 20, seção X.

capitalista atinge aí o apogeu: em vez de explicar a valorização do capital pela exploração do trabalho, ao contrário, explica a produtividade da força de trabalho com a circunstância de possuir essa força o dom místico de ser capital que produz juro. Essa ideia esteve em moda na segunda metade do século XVII (Petty, por exemplo), mas hoje em dia é utilizada ainda com seriedade imperturbável pelos economistas vulgares e principalmente pelos estatísticos alemães. Duas circunstâncias desagradáveis (que pena!) lançam por terra essa concepção insensata: primeiro, o trabalhador tem de trabalhar para receber esse juro e, segundo, não pode mediante transferência converter em dinheiro o valor-capital da força de trabalho.[30]

Marx chegaria a se surpreender mais ainda se tivesse a oportunidade de saber que um certo senhor teria reinventado a ideia no século XX, ideia que existia desde o XVII (!), e que até hoje é repetida por economistas medíocres e por não economistas também. Agora ganhou *status* de conceito ou categoria: capital humano! Aparece no arsenal dos vocábulos de todos aqueles que querem impressionar, "com seriedade imperturbável", os ouvintes que supõem mais ignorantes.

Talvez por esse feito, o tal senhor tenha recebido o prêmio Nobel.

---

[30] *Ibid.*, l. III, v. V, cap. 29, p. 536.

CAPÍTULO 8

SOBRE A TEORIA DA RENDA DA TERRA[1]

1. Introdução

A teoria da renda da terra é um importante instrumento para o estudo de situações concretas, e não só para o caso do setor agropecuário. Sem dúvida é importante também para estudos sobre mineração, em particular no que se refere à indústria petroleira, e tem sido utilizada de maneira relevante para o caso do Canal do Panamá. É útil também para o caso da produção de energia hidrelétrica, entre outras muitas situações.

Obviamente que, em todos os casos, a utilização da categoria de renda da terra exige, além de uma compreensão aprofundada da teoria, um grau elevado de criatividade metodológica capaz de superar as dificuldades impostas pelas especificações das situações concretas. Sem isso, essa teoria perde completamente sua eficácia.

No caso do petróleo, por exemplo, a existência das grandes empresas oligopólicas e sua relação com os Estados nacionais e com o mercado internacional introduzem dificuldades teóricas que necessitam ser superadas com criatividade. O mesmo acontece com os estudos sobre o Canal do Panamá, nos quais a problemática teórica da rotação do capital precisa estar presente com profundidade.

Neste texto, a análise sobre a renda diferencial, para maior simplicidade, será referida exclusivamente à agricultura, mas isso não significa que nossas conclusões não sirvam também para os outros setores em que a terra ou os recursos naturais apareçam como insumo importante.

Nossa análise será exclusivamente teórica, centrada na categoria de renda diferencial.[2] Como sabemos, para Marx, além desse tipo de renda, que também aparece na obra de David Ricardo, existe outra modalidade, que é a da renda absoluta. No entanto, só de passagem nos referiremos a ela.

Numa primeira aproximação, entender as categorias de renda da terra não é difícil. A renda absoluta da terra aparece como a diferença entre o valor do produto da terra (ou produto do setor primário) e o seu preço de produção. Assim,

---

[1] A versão original em português deste texto, embora muito diferente, está em Carcanholo, 1984, e teve como base o primeiro capítulo de Carcanholo, 1982a e b.
[2] E não faremos referência à renda diferencial do tipo 2.

para que possa existir a renda absoluta, parece indispensável que o valor seja superior ao preço de produção, ou seja, que a composição orgânica do mencionado setor seja menor que a média da composição dos demais setores da economia.

Por outro lado, a renda diferencial fica determinada pela diferença entre o preço de produção de um determinado tipo de terra utilizado e o preço de produção da terra de menor qualidade, menos adequada.

Na verdade, para uma compreensão mais aprofundada e mesmo mais adequada das categorias, várias precisões são necessárias, e este é o objetivo do texto que segue.

Embora, aqui, não estudemos com detalhe a renda absoluta, podemos dizer que mesmo no caso do setor agrícola chegar a possuir composição orgânica superior à média da sociedade, ela pode existir desde que o preço de mercado do produto chegue a ser superior ao correspondente ao preço de produção regulador do mercado. Nesse caso, ao contrário da renda absoluta normal, teríamos a renda absoluta de monopólio. Mesmo que nossa análise a seguir se restrinja praticamente à renda diferencial, nossas conclusões podem sugerir uma compreensão superior à questão da renda absoluta.

Destaquemos aqui que a categoria de renda absoluta também é relevante teoricamente para o estudo, mesmo no setor industrial, quando a mais-valia extra, para alguns capitais, torna-se permanente ou, pelo menos, prolonga sua existência no tempo.

A análise detalhada que expomos no presente texto apresenta alguma dificuldade formal para sua compreensão. Em razão de que sua leitura, em algumas de suas passagens, pode não ser tão fácil ou tão agradável, faremos um resumo das principais conclusões que aparecerão demonstradas ao longo do texto.

As conclusões mais importantes da nossa análise:

1. A renda diferencial é uma *forma*, uma modalidade especial de valor, similar à mais-valia extraordinária.

2. Dependendo da relação entre o preço de produção e o valor do produto agrícola, a renda, pelos menos em parte, pode ser valor produzido em outro setor da economia e transferido para o agrícola. Assim, à renda não se aplica o conceito de *produção*.

3. Tampouco se pode aplicar o conceito de *apropriação*, pois a magnitude de renda que se apropria pode ser menor ou maior que a magnitude determinada teoricamente como renda diferencial.

4. Assim, temos de utilizar o conceito de *geração*. A renda diferencial é gerada no setor, pode ou não ser apropriada totalmente como renda, e, inclusive, a apropriação pode ser maior que a renda determinada.

5. Mesmo havendo apropriação de renda diferencial, o setor agrícola pode estar transferindo valor para outros setores da economia.

6. Em um setor agrícola qualquer, para a determinação da magnitude do seu *preço de produção regulador de mercado,* só importam as condições de produção

das empresas capitalistas; as condições de produção do não capital não têm importância.

7. Quando introduzimos a suposição de existência de fronteiras nacionais, o novo nível de abstração exige que pensemos a existência de duas diferentes taxas médias de lucro: a *taxa média nacional* e a *taxa média geral de lucro*.

8. Essas duas taxas médias de lucro determinam a existência de dois diferentes preços de produção e, por isso, duas rendas diferenciais: uma determinada nacionalmente e a outra, a *renda diferencial geral*.

9. Em um determinado país, a diferença entre essas duas rendas diferenciais, no setor de agroexportação, propicia a possibilidade de uma renda absoluta que pode ser apropriada no mesmo setor agroexportador, ou transferida ao resto da economia.[3] Nesse caso, essa *renda absoluta* se converte em *sobre-excedente agroexportador*.

10. Esse excedente agroexportador pode ser a explicação histórica de processos de industrialização substitutiva ocorrido em vários países na América Latina.[4]

2. Primeiros elementos sobre a renda da terra

Em geral, nos diversos setores da economia, o valor social deve ser entendido como a média aritmética dos valores individuais das empresas que ali operam. Da mesma maneira ocorre com o preço de produção, que será média aritmética ponderada de todos os preços de produção do setor. Esse preço de produção é o que podemos entender como *preço de produção regulador de mercado*, que definirá os preços de mercado na ausência de monopólio ou oligopólio.

À diferença dos demais setores produtivos, como sabemos, *o preço de produção regulador do mercado*, no caso do setor agrícola, é o preço de produção médio na terra menos adequada. Tal terra deve ser assim classificada, dadas as suas características tanto de "fertilidade" quanto de distância do mercado. O preço de produção é aquele que, caso o preço de mercado a ele corresponda, garante ao produtor a taxa média de lucro. Observe-se que a existência de diversos capitais na terra menos adequada, e supondo que eles não operem com a mesma eficiência ou tecnologia,[5] a taxa de lucro de cada um, nessas condições, diferirá da taxa média, mas isso deve ser desconsiderado, no nível de abstração correspondente, ao se tratar da renda diferencial.

---

[3] Estamos pensando em um país cuja taxa média de lucro é inferior à taxa média geral.
[4] Explicações sobre processos de industrialização na América Latina com base na renda da terra podem ser encontradas, entre outros, em Arce, 1980; Bacha, 1976; Carcanholo, 1982; Flichman, 1977; e Margulis, 1979.
[5] O que é o normal.

Assim, como é de conhecimento geral, para Marx a renda diferencial[6] ocorre quando o preço de produção de qualquer terra seja inferior ao regulador do mercado, os capitais aí empregados obtendo em média mais que a taxa média de lucro. A diferença é o que se entende por renda diferencial. Em outras palavras, ela é entendida como a diferença entre a rentabilidade das terras de distinta qualidade (considerando-se também a distância do mercado), com relação à pior terra. Assim, sua determinação é algo que parece muito simples.

Na verdade, para uma adequada compreensão desse conceito, é indispensável identificar com precisão o nível de abstração em que ele é estudado por Marx e as implicações que isso significa. Nosso objetivo inicial é entender se a renda diferencial define-se pela produção ou pela apropriação.

De partida, cabem as seguintes perguntas: 1) as variações dos preços de mercado dos produtos agrícolas ao redor da magnitude dos seus preços de produção determinam variação na magnitude da renda diferencial "produzida"?; 2) em outras palavras, são as condições da apropriação que definem a magnitude "produzida" da renda diferencial?

Estamos convencidos de que a resposta correta a essas duas perguntas é negativa. A determinação da magnitude da renda diferencial não depende dos preços de mercado, mas do preço de produção, isto é, do preço de custo (dos preços de custo dos diferentes tipos de terra) e da taxa média geral de lucro, determinada no nível global da economia, a partir da magnitude dos valores e independente dos preços de mercado. Esse último aspecto, que parece mais ou menos trivial, não o é. Não importa a taxa média de lucro definida efetivamente pelos preços de mercado, mas aquela derivada dos valores, isto é, da taxa geral de lucro em um nível de abstração muito elevado.

Assim, o conceito de renda diferencial não leva em consideração as condições circunstanciais da apropriação, mas exclusivamente as da produção. A apropriação só é importante para ela no nível de abstração correspondente ao preço de produção, que é reflexo praticamente imediato das condições de produção.

No entanto, como veremos, outra coisa totalmente diferente é a magnitude da apropriação da renda diferencial por parte dos produtores, que, sim, depende dos preços de mercado. Estamos aqui afirmando, então, que uma coisa é a magnitude da renda diferencial e outra coisa distinta é a capacidade de apropriação dela por parte do setor agrícola. E isso é uma coisa relevante e não destacada por Marx, dado o nível de abstração em que trabalha.

Veremos, também e ao contrário do que se possa pensar, que a renda diferencial não pode ser entendida como resultado da produção.

---

[6] Referimos-nos aqui à renda diferencial do tipo 1.

3. Geração, apropriação e transferência da renda diferencial

Formalizemos em detalhe nossa compreensão do assunto da seguinte maneira:

a. A magnitude do valor de uma determinada mercadoria determina a grandeza da verdadeira produção de riqueza econômica na sociedade capitalista que sua produção envolveu.

b. Como sabemos, o preço de mercado de qualquer mercadoria pode não corresponder à magnitude do seu valor. Os desvios do preço de mercado, para cima ou para baixo, daquele correspondente à verdadeira magnitude do valor não alteram em nada a verdadeira produção de riqueza econômica. Assim, a magnitude do valor é um ponto de referência a partir do qual podemos falar de transferência de riqueza de um produtor a outro; podemos falar de magnitude da transferência.

Então, se o preço de mercado corresponde à magnitude do valor, a produção e a apropriação de valor por parte de um produtor qualquer são iguais em termos de grandeza. Nesse caso, a transferência de valor é igual a zero.

c. A taxa média geral de lucro[7] é uma categoria teórica, com existência real, independente de que efetivamente os preços de mercado determinem ou não, para os capitais, um montante de lucro efetivo que corresponda a ela. Sua existência também não depende de que haja, na economia, uma tendência à igualação ou uniformização das taxas de lucro. A taxa média geral de lucro se determina teoricamente pela divisão entre a mais-valia total e o valor do capital total, de forma independente dos preços.

d. O preço de produção, cuja grandeza tem como unidade de medida a hora de trabalho, também é uma categoria teórica, com existência real, independente de que efetivamente o preço de mercado corresponda ou não a ele. Ele se determina, para cada mercadoria, pela soma do seu preço de custo (c + v) e o lucro médio, determinado pela taxa média geral de lucro.

e. Em cada setor da economia, podemos falar de preço de produção médio, supondo a existência de diferentes capitais com diferentes preços de custo. Ele será igual à média aritmética ponderada dos preços de produção individuais. Esse preço de produção médio é o regulador do mercado, determinando os preços de mercado na ausência de monopólios ou oligopólios.

f. No entanto, no caso de um setor em que a terra ou os recursos naturais são decisivos, como é o caso da agricultura – da indústria extrativa e da mineração, por exemplo –, temos de considerar o preço de produção médio para cada tipo de terra utilizada: as terras menos adequadas e cada um dos tipos de terras mais adequadas. Isso porque estamos supondo a inexistência de monopólios ou oligopólios, e, assim, os capitais que operam nas piores terras também exigem, como remuneração, em média, lucros determinados pela taxa geral de lucro.

---

[7] Geral porque é calculada a partir da massa total de lucro e da magnitude total do capital de toda a sociedade. Aqui se abstrai a existência de fronteiras nacionais.

g. Em média, os capitais que operam em algum tipo de terra diferente da menos adequada apresentarão preço de custo e, portanto, preço de produção inferiores ao preço de produção médio observado na terra menos adequada. Como supomos que o produto é homogêneo e que apresenta o mesmo preço de mercado, os capitais que operam nas terras diferentes das menos adequadas obterão, além do lucro médio geral, rentabilidade adicional. É a renda diferencial.

h. Para que os capitais que operam na pior terra obtenham, em média, o lucro correspondente à taxa geral de lucro, o preço de mercado deve corresponder ao preço de produção médio da pior terra. É por isso que esse preço deve ser considerado o preço de produção regulador de mercado do setor correspondente.

i. Assim, a renda diferencial é entendida como a diferença entre o preço de produção regulador de mercado, que é o preço de produção da terra menos adequada, e o preço de produção médio de cada da terra. Logo, como a taxa média geral de lucro é indispensável para a determinação dos preços de produção, essa taxa é ponto de referência teórico, a partir do qual se pode falar em renda diferencial.

j. Dessa maneira, se o preço de mercado for maior ou menor que o correspondente ao preço de produção regulador do mercado de um setor agrícola, determinando nele lucros superiores ou inferiores aos que correspondem à taxa média geral de lucro, nenhum efeito terá sobre a renda diferencial, uma vez que ela se determina pelos preços de produção, e não pelos preços de mercado.

k. Se o preço de mercado corresponde efetivamente ao preço de produção regulador do mercado do setor agrícola, toda a renda diferencial é apropriada no setor. Se ela fica nas mãos dos capitais do setor, mantendo-se como lucros extraordinários, ou se transforma em aluguéis pagos aos donos das terras, é um outro problema.

l. No entanto, imaginemos um preço de mercado, em determinado setor agrícola, inferior ao correspondente ao seu preço de produção. Nessas condições, a taxa de lucro nas terras menos adequadas será inferior à taxa média geral de lucro. O mesmo acontece nos demais tipos de terra, só que, nesses casos, compensado, pelo menos em parte, pela renda diferencial da qual elas são capazes de se apropriar.

m. Para melhor compreensão da afirmação anterior sobre apropriação da renda, detenhamo-nos um pouco mais no assunto. Consideremos um produto de um setor qualquer de uma economia capitalista. Admitamos, como é da realidade, que existem capitais com diferentes valores individuais e, portanto, diferentes preços de custo e preços de produção individuais.

n. Somando-se ao preço de custo $(c + v^8)$ médio (média aritmética ponderada) de uma unidade desse produto o lucro médio geral correspondente, como já vimos, encontraremos o preço de produção médio de uma unidade desse produto para os capitais daquele setor.

---

[8] Calculados os insumos a preços de produção.

o. Se estivéssemos considerando um setor produtivo não primário, esse preço de produção médio geral seria o preço de *produção regulador de mercado*. Isto é, aquele ao qual devem corresponder os preços de mercado na ausência de forças que obriguem o desvio entre o lucro médio de cada setor e o lucro médio geral. Em outras palavras, é aquele que determina a igualdade oferta-demanda.

p. É óbvio que no setor considerado existirão capitais com preços individuais de produção superiores e inferiores ao preço de produção médio geral que é o regulador de mercado. Os capitais com preços de produção inferiores *geram* lucro extraordinário positivo; os outros, negativo. Existe entre eles uma transferência de valor. No entanto, não há divergência oferta-demanda; não se produzem movimentos migratórios de capital.

q. Se estivéssemos considerando um setor produtivo agrícola (ou qualquer outro primário) em que diferentes classes de terra (mais ou menos favoráveis) fossem utilizadas pelos capitais, o preço de produção médio geral do setor não seria o regulador do mercado. Se o preço de mercado correspondesse ao preço de produção médio geral do setor, ocorreria um movimento de emigração de capitais, precisamente daqueles que utilizam as terras menos adequadas que a média. Assim, em um setor agrícola, o regulador de mercado será o preço de produção médio daqueles capitais que utilizam o tipo de terra menos adequado.

r. Os diferentes capitais, em cada classe de terra utilizada, possuem preços de produção diferentes, que se explicam pelo lucro extraordinário. Aqui, abstrairemos essas diferenças e nos concentraremos no preço de produção médio para cada classe de terra, como se fosse igual ao preço individual de produção de cada capital que opera em cada classe de terra.

s. A diferença entre o preço de produção da terra mais desfavorável e o de cada classe de terra, como sabemos, é a renda diferencial. A renda diferencial ocorre porque o preço de produção regulador de mercado de um setor agrícola (ou primário) é igual ao preço de produção da terra menos favorável. Este é o que determina o preço comercial, em ausência de forças que provoquem um desvio da taxa de lucro em relação à taxa média geral de lucro. A renda diferencial é o remanescente do preço de produção regulador de mercado sobre o preço de produção das terras que não sejam as marginais.

t. Portanto, a renda diferencial é o lucro extraordinário obtido nas terras diferentes das menos adequadas, quando os que utilizam estas últimas recebem o lucro médio geral.

u. Se o preço de mercado for inferior ao correspondente ao preço regulador de mercado, os capitais de qualquer classe de terra diferente da menos adequada não só deixariam de se apropriar de parte do lucro médio geral, mas também de parte da renda diferencial. Demonstremos isso:

$$RDj = (1 + g') \cdot (Pcn - Pcj) \, xj, \quad e$$

$$Rdj = (1 + g') \cdot (Pcn - Pcj) \, xj,$$

onde:
RDj = volume total da renda diferencial gerada na terra de tipo *J*;
Rdj = volume total da renda diferencial *apropriada* na terra de tipo *J*;
n = a terra menos adequada;
$\underline{g'}$ = taxa média geral de lucro;
g' = taxa de lucro inferior à taxa média geral, obtida por todos os capitais do setor por ser o preço de mercado inferior ao correspondente ao preço de produção regulador do mercado;
Pcj, Pcn = preço de custo médio de uma unidade do valor de uso A nos tipos de terra *J* e n, sendo Pcn o mais elevado por ser n a terra menos adequada;
xj = volume de produção no tipo de terra *J*.

Assim como $g' < \underline{g'} \rightarrow$ Rdj < RDj

Desse modo, fica demonstrado que, se o preço de mercado for inferior ao correspondente ao preço de produção regulador de mercado de um determinado setor agrícola e, portanto, se o lucro obtido pelos capitais que operam nesse setor for inferior ao lucro médio, a renda diferencial apropriada por eles será menor que a renda determinada normalmente.[9]

v. Isso significa que a renda diferencial dos capitais de determinado tipo de terra pode ser totalmente apropriada ou não por eles, dependendo de o preço de mercado corresponder ou não ao preço de produção regulador de mercado, que é o preço de produção médio dos capitais que utilizam as terras menos adequadas. Assim, não podemos dizer que a magnitude da renda diferencial fique determinada pela apropriação.

w. Por outro lado, o preço de produção regulador de mercado de um setor agrícola pode ser maior ou menor do que o valor social.

Suponhamos que esse preço de produção seja maior do que o valor social.[10] Suponhamos, ao mesmo tempo, que o preço de mercado corresponda ao valor e, sendo assim, seja menor que o preço de produção regulador de mercado. Estaríamos diante de um caso do tipo do tratado no inciso "u" anterior. Como vimos ali, tanto a taxa de lucro apropriada seria inferior à média quanto a renda diferencial obtida seria menor que a renda diferencial indicada no inciso "i".

Portanto, no caso de o preço de produção regulador de mercado ser maior do que o valor social, a apropriação da renda diferencial (tal como indicada no

---

[9] Aqui aparece uma dificuldade: se o preço de mercado for superior ao correspondente ao preço de produção, a apropriação de renda será maior que a renda diferencial tal como a entendemos determinada. Nesse caso, poderíamos entender como renda diferencial extraordinária aquela parcela que supere a renda diferencial gerada.

[10] Normalmente, pensa-se que o preço de produção regulador de mercado só será maior que o valor social quando a composição orgânica do setor agrícola for maior que a média da economia. Na verdade, essa ideia não é correta.

inciso i), pelo menos na sua totalidade,[11] só seria possível por transferência de valor de outro setor produtivo ao agrícola.

x. Isso significa que a renda diferencial pode ser, em parte, valor transferido de outro setor da economia. Pode ocorrer, também, que seja simplesmente parte do valor produzido no mesmo setor agrícola (isso ocorreria se o preço de produção regulador de mercado fosse menor do que o valor social).

y. Os parágrafos anteriores permitem concluir que a determinação quantitativa da renda diferencial não se encontra nem na produção nem na apropriação. Para esse tipo de renda, não é adequado o conceito de produção, pois parte dela pode ser valor produzido em outro setor da sociedade. Então, a renda diferencial não se produz. Por outro lado, também não se pode dizer que a renda diferencial seja simples apropriação, pois, pelo inciso "v", parte dela pode não ser apropriada pelos capitais[12] que operam na terra.

z. Então, concluindo, se não podemos dizer que a renda diferencial seja produzida ou, ao contrário, apropriada, não temos alternativa senão dizer que ela é *gerada* pelos capitais que utilizam as terras que não são as menos adequadas; é parcial ou totalmente apropriada por eles; pode, portanto, ser parcialmente transferida.[13]

Acreditamos que é de fundamental importância a conclusão de que a renda diferencial não se determina por sua apropriação, nem tampouco pela produção, pois não é produzida. No entanto, ao contrário da renda diferencial (e também da mais-valia extra), a mais-valia é, obviamente, valor produzido pelo capital correspondente.

Uma possível objeção a isso relacionar-se-ia com o fato de que, com a leitura d'*O capital*, poderia se pensar em uma determinação da renda diferencial a partir do conceito da apropriação.[14] Uma coisa é certa: o conceito de *geração* não aparece por nenhum lado nessa obra de Marx. No entanto, isso é absolutamente explicável. Em geral, ao tratar da renda diferencial, ele parte da suposição de que os preços de mercado correspondem aos preços de produção; isso significa, conforme se pode entender do que vimos aqui, que a *apropriação* e a *geração* se identificam. Nesse caso, portanto, o conceito de *geração* não é necessário e, por isso, não aparece. Desejando-se trabalhar num nível de abstração menor, no qual os preços de mercado podem não corresponder aos preços de produção, então o conceito de *geração* é indispensável.[15]

---

[11] Para isso, seria necessário que o preço de mercado correspondesse ao preço de produção regulador de mercado.

[12] Neste trabalho, quando dizemos "renda diferencial apropriada pelo capital", não estamos nos esquecendo de que teoricamente a ideia é que ela é transferida aos proprietários da terra. No entanto, ainda assim, é apropriada pelo capital e só depois transferida.

[13] Pela mesma razão, a mais-valia extra não se produz, é gerada.

[14] Em relação à renda absoluta, não existe a menor dúvida: determina-se completamente pela apropriação. Veremos, posteriormente, que nosso conceito de renda absoluta nacional de monopólio tem determinação diferente.

[15] Por estar relacionado com níveis de abstração intermediários, que admitem um número de determinações relativamente elevado, o conceito de *geração* é algo complexo. Ele não é adequado às categorias

4. Apropriação de renda diferencial e transferência de valor

Já vimos, no inciso "w" do item anterior, que a renda diferencial geral por um determinado capital, se apropriada, pode ser parcial ou totalmente resultado do valor transferido desde outro setor da economia. Estudemos essa questão e, também, estudemos o que entendemos por transferência de valor na forma de renda diferencial, no que se refere a um setor agrícola qualquer.

a. Seja PPR o preço de produção regulador de mercado de uma unidade do valor de uso A, em um setor agrícola; V_S será o valor social de uma unidade de A; P_M será seu preço de mercado e R_D, a renda diferencial média gerada por intermédio da produção de cada unidade do produto A.[16]

b. Consideremos aqui, por suposição, que $P_M = PPR$,[17] de maneira que toda renda diferencial gerada pelos capitais produtores de A seja apropriada pelos mesmos. Não se produzirá, então, transferência de riqueza sob a forma de renda nem desde o setor A nem para o mesmo setor A.

c. No entanto, PPR pode ser maior, menor ou igual a V_S.

d. Se $PPR = V_S$, não ocorrerá transferência de valor (riqueza) entre o setor A e o resto da economia.

e. Se $PPR > V_S$, produzir-se-á transferência de valor desde o resto da economia para os capitais que operam no setor A. Se $PPR > V_S$ e, além disso, $PPR - V_S = R_D$, então a renda diferencial gerada e totalmente apropriada pelos capitais de A é a forma de um valor totalmente produzido no resto da economia e transferido a A. Isso é resultado do fato de que, nessas condições, a mais-valia produzida em A se converte totalmente em massa de lucro de A (exatamente su-

---

essenciais de valor ou mais-valia; também não se refere às manifestações delas, tais como aparecem concretamente na realidade (as categorias empíricas como o preço de mercado ou o lucro comercial, por exemplo, do dono da farmácia da esquina). O conceito de *geração* está relacionado com categorias intermediárias, que se situam entre a essência e a aparência, que explicam a relação (a "passagem") ou a contradição particular entre elas. Definir *geração*, se fosse exigido, seria uma tarefa impossível. Não se trata de definir. As novas categorias surgem do "jogo" lógico das já conhecidas, são descobertas ou observadas como realidades que existem no concreto ou no abstrato. Trata-se de mostrar o processo do seu descobrimento, encontrar um nome mais ou menos adequado e atribuí-lo. A tarefa de definir, que esta fique entregue, como sempre, aos manuais.

[16] Aqui se trata da soma total das diferentes magnitudes de renda diferencial geradas em todas as terras que se dedicam a uma mercadoria agrícola, dividida pelo volume total produzido no setor.

[17] Aqui, na verdade, há uma imprecisão teórica. O preço de mercado jamais pode ser igual, maior ou menor que o preço de produção ou que o valor, pois possuem dimensões diferentes. Enquanto o preço de produção e o valor medem-se em horas de trabalho, os preços de mercado têm como medida unidades do padrão de preços (dinheiro). No entanto, para superar essa imprecisão, em lugar de utilizar o preço de mercado, deveríamos utilizar o valor apropriado no mercado ou, mais simplesmente, o valor mercantil, que seria aquele apropriado no mercado uma vez determinado o preço de mercado. Mas tudo isso seria uma sutileza talvez exagerada e que poderia levar esta exposição a uma complexidade ainda maior. Assim, apesar da imprecisão, seguiremos comparando quantitativamente preço de mercado com preço de produção e com valor.

ficiente para garantir a taxa média geral de lucro no setor), e a renda diferencial não pode ser mais que um valor produzido em outro setor.

f. Se $PPR < V_S$, produzir-se-á uma transferência de valor desde A para o resto da economia, embora a R_D seja totalmente apropriada em A e, portanto, nenhuma parte é transferida.

g. Consideremos agora um subconjunto J dos capitais de A,[18] sendo que pelo menos um deles gera renda diferencial. Na verdade, esse subconjunto poderia representar o conjunto dos capitais que operam no setor agroexportador de um determinado país.

Seja V_J o valor individual médio produzido pelos capitais J de A, sendo que pelo menos um deles gere renda diferencial.

Se $P_M = PPR$, toda a renda diferencial gerada pelo subconjunto J é apropriada aí mesmo. Não existe transferência de renda diferencial.

PPR pode ser maior, menor ou igual a V_J.

Se $PPR = V_J$, não se produz transferência de valor entre os capitais J e os demais da economia.[19]

Se $PPR > V_J$, existe transferência de valor para J.

Se $PPR < V_J$, existe transferência de valor desde J.

5. ABANDONA-SE A SUPOSIÇÃO DE INEXISTÊNCIA DE FORMAS NÃO CAPITALISTAS

Neste item, estudaremos o efeito que apresenta sobre a categoria de renda diferencial a existência (ao lado dos capitais) de pequenos produtores familiares que, por simplicidade, chamaremos de camponeses. Nossa conclusão é de que o preço de produção regulador do mercado, a partir do qual se define a geração de renda diferencial, fica totalmente determinado pelas condições de produção das empresas capitalistas, independentemente de existir pequena produção familiar (exceto em circunstâncias muito particulares).

Faremos também alguma referência às modificações na determinação da magnitude do valor social, nas condições explicitadas e em suas implicações desde o ponto de vista da transferência de valor.

a. Admitiremos, para simplificar, que todos os capitais produtores do valor de uso A, que operam em cada uma das diferentes classes de terra, têm preços de produção individual (PP_I) iguais.

b. Admitiremos, também, que os camponeses podem estar operando em qualquer classe de terra, mas, seguramente, operam na mais inadequada.

---

[18] O subconjunto J pode representar o conjunto dos capitais, no interior de um país, exportadores de uma determinada mercadoria agrícola. Assim, o setor A seria o conjunto de toda a produção mundial da mesma mercadoria para exportação. Essa foi nossa intenção ao analisar o setor J.

[19] Isso poderia se referir à transferência de valor entre um determinado país e o resto do mundo.

c. Para seguir produzindo A, a pequena empresa familiar camponesa, por definição, não exige o lucro médio e nem mesmo lucro. Para simplificar, suponhamos que exija o PC_C, preço de custo individual.[20]

d. Se o preço de mercado (P_M) correspondesse ao preço de produção individual dos capitais que se encontram na terra menos favorável (PP_{IP}), teríamos que:
- Se $PC_C < PP_{IP}$, a pequena empresa camponesa se apropriaria de excedente.
- Se $PC_C > PP_{IP}$, haveria perda e tenderia a abandonar a produção de A.

e. Então PP_{IP} (preço de produção individual dos capitais que operam na terra menos adequada) é o preço de produção regulador de mercado. A geração de renda diferencial determina-se a partir desse PP_{IP}.

Evidentemente, o preço de produção regulador de mercado seria maior que PP_{IP} se os novos capitais só pudessem ingressar no setor A, em terras inferiores às que o determinam.

f. Portanto, em um setor agrícola qualquer, para a determinação da magnitude do seu preço de produção regular de mercado, só importam as condições de produção das empresas capitalista; as condições de produção do não capital não têm importância. Se P_M, regulado por PP_{IP}, chegasse a ser inferior às condições de existência de empresas não capitalistas do setor, esse espaço tenderia a ser ocupado por novos capitais.

g. A mesma coisa não se pode afirmar da determinação do valor social produzido nesse setor.

Dentro de nossa interpretação sobre a determinação quantitativa do valor, o gasto de trabalho necessário de qualquer empresa do setor (capital ou não capital) soma-se ao das demais para determinar a magnitude do valor total produzido.

Isso significa que os pequenos produtores (não capital) que recebem como remuneração preço próximo a seu preço de custo estarão transferindo valor a outros produtores. Se o preço de mercado for superior ou igual ao correspondente ao valor social, essa transferência está dirigida a produtores do mesmo setor. Se for inferior, a transferência destina-se a produtores de outros ramos e, possivelmente, também a alguns situados no mesmo setor.

h. Isso significa que o lucro total do capital social, além de estar formado por mais-valia (produto de si mesmo), inclui o valor produzido e não apropriado pelo não capital (apropriado pelo capital). Dessa maneira, a existência de pequena produção não capitalista faz com que o lucro total do capital seja mais elevado, e mais elevada a taxa de lucro. Portanto, o preço de produção calculado com base nesse lucro incrementado será maior.

i. Logo, embora o preço de produção seja uma categoria teórica que supõe o não monopólio no âmbito do capital, seu conteúdo neste novo nível de abstração supõe monopólio do capital sobre o não capital.

---

[20] Utiliza-se aqui uma empresa que opere com essas características, exista ela ou não na realidade. É, talvez, um recurso meramente formal.

36. Abandona-se a suposição de inexistência de fronteiras nacionais

Neste item vamos introduzir um novo conceito: o de *renda diferencial nacional* em oposição à *renda diferencial geral*. Na verdade, em termos mais apropriados, não se trata de novo conceito, mas de resultado necessário do processo de concretização da análise. Em nível mais concreto, a categoria renda diferencial desdobra-se nos dois conceitos referidos. Elas ficam determinadas pela existência de duas diferentes taxas médias de lucro: uma que opera no âmbito mundial e a outra, no âmbito nacional e, portanto, pela existência teórica, de dois preços de produção reguladores do mercado para a mesma mercadoria.

Veremos, posteriormente, que as duas "novas" categorias nos permitirão entender, em certo nível de abstração, o que chamaremos *renda absoluta nacional de monopólio*.

Consideremos o assunto detalhadamente:

a. Se abstrairmos a existência de fronteiras nacionais que limitem a mobilidade do capital, a taxa média de lucro será igual à massa de mais-valia mais o valor produzido pelo não capital apropriado pelo capital total (de toda a sociedade) dividido por sua magnitude.

A existência de fronteiras nacionais, ao determinar monopólios, faz com que as *taxas médias nacionais de lucro* não sejam iguais à *taxa média geral*.

No entanto, isso não significa a inexistência da taxa média geral de lucro, pois se mantém como ponto de referência teórico (aliás, como sempre o foi).

b. Se perguntássemos sobre a geração de renda diferencial na atividade produtiva de um valor de uso agrícola *A*, de ampla circulação no mercado mundial, o ponto de referência teórico seria a taxa média geral de lucro, e não a nacional.

Se o preço mundial de mercado corresponde ou não àquele que garante o lucro médio geral para essa atividade, não importa em nada para a *geração* da renda diferencial, como já vimos, só modificando sua *apropriação*.

c. Podemos escrever que:

$$RD = (1 + g') \cdot [(Pcn - Pcn-1) x_{n-1} + (Pcn - Pcn-2) x_{n-2} + \ldots + (Pcn - Pc1) x_1]$$

onde:
RD = volume total da renda diferencial gerada no setor *A*;
g' = taxa média geral de lucro;
n = número de tipos diferentes de terra usados na produção de *A*;
Pc1, Pc2..., Pcn = preço de custo médio de uma unidade do valor de uso *A* nos diferentes tipos de terra, sendo Pcn o mais elevado;
x1, x2..., xn = volume de produção de *A* nos diferentes tipos de terra.

Consideramos, para simplificar, que o capital constante total é igual ao capital consumido.

d. Tomemos, agora, um país qualquer (J), produtor de A, no qual a taxa média nacional de lucro seja inferior à geral. Isso significa que o *preço de produção regulador do mercado nacional* é inferior ao *preço de produção regulador do mundial*, por exemplo, do valor de uso A.

e. Poderíamos distinguir, então, no país J, a geração de *renda diferencial geral* da geração de *renda diferencial nacional*. No caso do país J, esta é apenas uma parte daquela.

f. Seja
RDj = a renda diferencial geral que é gerada em J na produção de A;
Rdj = a renda diferencial nacional que é gerada em J na produção de A;
$y_1, y_2..., y_n$ = o volume de produção nacional de A nos diferentes tipos de terra;
g' = taxa média nacional de lucro.

Então:

$$RDj = (1 + \underline{g'}) \cdot [(Pc_n - Pc_{n-1}) y_{n-1} + (Pc_n - Pc_{n-2}) y_{n-2} +...+ + (Pc_n - Pc_1)y_1]$$

e

$$Rdj = (1 + g') \cdot [(Pc_n - Pc_{n-1}) x_{n-1} + (Pc_n - Pc_{n-2}) x_{n-2} +...+ + (Pc_n v Pc_1)x_1]$$

como g' < $\underline{g'}$, então Rdj < RDj

A renda diferencial nacional gerada é menor do que a renda diferencial geral.

g. Existe uma razão adicional para que a renda diferencial nacional seja inferior à geral. Se no país J não existe capital operando na terra menos adequada (n), então:

$$Rdj = (1+ g') \cdot [(Pc_{n-1} - Pc_{n-2}) y_{n-2} +... + (Pc_{n-1} - Pc_1) y_1,$$

Logo

$$Rdj \ll RDj$$

Essa diferença pode ser consideravelmente elevada.

7. Condições de geração de renda diferencial em um país concreto

a. No país J é gerada renda diferencial geral se existe pelo menos um capital que opere (na produção de A) em terra mais favorável que as piores utilizadas no mundo pelo capital dedicado a essa atividade.

Em uma terra é gerada renda dependendo da combinação, como sabemos, de condições relativas à fertilidade, transporte interno e distância dos mercados consumidores.

b. Um capital que gere renda diferencial geral não gerará renda nacional se opera na terra que é marginal para a produção de *A* no país.

c. É possível que algumas ou todas as pequenas empresas não capitalistas (camponeses) dedicadas a *A* no país *J* operem em terras mais favoráveis que as marginais utilizadas pelo capital no resto do mundo. Na medida em que isso implique um preço de produção regulador do mercado de *A* superior às condições de sobrevivência da pequena empresa camponesa (superior a seu preço de custo), gerará um excedente, e a esse sobrevalor chamaremos *renda diferencial*.

Ainda assim, é possível que essas empresas sigam na margem da sobrevivência, seja porque esse sobrevalor chegue a ser apropriado pelo capital comercial ou usurário, ou porque paguem aluguel por suas terras.

Chamar esse sobrevalor de renda diferencial implica modificação desse conceito. O fato se deve ao nível de abstração da análise, que permite pensar na coexistência do capital com o não capital subordinado.

d. A geração da renda diferencial geral poderia ser compensada se, no país *J*, as técnicas utilizadas na produção de A fossem inferiores à média dos demais países exportadores. Nesse caso, a perda de valor contribuiria para o lucro extraordinário dos países que utilizam técnicas superiores à média.

8. Condições de apropriação de renda diferencial em um país concreto. A renda absoluta nacional de monopólio

a. A capacidade do país *J* de gerar *renda diferencial geral*, em razão das particulares condições da estrutura produtiva mundial de *A*, não significa, necessariamente, capacidade de apropriação nacional de parte considerável dessa renda, e menos ainda do seu total.

É assim porque os preços de mercado em um mundo monopolista não correspondem aos preços de produção reguladores de mercado.

b. No entanto, o país *J* tende a apropriar-se da magnitude da renda diferencial nacional que gera, pois uma redução do preço de mercado internacional além de certo limite pode produzir dois efeitos:

1. reduzir a taxa media nacional de lucro, diminuindo, assim, o preço de produção regulador do mercado nacional de *A*; tal coisa acontece quando as exportações de *A* tenham um significado enorme para o país;

2. excluir da atividade os capitais que utilizem as terras mais inadequadas do país, reduzindo, assim, o volume de renda diferencial nacional que se gera até que se iguale ao volume apropriado (estamos supondo aqui que a taxa de lucro de cada um dos capitais do país é igual à taxa média nacional de lucro).

c. Quando o preço do mercado mundial de *A* corresponde ao preço de produção regulador do mercado mundial, ou, pelo menos, quando seja suficiente para uma apropriação nacional em *J* de uma renda superior à que é gerada nacionalmente, essa diferença constitui o que chamaremos de *renda absoluta nacional de monopólio*.

d. Os proprietários de terras no país *J* (que podem ser, ao mesmo tempo, empresários produtores de *A*) nem sempre estão em condições de exigir toda a renda diferencial geral apropriada nacionalmente (e, menos ainda, toda a que é gerada no país). Exigem, como mínimo, naturalmente, aquela parte que corresponde à renda diferencial nacional.

e. Na verdade, a renda absoluta nacional de monopólio, ao contrário da renda diferencial, define-se por sua apropriação. Só é igual à diferença entre o preço do mercado mundial e o preço de produção do mercado nacional quando essa diferença é apropriada na atividade produtora de *A* (seja pelos proprietários ou pelos empresários, ou, ainda, pelos empresários-proprietários). É *normal* quando tem origem num preço de mercado mundial não superior ao preço de produção regulador do mercado mundial. Caso contrário, é *excepcional*.

f. Nossa análise sobre a renda absoluta nacional de monopólio chegaria a ser mais concreta se considerássemos a possibilidade de existência, dentro da atividade produtora de *A*, de certo número de capitais com domínio sobre toda a atividade, sobre as demais empresas que ali operam. Isso pode acontecer, por exemplo, quando grandes capitais na atividade não só operam diretamente na produção, mas controlam também:
- a comercialização de grande parte da produção dos demais capitais;
- o crédito das pequenas e médias empresas dedicadas à produção de *A*;
- a industrialização do produto próprio e dos demais.

g. Seguindo num nível mais concreto de análise, podemos dizer que, devido ao monopólio sobre a comercialização, sobre o crédito e sobre o processamento do produto, os grandes capitais conseguem impor aos pequenos e médios capitais produtores um preço de mercado inferior àquele que lhes garantiria a taxa média nacional de lucro; os grandes apropriam-se, assim, tanto de parte do lucro médio destes últimos quanto de parte da renda diferencial nacional gerada por eles. Essa apropriação adicional contribui para incrementar a magnitude da *renda absoluta nacional de monopólio*.

h. Assim, toda apropriação do grande capital, por cima do que é a renda diferencial nacional gerada nas terras com cultivos próprios, é renda absoluta nacional de monopólio. Dessa maneira, tal categoria tem sua definição ampliada; ou melhor, sua definição alcança nível mais concreto.

i. Finalmente, é conveniente lembrar que toda a apropriação nacional que permite essa renda absoluta pode não ser mais do que simples apropriação de valor produzido nacionalmente; e, ainda mais, é possível que uma parte desse valor seja transferida ao exterior, não obstante a existência de renda absoluta. Nessas condições, a renda absoluta nacional de monopólio não pode ser atribuída simplesmente à fertilidade excepcional da terra, mas é produto da exploração do trabalho no mesmo país.

9. A CONVERSÃO OU METAMORFOSE DA RENDA ABSOLUTA EM SOBRE-EXCEDENTE AGROEXPORTADOR

A magnitude de valor, que estamos chamando de *renda absoluta nacional de monopólio*, e que evidentemente é apropriada nacionalmente, pode não sê-lo, ao menos totalmente, pelos capitais ou proprietários que operam na atividade produtora ou comercializadora de A. Para isso, seria necessária uma estrutura nacional de preços de mercado que garantisse a transferência de valor do setor A para o resto da economia.

a. Em geral, essa estrutura nacional de preços, quando implica fortes transferências de valor proveniente do setor agroexportador, é resultado de política econômica mais ou menos consciente. Entre os mecanismos utilizados, podemos citar: a fixação de taxas múltiplas de câmbio; o confisco cambial nas exportações de produtos primários; a subvaloração da moeda nacional acompanhada de forte proteção alfandegária para produtos industriais; os subsídios à importação de matérias primas para o setor industrial.

b. O valor transferido desde o setor agroexportador, proveniente do que chamamos renda absoluta nacional de monopólio, pode ser destinado ao incremento dos gastos improdutivos da sociedade ou pode, entre outras coisas, quando a sua magnitude é elevada, ser suficiente para permitir o início ou a expansão do processo de industrialização de um país, como historicamente ocorreu em países da América Latina.[21]

c. O que a transferência de valor ao setor industrial incipiente permite, na verdade, é que a taxa de lucro que pode ser obtida nesse setor se incremente consideravelmente. Enquanto a sobrevivência ou expansão desse setor industrial, ou sua elevada taxa de lucro, dependa da transferência de valor da agroexportação, não pode ser, apropriadamente, considerado um verdadeiro setor produtivo. É parasitário.[22]

---

[21] Muitas análises sobre a América Latina que consideram, no processo de industrialização, o financiamento como proveniente da agroexportação, não têm em conta, propriamente, a transferência de valor, nem a particular estrutura nacional de preços, como seu mecanismo. Atribuem a importância da agroexportação simplesmente à capacidade de gerar divisas necessárias à industria, de transferir créditos etc. A incapacidade de constatar que a indústria possuía poder de apropriar-se diretamente de riqueza produzida na agroexportação, deriva de insuficiente teoria do valor ou simplesmente de sua inexistência.

[22] Trata-se, na verdade, de um simples nome (sem intenções éticas) na ausência de outro melhor. O certo é que não poderíamos considerá-lo improdutivo, pois uma parte do seu lucro é resultado de mais-valia produzida por ele mesmo.

d. Dessa maneira, uma parte da magnitude de valor que constitui a renda absoluta nacional de monopólio (ou toda ela) pode transferir-se para outros setores da economia, em particular para a indústria. Mas, então, essa magnitude de valor, devido à própria definição explicitada anteriormente, já não é renda absoluta nacional de monopólio. Com a transferência, a renda absoluta nacional de monopólio converte-se em *sobre-excedente agroexportador*. Evidentemente, a conversão ou metamorfose de uma categoria em outra não é um simples processo formal. Implica uma profunda transformação na hegemonia política que, muitas vezes, pode até adotar formas dramáticas.

e. Evidentemente, as transferências de valor, desde o setor agroexportador ao resto da economia, ou simplesmente ao setor industrial, podem ser de tal magnitude que sobrepasse a magnitude da renda absoluta nacional de monopólio. Nesse caso, o sobre-excedente agroexportador é, na verdade, um sobre-excedente excepcional. É normal quando sua magnitude é igual ou menor do que a renda absoluta referida.

f. Essa distinção entre o sobre-excedente *normal* e o *excepcional* é relevante, pois só no primeiro caso fica garantida ao setor agroexportador uma taxa de remuneração suficiente para permitir sua expansão e mesmo sua sobrevivência. No outro caso, quando o sobre-excedente supera em magnitude a renda absoluta, a taxa de lucro do setor agroexportador é insuficiente para sua sobrevivência ou expansão. Isso implica que o padrão de reprodução social, que consiste em garantir a expansão do setor industrial parasitário, não tem sobrevivência garantida no longo prazo. O futuro da indústria estaria comprometido.

CAPÍTULO 9

DO ABSTRATO AO CONCRETO: A TRANSFERÊNCIA DE VALOR E O DESENVOLVIMENTO DO CAPITALISMO EM UM PAÍS[1]

1. Introdução

O texto a seguir representa um resumo da tese[2] defendida em 1982 e publicada no mesmo ano na América Central.[3] Trata-se de uma pesquisa sobre o desenvolvimento do capitalismo em um país da América Latina, a Costa Rica, dentro de um determinado período.

Na época da publicação desse livro,[4] naquele país já havia surgido um número significativo de jovens investigadores sociais preocupados com a mesma temática. Foi um período de muita efervescência intelectual, rico em ideias e debates; Costa Rica, concentrando muitos exilados centro-americanos e mesmo da América do Sul, foi um importante centro de discussões políticas e científicas sobre questões do capitalismo periférico.

Apesar de tudo, o livro não teve muita repercussão nos meios intelectuais costarriquenhos e, menos ainda, nos centro-americanos. Acreditamos que isso tenha ocorrido não por limitações do enfoque metodológico, nem mesmo pelos resultados do trabalho. Consideramos que aquele era adequado e que estes foram significativos para a compreensão da realidade do país naquele momento. Embora distantes da realidade centro-americana desde aquela época e quase sem informações sobre a evolução econômica e social do país nos últimos anos, cremos que se demonstrou que nossas conclusões eram corretas, e não simplesmente manifestações de um pessimismo rebelde. Quando analisávamos as modificações que ocorriam no modelo econômico (ou, como dizíamos, "padrão de reprodução") estudado, concluíamos:

> Na política econômica atual e nas dificuldades que se enfrentam hoje, observam-se os sintomas concretos de importantes modificações no padrão de reprodução.
> Entre as modificações observáveis, cabe destacar, pela importância política que apresenta e pela perspectiva que antecipa à vigência da social-democracia costarriquenha,

---

[1] Em português, este texto foi publicado em 1992. Só pequenas alterações foram introduzidas para este livro.
[2] Carcanholo, 1982b.
[3] *Id.*, 1982a.
[4] *Ibid.*

a que se refere à anterior política de concessões sociais e de redistribuição da renda. A tendência à elevação da taxa de mais-valia (através da inflação) não parece ser um fenômeno meramente circunstancial. Além disso, é necessário considerar que a burguesia atual, ao contrário dos anos 1950, já é uma classe social forte econômica e politicamente. A política distributiva, como forma de garantir apoio social dos setores populares, já não é necessária no mesmo grau.[5]

Hoje, estamos praticamente certos de que a pouca difusão do livro teve como causa fundamentalmente a sua forma. Iniciava com um árido capítulo teórico sobre o valor, o que seguramente afugentou potenciais interessados na sua temática geral. Utilizava sistematicamente conceitos ou categorias que, embora rigorosos, eram de pouca difusão entre os possíveis leitores; não houve, assim, nenhuma preocupação em realizar uma mediação entre, por um lado, o necessário rigor científico e a precisão teórica e, por outro, a clareza e facilidade de compreensão. O texto, elaborado de maneira a atender ao seu caráter de tese, deveria ter sido reconstruído para ser apresentado a um público mais amplo. A crítica que foi feita por Ruy Mauro Marini, como orientador da tese, se tivesse sido ouvida e atendida inteiramente, teria evitado essa dificuldade. O problema é que novas e mais urgentes tarefas nos aguardavam então.

Nosso trabalho teve pretensões teóricas e metodológicas. Tratou-se de resgatar a teoria marxista do valor como instrumento fundamental da pesquisa, e, para isso, foi indispensável um enorme esforço metodológico que resolvesse questões vinculadas à relação teoria-realidade concreta.

Assim, acreditamos que este resumo, assim como o trabalho completo que a ele corresponde, possa ser do interesse de todos aqueles que se preocupam com questões metodológicas similares. Seguramente será de interesse daqueles que, tendo se iniciado mais recentemente no conhecimento da teoria, não sabem ainda, muito bem, o que fazer com ela; não sabem como utilizá-la para o estudo da realidade concreta e complexa. Desde já diremos a eles que estejam alertas contra aquelas posturas que sustentam serem as dificuldades resultado de excesso de teoria. A questão é justamente a oposta; os problemas surgem, em geral, por conhecimento teórico insuficiente.

Este trabalho não servirá para aqueles que insistem em conhecer a realidade sem antes fazer o esforço teórico necessário; que acreditam que é possível conhecer o mundo de maneira não teórica e não percebem que, entre teoria e realidade, o que existe é a relação abstrato-concreto. É justamente nossa preocupação em interpretar adequadamente o concreto que nos leva a sustentar a relevância do abstrato e a necessidade de um conhecimento profundo sobre ele, especialmente através do estudo da teoria econômica marxista.

Nosso interesse, ao divulgar este texto, está relacionado com a questão referida. Apesar de termos nos esforçado durante esses anos no ensino de teoria, mesmo no nível de pós-graduação, não tivemos oportunidade de travar um

---

[5] *Ibid.*, p. 84.

diálogo profundo e adequado com estudantes (e mesmo com colegas) sobre as questões metodológicas que envolvem essa relação entre teoria abstrata e realidade concreta. Isso, sem dúvida, se explica pelo reduzido espaço que ainda se dedica ao estudo da questão teórica mais geral, da teoria econômica marxista, não permitindo um grau de conhecimento necessário ao diálogo científico.

Devemos dizer que nossa pesquisa sobre o desenvolvimento do capitalismo na Costa Rica até 1974/1975, e que resultou na redação da referida tese, teve também motivações políticas. Além de resgatar a teoria marxista do valor, combater as suas interpretações ricardianas tão generalizadas nos nossos dias, dar respostas a certas dificuldades que ela aparentemente apresenta, construir certos passos intermediários necessários e utilizá-la como instrumento fundamental de pesquisa concreta, nosso trabalho teve a intenção de conhecer a realidade costarriquenha, desde um ponto de vista global, para melhor orientar a prática política transformadora, anticapitalista. Nessa medida, o trabalho teve que incluir um conjunto talvez demasiado amplo de problemas; teve que pretender formular uma interpretação global.

De tudo isso, se algo conseguiu, foi, sem dúvida, mostrar que a teoria do valor é fundamental para uma pesquisa concreta sobre temas similares ou correlatos a partir de um ponto de vista marxista. Conseguiu-se fundamentalmente dar respostas a certas dificuldades, logrou-se descobrir e apresentar certas categorias intermediárias e construíram-se indicadores empíricos sobre a evolução da produção e da transferência de valor.

Uma crítica que poderia apresentar-se ao trabalho é a de que a luta de classes não aparece na nossa análise; pelo menos uma vez isso já foi dito. Nas suas manifestações mais concretas, ela realmente não aparece. Mas não há dúvida, a luta de classes está presente em todo momento, em cada uma das categorias teóricas utilizadas, só que num nível de abstração adequado à nossa análise. Níveis mais concretos são necessários, mas em outro tipo de estudo para o qual não estamos capacitados.

Finalmente, para maior facilidade do leitor, adiantamos que este resumo está organizado nas seguintes partes: a questão teórica (que também envolve aspectos metodológicos), a interpretação sobre o desenvolvimento do capitalismo na Costa Rica e, finalmente, aspectos metodológicos relacionados com a construção dos indicadores empíricos. No entanto, para maior comodidade, apresentaremos, antes de qualquer coisa, uma síntese de nossa interpretação sobre o desenvolvimento na Costa Rica, no período considerado.

2. Síntese da interpretação

Nosso trabalho estuda o desenvolvimento da Costa Rica, com referência especial para o período que se inicia com os primeiros anos da década de 1960 até a metade da seguinte. Tal período correspondeu a um novo padrão de reprodução, com destaque para a expansão de um tipo de indústria que consideramos parasitária, pelo fato de que não foi capaz de produzir mais-valia em volume suficiente para atender a elevada taxa de lucro que exigia.

A análise alcança, propriamente, até 1974/1975, anos em que se manifestaram pela primeira vez, e de maneira clara, os limites do padrão de reprodução seguido.

Como já dissemos, nossa tese teve prioritariamente intenção teórica e metodológica: buscou-se realizar uma pesquisa concreta sobre o desenvolvimento do capitalismo em um país do terceiro mundo, utilizando como instrumento explícito e fundamental a teoria marxista do valor. Os aspectos metodológicos consistiam na necessidade de estabelecer os nexos indispensáveis entre o mais abstrato e o mais concreto, o que implicou a necessidade de dispor de indicadores empíricos que permitissem a análise dos fatos concretos.

As principais conclusões da pesquisa foram as seguintes:
- o novo padrão de reprodução caracterizou-se por uma industrialização parasitária e por uma profunda modificação na estrutura do consumo da grande maioria da população;
- foi financiado fundamentalmente através do sobre-excedente agroexportador (café) derivado da alta capacidade de geração de renda diferencial geral nas terras produtoras de café do país e secundariamente de mais-valia extraordinária;
- parte dessa renda diferencial pode ser apropriada nacionalmente, apesar de fortes transferências de valor para o resto do mundo;
- secundariamente, o valor excedente produzido por camponeses e por outras atividades capitalistas que se expandiram no período, fundamentalmente agropecuárias, também contribuiu para aquele financiamento;
- os limites internos desse padrão de reprodução apresentaram-se já nos anos 1974/1975.

3. A QUESTÃO TEÓRICA

Considerar a teoria do valor como núcleo central da teoria econômica de Marx sobre o capitalismo implica aceitá-la, necessariamente, como instrumento indispensável de qualquer pesquisa sobre o desenvolvimento desse sistema, desde um ponto de vista global ou de uma região, como é o nosso caso.

Sua utilização pressupõe, antes de qualquer outra coisa, uma interpretação adequada sobre o seu significado, ao mesmo tempo em que é indispensável identificar os desvios que derivam de enfoques ecléticos de leituras orientadas por pontos de vista estranhos.

Atualmente, a leitura ou interpretação mais difundida sobre a teoria marxista do valor é a ricardiana ou neorricardiana. Consiste em entendê-la imediatamente como uma teoria dos preços relativos, que explica os fatores determinantes da magnitude dos preços relativos ou, simplesmente, uma teoria que estabelece determinada norma de intercâmbio (no caso, associada às quantidades de trabalho contido).

Na verdade, a teoria do valor de Marx é, antes de qualquer outra coisa, uma teoria da natureza da riqueza na época capitalista, da magnitude da riqueza capitalista produzida e de sua medida imanente. Em primeiro lugar, é uma teoria da produção da riqueza na época de domínio do capitalismo.

Se lermos com atenção O *capital* de Marx, especialmente seu primeiro capítulo, veremos que:

a. A riqueza capitalista é ao mesmo tempo duas coisas: valor de uso e valor.

b. A unidade contraditória entre o valor de uso e o valor é o que se denomina mercadoria.

c. A mercadoria não é uma coisa, mas um processo de desenvolvimento que se explica pelo desenvolvimento da contradição entre seus dois polos: o valor de uso e o valor.

d. O desenvolvimento do capitalismo consiste precisamente no processo através do qual o valor (forma histórica da riqueza) subordina cada vez mais o seu oposto, o valor de uso.

e. O limite do capital, nunca alcançável, mas sempre desejável por sua lógica, é a destruição do valor de uso como aspecto necessário da riqueza capitalista. Análogo a isso é o processo de desenvolvimento da forma valor,[6] que consiste na interminável busca de um equivalente geral que seja pura representação de valor, sem nenhuma referência ao valor de uso.

f. Embora seja certo que, na história concreta, o valor de uso jamais poderá desaparecer (ou ser destruído) como aspecto da riqueza capitalista, na unidade contraditória chamada mercadoria, ele é o polo dominado (a partir de um determinado momento do desenvolvimento mercantil).

g. O valor é o aspecto dominante na mercadoria. A riqueza capitalista não é, mas trata de ser, exclusivamente valor; e tende a sê-lo.

h. O valor é assim a riqueza na época capitalista; a magnitude daquele é a medida desta.

i. O trabalho abstrato é a substância material do valor, portanto da riqueza capitalista. A dimensão quantitativa daquele, o trabalho socialmente necessário, determina a magnitude dela; o tempo de trabalho socialmente necessário constitui sua medida.

Da mesma maneira que em Smith, para Marx, a riqueza envolve uma relação social de domínio. Enquanto para aquele a riqueza é a capacidade que se possui de comprar trabalho alheio (trabalho comandado), para este, é o domínio já efetivado sobre trabalho materializado. Para aquele, a riqueza produzida define-se pela capacidade de apropriação de trabalho no mercado; para este, distingue-se claramente produção de apropriação de riqueza, de valor. Enquanto para Marx o conceito de exploração flui necessariamente de sua teoria, para Smith, a exploração se dissolve e se esconde por detrás do manto nebuloso da aparência e é

---

[6] Cf. item 3 do primeiro capítulo d'O *capital* de Marx, 1980-1981.

substituída pela "dedução", com a qual se logra a mágica de pensar que, apesar do lucro, todo trabalho é pago.

Assim, entendido o valor como forma social e histórica da riqueza mercantil ou capitalista e como expressão nas coisas das particulares relações de produção existentes na época mercantil e o valor de troca, como a proporção de intercâmbio entre duas mercadorias, a teoria marxista é única. Em Smith, mas muito mais em Ricardo e em todo o pensamento burguês, incluindo Sraffa, a suposta teoria do valor, imediatamente como teoria da determinação dos preços, não é na verdade uma teoria do valor, mas do valor de troca.

Entendida como geralmente o é, em especial na atual interpretação ricardiana, como mera explicação da determinação dos preços, ou como determinação de norma de intercâmbio, a teoria marxista do valor perde seu poder metodológico e é relegada a um mundo abstrato incapaz de relacionar-se com o concreto. Dessa maneira, a teoria do valor é relegada ao mundo da metafísica para os mais consequentes, especialmente depois de Sraffa.

Tudo isso não significa, no entanto, que a teoria de Marx não seja também, de alguma maneira, uma teoria dos preços. Mas a resposta à pergunta "quanto é o preço?" implica uma série enorme de mediações, de novas determinações, desde a magnitude do valor até a do preço de mercado, passando pela categoria teórica intermediária de preço de produção.

Sendo assim, em que consiste a utilização da teoria do valor como instrumento fundamental da pesquisa concreta? A pesquisa sobre o movimento de uma determinada realidade econômica capitalista, partindo da teoria do valor, supõe a identificação dos ramos fundamentais que produzem riqueza (valor), a compreensão da sua dinâmica e das formas de produção do excedente; supõe também o estudo dos ramos ou setores que se movem devido à apropriação de valor; implica descobrir o processo de articulação concreta que vai se produzindo entre esses dois tipos de setores, entre eles e o exterior, e explicar os mecanismos de transferência de riqueza (valor) que surgem.

A utilização da teoria do valor para a pesquisa supõe algumas precisões indispensáveis: foi necessário ressaltar os conceitos de produção, apropriação e transferência do valor. No que se refere, por exemplo, à apropriação, pode-se dizer que se trata de um conceito derivado da distribuição, e que, em algumas oportunidades, Marx se referiu especificamente a ele.[7] No entanto, acreditamos que não teria sido dispensável se Marx houvesse tratado de maneira sistemática e conjunta esses três conceitos (produção, apropriação e transferência de valor).

Outra categoria que nos exigiu atenção foi a de preço de produção, pelo fato de que configura um primeiro grupo de determinações que nos permitem compreender o âmbito da apropriação e também por que é indispensável para a determinação da renda diferencial.

---

[7] Cf. por exemplo: Marx, 1980, livro I, v. I, cap. 3, p. 72.

Entendemos o preço de produção como um valor transformado, na verdade, como a magnitude do valor apropriável quando da troca da mercadoria, em condições de uniformidade da taxa de lucro. Nessas circunstâncias, o preço de produção não é preço (no sentido de forma simples e relativa do valor quando o equivalente é o dinheiro), nem tampouco preço relativo (valor de troca em relação a algum numerário qualquer). A unidade de medida da magnitude do preço de produção, da mesma forma que para o valor, é a hora de trabalho.

Uma dificuldade teórica que teve que ser tratada, em razão de que se sustenta que esta invalida a teoria marxista do valor, foi a da impossibilidade de que ocorram simultaneamente as duas identidades fundamentais: o valor total e o preço de produção total por um lado e, por outro, a mais-valia total e o lucro total.[8]

Já tínhamos trabalhado na solução desse problema antes mesmo do início, propriamente dito, da elaboração da tese, mas dentro de um processo intelectual que concluiu ou, melhor ainda, continuou com ela. Nossa concepção sobre o assunto pode ser resumida como segue:

a. O resultado do sistema de equações que permite a transformação dos valores em preços de produção é que a magnitude da mais-valia total não é igual à magnitude do lucro total.

b. No entanto, esse resultado formal, paradoxalmente, não só permite, mas é necessário para que se sustente teoricamente a tese de que a mais-valia total é igual ao valor apropriado pelo capital como lucro (segunda identidade fundamental).

c. Note-se que a magnitude da mais-valia é uma magnitude de valor e aparece nos esquemas da transformação como tal.

d. A magnitude do lucro, resultado das equações da transformação, não é uma magnitude de valor; é uma magnitude de "valor" transformado, mais precisamente, de preço de produção.

e. Em termos reais ou materiais, o lucro é um conjunto de valores de uso apropriados, destinados ao consumo capitalista ou à acumulação. Portanto, o preço de produção desse conjunto de bens que forma o lucro será diferente do valor (supõe-se composição orgânica diferente da média).

f. Então, se queremos que a mais-valia total seja igual ao valor apropriado pelos capitais como lucro (segunda identidade fundamental), necessitamos que, em termos numéricos, a magnitude do valor-mais-valia total seja diferente da magnitude do preço de produção do lucro. E isso é o que ocorre como resultado das equações da transformação.

g. Em outras palavras, a diferença numérica que se produz entre mais-valia total e lucro total, como resultado da transformação, deve-se exclusivamente ao fato de que a primeira tem como dimensão mensurável o valor e a segunda, o preço de produção. Em termos de magnitude, na verdade, o lucro não é senão a mais-valia medida em preços de produção.

---

[8] Cf. os capítulos 2 e 3 deste livro, que tratam dos preços de produção.

Outro aspecto da teoria do valor de Marx que tratamos foi o da determinação do valor social a partir dos valores individuais. Nossa concepção sobre o valor nos levou necessariamente à ideia de determinação pela média ponderada em oposição à moda.

Finalmente, tivemos que encontrar respostas a uma série de questões relacionadas com o conceito de renda diferencial. E isso não somente porque a teoria da renda da terra é consequência e complemento necessário da teoria do valor, mas sobretudo pelo fato de que essa categoria estava no centro de nossa hipótese de interpretação sobre o desenvolvimento do capitalismo na Costa Rica. Sem as precisões teóricas que realizamos, a renda da terra, de categoria teórica relevante como instrumento de pesquisa concreta, transformar-se-ia em simples palavra mágica para "explicar" uma realidade pouco entendida.

Em primeiro lugar, foi indispensável uma precisão na forma de definir a renda diferencial. Do livro III d'*O capital,* parece deduzir-se que ela se define pela apropriação. Isso ocorre pelo fato de que, nesse nível de abstração, Marx supõe que os preços de mercado correspondem aos preços de produção. Abandonado esse pressuposto, veremos que a verdadeira magnitude da renda diferencial difere da apropriação que se pode fazer por esse conceito. Assim, a renda diferencial não se define pela apropriação.

Por outro lado, tampouco podemos aceitar que a magnitude da renda diferencial seja produzida, defina-se pela produção, e isso porque uma parte do valor que constitui essa renda perfeitamente pode ter sido produzida fora do ramo correspondente e tenha ocorrido uma transferência entre ramos.

Assim, a renda diferencial não se define pela produção, nem tampouco pela apropriação. Ela, como forma do valor, é "gerada" no setor agrícola; o valor que se apresenta sob essa forma pode ou não ser totalmente apropriado pelo setor e, dessa maneira, pode dar-se transferência. A apropriação dessa renda no setor agrícola pode estar formada total ou parcialmente por valor produzido fora dele.

Dessa maneira, surge o conceito de *geração,* que se opõe ao de produção e de apropriação. Tal conceito, não desenvolvido por Marx, surge num nível de abstração mais concreto que o trabalhado por ele. Portanto, não se trata de uma redefinição da renda diferencial, mas de seu entendimento num nível mais concreto de análise. Por certo, o conceito de geração também é aplicável à mais-valia (ou lucro) extraordinária, para a qual nem a produção, nem a apropriação são adequadas. No que se refere ao conceito de mais-valia, sem dúvida, aplica-se-lhe a categoria de produção.

Em relação ao conceito de renda diferencial, em dois aspectos mais tivemos que avançar no processo de concreção. Tivemos que abandonar as suposições de inexistência de produtores não capitalistas ("camponeses") e o de inexistência de fronteiras nacionais. Em ambos os casos, mas especialmente no segundo, o novo nível de abstração implicou o surgimento de novas categorias, ou melhor, de categorias já descobertas por Marx, mas agora mais concretas e, por isso mesmo, algo distintas.

O abandono da suposição de inexistência de fronteiras nacionais implicou a necessidade de admitir a existência teórica de duas diferentes taxas médias de lucro: uma definida no nível mundial (ou geral) e outra, no nível nacional. A primeira permitiu definir o que chamamos de preço de produção regulador do mercado mundial; a segunda, preço de produção regulador do mercado nacional.

Como a renda diferencial define-se a partir do preço de produção regulador do mercado, a existência teórica de dois diferentes preços de produção determinou a definição de duas diferentes rendas diferenciais: a geral e a nacional, respectivamente.

Dessa maneira, a produção de café para exportação, num país determinado, gera, ao mesmo tempo, renda diferencial geral e nacional de magnitudes diferentes. Como no nosso trabalho admitimos que a taxa média geral de lucro seja superior à taxa nacional, a renda diferencial nacional será menor que a geral. Para esclarecer melhor, só uma parte do valor que constitui a renda diferencial geral gerada na atividade será renda diferencial nacional.

Nossa análise permitiu concluir que a apropriação de renda diferencial na atividade exportadora deve ser pelo menos igual à renda diferencial nacional. Se um determinado país apropria-se, no mercado mundial, de renda diferencial de magnitude superior à renda diferencial nacional gerada em sua atividade exportadora, a diferença constituirá o que chamamos de renda absoluta nacional de monopólio ou sobre-excedente exportador. Será renda absoluta nacional de monopólio a parte dessa diferença (ou toda ela) que seja apropriada na própria atividade exportadora; será sobre-excedente agroexportador a parte transferida a outros setores da economia.

Finalmente, discutimos também a relação entre a apropriação de renda por um país e a fonte originária correspondente do valor. Concluímos que, apesar da apropriação de renda diferencial por parte de um país exportador de café, apesar da apropriação de renda absoluta nacional de monopólio e de eventual sobre-excedente agroexportador, todo o valor necessário para isso pode ser produzido nacionalmente; e, ainda mais, pode inclusive haver, ao mesmo tempo, transferência de valor ao exterior. Dessa maneira, nossa hipótese de que o desenvolvimento do capitalismo na Costa Rica financiou-se como sobre-excedente cafeeiro não implicou o abandono da ideia de que esse valor foi produto da exploração do trabalho local e de que houve transferência de valor (riqueza) ao exterior.

4. Interpretação sobre o desenvolvimento do capitalismo na Costa Rica

Apresentaremos a seguir, brevemente, a interpretação sobre o desenvolvimento do capitalismo na Costa Rica, até 1974/1975, resultante da nossa pesquisa. Trata-se, na verdade, de uma síntese do segundo capítulo da referida tese.

Até 1950: o velho modelo

A economia costarriquenha, em torno de 1950, pode ser caracterizada como muito pouco diversificada, dependente em grau elevado da exportação de somente dois produtos: o café e a banana. As plantações bananeiras constituíam um enclave com muito pouca repercussão sobre a economia nacional. Sem dúvida nenhuma, as atividades bananeiras de exportação, devido à sua capacidade de gerar renda diferencial, permitiam a produção de um enorme excedente, mas que era apropriado quase totalmente pelo capital estrangeiro.

O setor produtivo fundamental foi, portanto, o cafeeiro exportador. Outro que deve ser considerado é o agropecuário para consumo interno, que atendia grande parte das necessidades de consumo dos trabalhadores produtivos e alguma parte do consumo dos setores sociais que recebiam renda derivada da mais-valia. Dentro desse setor, o fundamental eram os pequenos camponeses e os camponeses semiproletários.

A mais-valia, ou excedente-valor produzido nos setores produtivos, especialmente no fundamental, era o que garantia o lucro do capital produtivo, o lucro comercial e os juros, depois de deduzidos os gastos improdutivos em bens e serviços, os impostos, as remunerações dos trabalhadores e empregados improdutivos e as transferências ao exterior.

Desde outro ponto de vista, poderia se dizer que a mais-valia, ou excedente-valor produzido nos setores produtivos, era o que garantia:
- a expansão (e, portanto, a acumulação) do setor agroexportador;
- a acumulação do capital comercial;
- a acumulação do capital a juros e a remuneração do capital estrangeiro;
- o consumo da grande, média e pequena burguesias;
- o consumo dos trabalhadores e empregados improdutivos do setor privado;
- os gastos correntes e os investimentos do governo;
- as transferências ao exterior.

O setor cafeeiro exportador, no período considerado, foi capaz de gerar renda diferencial geral muito superior à renda diferencial nacional. Isso porque as terras marginais usadas no país pelo capital eram mais favoráveis que as marginais em uso no resto dos países produtores (ou em parte considerável deles).

Nas épocas mais favoráveis do mercado internacional, o país conseguiu apropriar-se de renda muito superior à renda diferencial nacional e, em qualquer época, esteve em melhores condições que os países que em média utilizavam terra de qualidade inferior.

Durante o período que estamos considerando, a grande burguesia agroexportadora, que controlava a melhor terra, o processamento e a exportação de café, foi capaz de apropriar-se diretamente de:

a. renda diferencial nacional que se gerava em seus próprios cultivos;

b. parte da renda diferencial geral apropriada pelo país por cima da renda diferencial nacional, devido ao seu monopólio e ao seu poder político.

Além disso, devido ao seu monopólio sobre o processamento e a comercialização do produto, impôs ao cultivador preços de mercado inferiores àquele que garantiria a taxa média nacional de lucro; apropriava-se assim da diferença entre o preço de produção regulador do mercado nacional e o preço de mercado;

Em razão de o lucro que esses cultivadores apropriavam-se ser inferior à média nacional, a renda diferencial apropriada por eles resultava inferior à que geravam; essa diferença também é apropriada pelo grande capital agroexportador (o mesmo ocorre com parte da renda diferencial nacional gerada pelos 'camponeses' produtores de café).

Toda essa apropriação adicional da grande burguesia, por cima da renda diferencial gerada por ela nas terras com cultivos próprios, é renda absoluta nacional de monopólio e é produto da exploração do trabalho nacional. É compartida entre as frações burguesas dominantes: agroexportadora, comercial-importadora e bancária, além de parcelas redistribuídas a frações a elas submetidas.

A reprodução desse padrão de movimento não exigia, nem tampouco implicava, um rápido processo de acumulação. A incorporação de mais terras e mais força de trabalho era lenta; a introdução de novas técnicas, ainda mais. O capital que ali funcionava era na verdade uma caricatura de capital, não apresentava o movimento febril que o caracteriza, não constituía um verdadeiro capital industrial. Parte considerável do excedente-valor produzido e apropriado nacionalmente se destinava ao desfrute, aos gastos suntuários, não à acumulação.

A estrutura de importações do país estava formada fundamentalmente por produtos industriais suntuários que atendiam a esfera alta do consumo. Devido aos preços superiores aos valores, essas importações implicavam intercâmbio de não equivalentes que se somava ao resultante dos preços internacionais do café, inferiores ao valor.

Nessas condições, a capacidade que o capital internacional tinha de apropriar-se de valor produzido nos países produtores de café, em razão dos baixos preços desse produto e dos altos preços dos importados, era elevada. No entanto, não se apresentava a possibilidade de uma apropriação diferencial nos diferentes países cafeeiros (mais ou menos geradores de renda diferencial), desde que as estruturas de suas importações fossem relativamente similares.

A única maneira possível para que o capital internacional aumentasse sua apropriação de excedente no país considerado (excluído o investimento direto na produção nacional) era ampliando o consumo local de importados. O financiamento externo e a apropriação de valor através dos juros constituía um instrumento pouco relevante.

As limitações assinaladas para a transferência de valor ao exterior, particularmente em um país no qual as terras utilizadas na produção de exportação eram muito favoráveis, determina que esse tipo de padrão de reprodução capitalista em um país chegue a ser contraditório com os interesses do capital monopólico internacional, sedento de mais-valia.

5. O NOVO PADRÃO DE REPRODUÇÃO

O ano de 1960 pode ser considerado o início do novo padrão de reprodução capitalista no país. Ele se expressou através de uma expansão industrial de novo tipo, e seu conteúdo consistiu na aliança da fração burguesa que vinha progressivamente impondo sua hegemonia com o capital estrangeiro. A nova burguesia costarriquenha renunciou, a partir de então, a qualquer projeto próprio e associou-se de maneira subordinada ao capital imperialista.

A indústria que se desenvolveu graças aos estímulos da lei industrial de 1959 (alta proteção alfandegária e não discriminação em relação à proporção de matérias-primas importadas) e, posteriormente, graças à entrada da Costa Rica no Mercado Comum Centro-americano, apresentava algumas características que nos interessam particularmente:

a. era fundamentalmente uma indústria não vinculada a matérias-primas locais;

b. na maior parte de seus setores, dedicava-se a cumprir exclusivamente as últimas etapas do processo produtivo, importando produtos semiterminados e insumos muito elaborados;

c. rapidamente constituiu-se em instrumento de imposição de um novo padrão de consumo na sociedade costarriquenha, modificando inclusive o comportamento consumidor de amplas massas populares, tanto urbanas como rurais; não pode ser caracterizada como "substitutiva de importações", mas como transformadora do consumo;

d. a indústria doméstica (artesanato e pequena manufatura) foi deslocada pela nova indústria com seu produto mais sofisticado;

e. tratava-se de uma indústria altamente ineficiente devido à tecnologia utilizada, ao pequeno mercado que atendia, à capacidade ociosa que mantinha e ao fato de que só realizava as últimas etapas do processo produtivo;

f. sua expansão foi apoiada fortemente por uma política estatal coerente de proteção e promoção;

g. sua expansão dependeu, em parte considerável, do capital estrangeiro, direta ou indiretamente, o que significou exigência de altas taxas de lucro.

Por tudo isso, o setor industrial foi incapaz de produzir toda a massa de mais-valia para garantir as altas taxas de lucro que exigia. Dessa maneira, sua existência e expansão dependeram da apropriação de excedente-valor transferido por outros setores produtivos. Por essa razão o chamamos de setor parasitário.

Os setores produtivos que aportaram excedente ao setor parasitário e permitiram assim sua expansão foram o agroexportador (especialmente café) e, secundariamente, os camponeses dedicados aos produtos de consumo interno. Estes foram capazes de financiar o setor parasitário graças à sua miséria; o setor agroexportador pôde fazê-lo devido à geração de renda diferencial e de mais-valia extraordinária.

Foi o sistema nacional de preços relativos, como mecanismo fundamental, que garantiu a transferência do excedente-valor necessário ao setor parasitário, que apresentava preços muito elevados. Tal sistema esteve condicionado pela sobrevalorização da moeda nacional acompanhada por fortes barreiras alfandegárias.

A apropriação do valor produzido nacionalmente através do café exportado foi feita: pelo setor cafeeiro exportador, pelos demais setores da economia e pelo resto do mundo. A distribuição entre eles depende de:
- o preço em dólares do café exportado;
- o nível interno de preços;
- os preços das importações do país;
- a taxa de câmbio utilizada para pagar os dólares recebidos por exportação de café.

Esses quatro preços foram utilizados para a construção de indicadores empíricos que serviram para a nossa análise.

Outros mecanismos de apropriação de valor produzido na atividade cafeeira pelos demais setores tiveram importância, embora menor que o anterior, como os impostos.

Durante todo o período 1960 a 1973, observou-se uma fase de grande dinamismo do padrão de reprodução. O crescimento econômico, particularmente do setor industrial, foi sustentado, apesar de certas flutuações. Ao mesmo tempo, observou-se uma grande estabilidade nos preços do país. Só a partir de 1974 que a inflação apresentou-se com certa significação.

Na verdade, nesse período, a capacidade do setor cafeeiro de transferir excedente aos demais setores nacionais, por unidade exportada, foi reduzida se comparada à do período 1950/1957. Portanto, como se explica o grande dinamismo do padrão de reprodução?

Alguns fatores contribuíram para compensar essa reduzida capacidade:

a. Enorme expansão das atividades e das exportações de café, permitindo que, no total, a transferência do período fosse superior às anteriores.

b. Expansão de outras atividades exportadoras (gado de corte), capazes de gerar forte excedente, superior inclusive ao necessário para financiar a taxa de lucro que exigia.

c. Transferência adicional de excedente-valor produzido no campo, em atividades para consumo interno (cereais), graças a uma política de contenção de preços ao produtor.

d. Forte entrada no país de capital estrangeiro para investimento direto e empréstimos.

A política econômica do governo foi, durante todo o período, a de estimular a expansão das atividades produtivas dominadas pelo capital (café, açúcar, gado, arroz) e de apoiar a introdução de modificações tecnológicas. Ampliou-se a rede de estradas, concedeu-se o crédito necessário, expandiu-se a assistência técnica etc. Assim, aprofundaram-se e expandiram-se ainda mais as relações mercantis e capitalistas em todo o país; ampliaram-se, portanto, as bases da produção de excedente-valor.

Por outro lado, nossa análise indica que a expansão das atividades cafeeiras de exportação ocorreu de tal forma que se produziu uma redução relativa (ao volume das exportações) de renda absoluta apropriável pelo capital social não cafeeiro, a partir de 1958. Por isso, as exigências de expansão da atividade exportadora para financiar o padrão de reprodução foram maiores.

Essa indispensável expansão produziu progressivamente um esgotamento da massa de força de trabalho disponível. Tal fato manifestava-se de maneira aguda na época da colheita do café e devido à dificuldade de substituição de trabalho por maior mecanização nessa atividade.

Soma-se ainda o fato de que a expansão industrial exigiu uma força de trabalho algo qualificada, e assim entenderemos a política de redistribuição de renda e de concessões sociais impulsionada, no período, pelo partido majoritário no país (Partido Liberación Nacional).

Por outro lado, o padrão de reprodução seguido durante o período considerado foi uma maneira através da qual o capital estrangeiro logrou ampliar o excedente, produzido nacionalmente, de que podia apropriar. Os mecanismos fundamentais dessa apropriação foram: os lucros diretos das empresas estrangeiras instaladas no país (especialmente na indústria), os altos preços dos insumos e produtos semielaborados importados pela indústria e também os bens de consumo que o país importava.

A expansão desse padrão de reprodução, centrado no desenvolvimento do setor parasitário, encontra seu limite histórico na incapacidade do excedente agropecuário de exportação e dos camponeses de seguir indefinidamente sustentando tal expansão. Esse limite manifestou-se pela primeira vez com clareza nos anos 1974 e 1975.

Com o início de 1974, inaugurou-se um período de dificuldades econômicas muito importantes no país e que, no final da década, agravaram-se ainda mais. A partir desse ano, a elevação dos preços das matérias-primas importadas, dos derivados do petróleo e dos produtos industriais provenientes dos países mais poderosos implicou um crescimento muito importante da magnitude do excedente-valor produzido nacionalmente e transferido para o resto do mundo. Essa situação ficou agravada pelo fato de que o preço internacional do café, no período, manteve-se em níveis relativamente baixos. Também o preço de exportação da carne sofreu considerável redução.

Assim, a capacidade de transferência de valor do setor agroexportador ao resto da economia viu-se sensivelmente reduzida. Por isso, nesses dois anos, observou-se na Costa Rica uma crise econômica acompanhada do início de um período inflacionário bastante severo, se comparado com o movimento dos preços observados nos anos anteriores.

A crise dos anos 1974 e 1975 não chegou a produzir uma redução maior no crescimento econômico devido a certos fatores contrários: incremento do volume das exportações e forte entrada de capital estrangeiro, entre outros. Tais fatores lograram atenuar as dificuldades devido ao fato de que o período mais crítico só durou aproximadamente dois anos; já em 1976, os preços do café apresentaram uma substancial elevação.

Esses fatores só permitiram uma pequena sobrevida ao padrão de reprodução capitalista iniciado em 1960. Já em 1980 e início de 1981, quando concluíamos a redação da tese, podiam ser observados os sintomas concretos de importantes modificações na economia costarriquenha.

Entre as modificações observáveis, nesse momento, cabe destacar (pela importância política e pela perspectiva que antecipava para a vigência da hegemonia da social-democracia na Costa Rica) a que se refere à anterior política de concessões sociais e de distribuição de renda. A tendência à elevação da taxa de mais-valia (através da inflação) não parecia, naquele momento, que fosse algo circunstancial, transitório. Além disso, a burguesia hegemônica, em contraste com a dos anos 1950, já era forte econômica e politicamente. Já não era necessária, no mesmo grau, a política distributiva como forma de garantir apoio social dos setores populares.

6. Sobre os indicadores empíricos

Além das questões teóricas e também metodológicas assinaladas anteriormente, consideramos relevante o tema da construção e utilização dos indicadores empíricos de produção, apropriação e transferência de valor que se apresenta na tese. Esses indicadores foram utilizados em nossa pesquisa concreta e permitiram precisar nossa interpretação sobre o desenvolvimento do capitalismo na Costa Rica. Digamos algo sobre a questão.

Evidentemente, sabíamos que não era possível medir o valor produzido nacionalmente nas exportações de café pela Costa Rica, o valor transferido ao exterior, o valor apropriado nacionalmente pelo setor cafeeiro exportador e pelo resto da economia nacional. Menos ainda seria possível calcular essas magnitudes para o longo período que nos interessava (desde 1950). Essa medição não só é impossível prática, mas também teoricamente.

No entanto, foi possível construir uma série de indicadores que nos permitiram uma aproximação à variação dessas magnitudes, ao longo do período, apesar de limitações que foram assinaladas explicitamente na tese (no anexo que então apresentamos, há um parágrafo sobre a inadequação dos indicadores).

Os indicadores construídos e utilizados na pesquisa foram os seguintes:
- indicador da variação da magnitude do valor total produzido anualmente pelo setor cafeeiro exportador;
- indicador da variação da magnitude do valor total apropriado nacionalmente por exportação de café;
- indicador da variação da magnitude do valor apropriado pelo setor cafeeiro por unidade exportada de café e pelo total exportado;

- indicador da variação da magnitude do valor total apropriado pelo resto da economia nacional, pelas exportações de café.

Para a construção dos indicadores referidos, foram considerados os volumes anuais exportados de café, o preço em dólares do café exportado, o nível dos preços internos, o nível dos preços das importações do país e a taxa de câmbio utilizada para pagar os dólares recebidos por exportação de café.

Um aspecto importante, do ponto de vista metodológico, é a discussão sobre a inadequação dos indicadores para expressar as verdadeiras variações das magnitudes de valor. Essa questão está relacionada com o que Marx mostra no primeiro capítulo d'*O capital* (a mercadoria) sobre a inadequação da forma do valor para expressar o verdadeiro movimento da magnitude do valor. Esse assunto também foi tratado na tese (no seu anexo).

REFERÊNCIAS BIBLIOGRÁFICAS

AMIN, Palloix *et al*. Imperialismo y comercio internacional (el intercambio desigual). *Cuadernos de Pasado y Presente,* n. 24. Buenos Aires, 1971.

ARCE, Rafael Antonio *et al*. El Salvador: renta internacional del café y configuración capitalista. *Teoría y Política*, ano I, n. 1, abr.-jun. 1980. México, D.F., p. 61-90.

BACHA, Edmar L. *Os mitos de uma década: ensaios de economia brasileira*. Rio de Janeiro: Paz e Terra, 1976.

BENETTI, Carlo. *Valor y distribución*. Madrid: Editorial Saltés, 1978.

BÖHM-BAWERK, E. La conclusión el sistema de Marx, *in:* HILFERDING, BÖHM-BAWERK e BORTKIEWICZ (1974).

BORTKIEWICZ, L. Contribución a una rectificación de los fundamentos de la construcción teórica de Marx en el volumen III de *El capital, in:* HILFERDING, BÖHM-BAWERK e BORTKIEWICZ (1974).

CARCANHOLO, M. D. Causa e formas de manifestação da crise. Uma interpretação do debate marxista. Dissertação de mestrado, Economia – UFF, Niterói, junho de 1996.

_____. Conteúdo e forma da crise atual do capitalismo: lógica, contradições e possibilidades. *Crítica e Sociedade:* Revista de Cultura Política, v. 1, n. 3, Edição Especial, dez. 2011a.

CARCANHOLO, R. A. Crítica à ideia do valor fugaz: a propósito do valor da força de trabalho. *Revista Raízes*. Mestrados em Economia e Sociologia – UFPB, n. 6. Campina Grande, mar. 1988.

_____. O valor, a riqueza e a teoria de Smith. *Revista Análise Econômica*, ano 9, n. 15. Porto Alegre, UFRGS, 1991.

_____. Oferta e demanda e a determinação do valor de mercado. Tentativa de interpretação do cap. X do livro III d'*O capital, in:* Anais do VII Encontro Nacional de Economia Política. Florianópolis, SEP, 17 a 20 de junho de 2003a.

_____. Renda da terra: uma concreção teórica necessária. *Revista de Economia Política*, 16, v. 4, n. 4. São Paulo: Brasiliense, out.-dez. 1984.

_____. Sobre a ilusória origem da mais-valia. *Crítica Marxista*, v. 16. São Paulo: Boitempo, 2003b, p. 76-95.

_____. Sobre la ley de la tendencia decreciente de la tasa de ganancia, *in:* Anais do XVI Encontro Nacional de Economia Política. Uberlândia, SEP, 2011b.

_____. Sobre o conceito de mais-valia extra em Marx (versão preliminar). V Encontro Nacional de Economia Política. Fortaleza, 21 a 23 de junho de 2000.

_____. *Desarrollo del capitalismo en Costa Rica*. San José, Educa, 1982a.

_____. La transferencia de valor y el desarrollo del capitalismo en Costa Rica. Tesis de Doctorado. División de Estudios de Postgrado, Facultad de Economía, Universidad Nacional Autónoma de México (Unam). México, D. F., jun. 1982b.

_____; SABADINI, M. Capital fictício e lucros fictícios. *Revista da Sociedade Brasileira de Economia Política*, v. 24. Rio de Janeiro: 7 Letras, 2009, p. 41-65.

_____; Olívio Teixeira. Sobre a leitura ricardiana de Marx. *Ensaios FEE*, ano 13, n. 2. Porto Alegre, 1992, p. 581-591.

CASTELLS, Manuel. *La teoria marxista de las crisis económicas y las transformaciones del capitalismo*. Madrid: Siglo XXI, 1978.

CHESNAIS, François. El fin de un ciclo. Alcance y rumbo de la crisis financiera. *Revista Herramienta*, n. 37, Buenos Aires, mar. 2008.

COGOY, Mario. Las teorias neomarxistas, Marx y la acumulación del capital. Publicado originalmente en *Temps Modernes*, n. 314; traducido y publicado (mimeo) en Escolatina. Santiago de Chile, 1972.

COLLETTI, Lucio. *El marxismo y el derrumbe del capitalismo*. México, D. F.: Siglo XXI, 1970.

EMMANUEL, A. El problema del intercambio desigual, *in:* AMIN, PALLOIX et al. (1971).

FLICHMAN, Guillermo. *La renta del suelo y el desarrollo agrario argentino*. México, D.F.: Siglo XXI, 1977.

GALVAN, Cesare G. *Capital: tecnologia & questionamento*. João Pessoa: Shorin, 1989.

GAREGNANI, P. et al. Debate sobre la teoría marxista del valor. *Cuadernos de Pasado y Presente* n. 82. México, D. F.: Siglo XXI, 1979.

GONTIJO, Cláudio. A epistemologia da transformação – uma crítica ao neorricardianismo. *Revista de Economia Política*, 35, v. 9, n. 3. São Paulo: Brasiliense, jul.-set. 1989, p. 84-103.

HILFERDING, La crítica de Böhm-Bawerk a Marx, *in:* HILFERDING, BÖHM-BAWERK e BORTKIEWICZ (1974).

_____. *O capital financeiro*. São Paulo: Nova Cultural, 1985.

_____; BÖHM-BAWERK e BORTKIEWICZ. Economia burguesa y economia socialista. *Cuadernos de Pasado y Presente* 49. Buenos Aires: Siglo XXI, 1974.

LOPEZ, Pedro (org.). *El capital, teoría, estructura y método* (4º volumen). División de Estudios de Postgrado de la Facultad de Economía, Unam. México, D.F.: Ediciones de Cultura Popular, dez. 1983.

MANDEL, E. *O capitalismo tardio*. São Paulo: Nova Cultural, 1985. (*El capitalismo tardío*. México, D.F.: Ediciones Era, 1979).

MARGULIS, Mario. *Contradiciones en la estrutura agraria y transferencias de valor*. México, D.F.: El Colégio de México, 1979.

MARINI, Ruy Mauro. *Dialéctica de la dependencia*. 3ª ed. México, D.F.: Ediciones Era, 1977. (A primeira edição é de 1973, e a tradução portuguesa existente foi publicada em 1976: *Dialética da dependência*. Coimbra: Centelha, 1976).

MARX, K. Produtividade do capital. Trabalho produtivo e improdutivo, *in: Teorias da mais-valia*. v. I, Aditamentos. Rio de Janeiro: Civilização Brasileira, 1980.

_____. *El capital*. t. III, v. VI. México, D.F.: Siglo XXI, 1976.

_____. *El capital*. t. III. México, D.F.: FCE, 1968.

_____. *Le capital*. l. I. Paris: Garnier-Flammarion, 1969.

_____. *O capital*. Rio de Janeiro: Nova Cultural, 1985-1986 (Coleção Os Economistas).

_____. *O capital*. Rio de Janeiro: Civilização Brasileira/Difel, 1980-1981.

_____. *Teorias da mais-valia*. Rio de Janeiro: Civilização Brasileira, 1980.

_____. *Trabalho assalariado e capital & Salário, preço e lucro*. São Paulo: Expressão Popular, 2006.

NAPOLEONI, Cláudio. *O valor na ciência econômica*. Lisboa: Editorial Presença/Martins Fontes, 1980.

_____. *Lecciones sobre el capítulo sexto (inédito) de Marx*. México, D.F.: Ediciones Era, 1976.

OLIVEIRA, Fabrício A. O valor em Marx e a falácia de Garegnani. *Revista de Economia Política*, 11, v. III, n. 3. São Paulo: Brasiliense, jul.-set. 1983, p. 55-69.

PAINCEIRA, J. P.; CARCANHOLO, M. D. A crise alimentar e financeira: a lógica especulativa atual do capital fictício, *in:* Anais do XXVII Congresso da Associação Latino-americana de Sociologia – Alas, Buenos Aires, 2009.

POSSAS, Mário Luiz. Valor, preço e concorrência: não é necessário recomeçar tudo desde o início. *Revista de Economia Política*, 8, v. 2, n. 4. São Paulo: Brasiliense, out.-dez. 1982, p. 71-110.

ROSDOLSKY, Roman. *Génesis y estructura de* El Capital *de Marx*. México, D.F.: Siglo XXI, 1978.

SMITH, Adam. *A riqueza das nações*. São Paulo: Abril Cultural, 1983 (Coleção Os Economistas).

STEEDMAN, I. *Marx, Sraffa y el problema de la transformación*. México, D.F.: FCE, 1985. (Título original: *Marx after Sraffa*).

SWEEZY, P. Introdução, *in:* HILFERDING, BÖHM-BAWERK e BORTKIEWICZ (1974).

_____. *Teoría del desarrollo capitalista*. México, D.F.: FCE, 1970.